U0888893

汽车维修技能培训一本通

汽车维修初级技能·电气篇

李元秀　编著

电子科技大学出版社

图书在版编目（CIP）数据

汽车维修初级技能. 电气篇 / 李元秀编著. — 成都：电子科技大学出版社，2011.6

（汽车维修技能培训一本通）

ISBN 978-7-5647-0607-4

Ⅰ. ①汽… Ⅱ. ①李… Ⅲ. ①汽车－电气设备－车辆修理－技术培训－教材 Ⅳ. ①U472.4

中国版本图书馆 CIP 数据核字(2010)第 170708 号

汽车维修技能培训一本通

汽车维修初级技能·电气篇

李元秀　编著

出　　版：电子科技大学出版社（成都市一环路东一段 159 号电子信息产业大厦　邮编：610051）
策划编辑：杜　倩
责任编辑：张　鹏
主　　页：www.uestcp.com.cn
电子邮箱：uestcp@uestcp.com.cn
发　　行：新华书店经销
印　　刷：成都蜀通印务有限责任公司
成品尺寸：170mm×235mm　1/16　印张　12　字数　215 千字
版　　次：2011 年 6 月第一版
印　　次：2011 年 6 月第一次印刷
书　　号：ISBN 978-7-5647-0607-4
定　　价：19.80 元

■ 版权所有　侵权必究 ■

◆ 本社发行部电话：028-83202463；本社邮购电话：028-83208003。

◆ 本书如有缺页、破损、装订错误，请寄回印刷厂调换。

前 言

21世纪轿车已经快速进入家庭，轿车成为国内汽车大家庭的主体。自动变速器、ABS、电控制动辅助系统、四轮定位、电控悬架、自动空调、安全气囊、电控动力转向已经成为汽车设计和生产的新标准。国内大量新型轿车的问世，国外进口轿车大量的涌入，使车辆故障与检测变得更加复杂。本书就是在简要介绍当代汽车新型电气系统的构造、原理的基础上，将它们的常见故障和疑难故障进行概括、总结、归纳，从中找出其规律性；特别是对常见故障的原因、诊断与检测方法，以及每种传感器最有效的检测方法，还有疑难故障的分析等进行了详尽的阐述，使读者能举一反三，学会综合运用各种检测手段诊断故障。

本书主要讲解汽车电气系统（包括电源系、起动系、点火系、照明与信号系统）的组成，主要部件的结构原理，主要元件的检修方法、常见故障诊断与排除方法等。此外，还讲解了汽车仪表报警显示装置、汽车辅助电气、汽车手动空调等汽车电气的组成、检修方法、典型电路图的识读等内容。力求使学生熟悉汽车电气系统的线路，具有对汽车电气系统故障诊断与排除的能力。

本书图文并茂，将大量的高难技术术语、工作原理简练化、形象化，便于理解和运用，巧妙解决了总线系统学习中术语多、难理解的问题；基于汽车维修站的工作过程，注重实际操作能力和职业技能的培养，检查方法和操作步骤清晰，备有精编教学课件，适于新技术培训和维修技术人员自学。

目　录

第一章 汽车电源系统

第一节 蓄 电 池

一辆轿车停放静置半年之后，不能正常启动发动机，如图1－1所示。将点火开关旋到ON挡，打开前大灯，灯光暗淡，按电喇叭，声音也微弱沙哑。这表明蓄电池电压不足，要对它进行充电。那么，蓄电池出现其他故障时该如何解决呢？蓄电池又该如何正确使用以及维护呢？

图1－1 发动机不能启动

为了正确使用、维护蓄电池，并在蓄电池出现故障时迅速将故障排除，必须首先要了解蓄电池的功用及分类，掌握蓄电池的结构及工作原理，在此基础之上，通过综合分析故障原因，将故障彻底排除。

一、蓄电池的功用

蓄电池是一种可逆直流电源，它是汽车的两大电源之一，在汽车上与发电机并联，共同向用电设备供电，其具体作用是：

(1) 发动机启动时，向发动机和点火系统供电。

(2) 发电机不发电或电压较低（低于蓄电池端电压）时，向用电设备供电。

(3) 发电机过载时，协助发电机向用电设备供电。

(4) 发电机电压高于蓄电池端电压时，将发电机多余的电能转化为化学能储存起来（即充电）。

(5) 保持汽车电网电压的相对稳定，保护用电设备及电子元器件。

二、蓄电池的结构与工作原理

1. 蓄电池的结构

现在常用的汽车蓄电池为铅蓄电池，汽车用铅蓄电池一般由 3 个或 6 个单格电池串联而成，每个单格的额定电压为 2V，如图 1－2 所示，普通铅蓄电池主要由正负极板、隔板、电解液、外壳、联条和电极柱等组成。

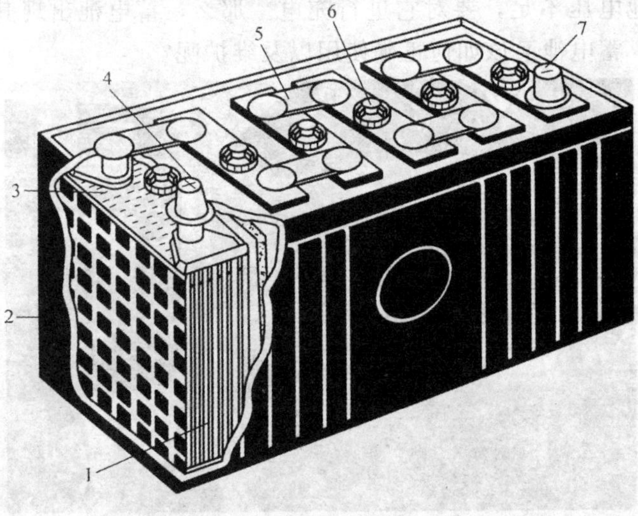

图 1－2　普通铅蓄电池的结构

1－极板组　2－外壳　3－隔板　4－正极柱　5－联条　6－加液孔螺塞　7－负极柱

(1) 极板

蓄电池的极板分为正极板和负极板，均由栅架和填充在其上的活性物质组成，如图 1－3 所示。

1）栅架　由铅锑合金浇铸而成，为了降低蓄电池的内阻，改善启动性能，桑塔纳轿车的蓄电池采用放射型的栅架，如图 1－4 所示。

2）活性物质　正极板的活性物质是暗棕色的二氧化铅（PbO_2），负极板上的活性物质是呈青灰色的海绵状纯铅（Pb）。

3）极板组　将正、负极板各一片浸入标准密度的电解液中，便可得到

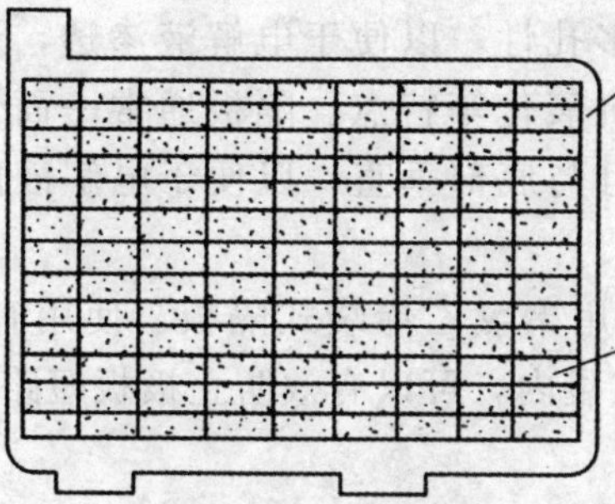

图 1－3 极板的组成

1－栅架 2－活性物质

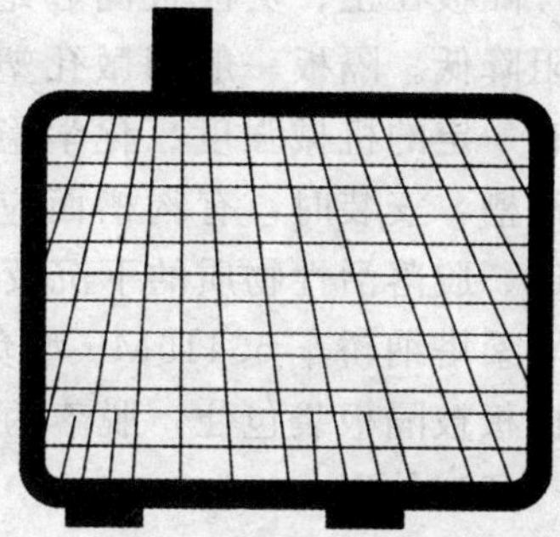

图 1－4 桑塔纳（Santana）轿车放射型栅架

2.1V 左右的电压。为增大蓄电池的容量，可将多片正、负极板分别并联，用汇流条焊接起来分别组成正、负极板组，其结构如图 1－5 所示。汇流条上浇铸有极柱，各片极板之间留有空隙。安装时，各片正负极板相互嵌合，中间插入隔板后装入电池槽内便形成单格电池。由于正极板上的化学反应比负极板剧烈，所以，正极板夹在负极板之间，可使其两侧放电均匀，防止活性物质体积变化不一致而造成极板拱曲。故在每个单格电池中，负极板总比正极板多一片。

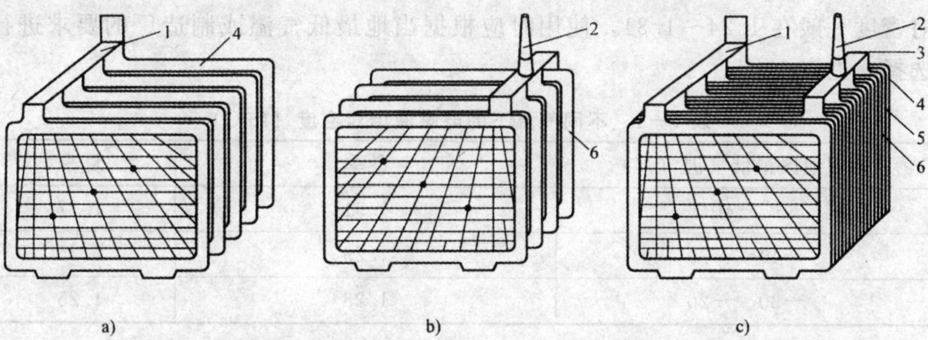

图 1－5 蓄电池极板组结构示意图

a）正极板组 b）负极板组 c）极板嵌合情况

1、3－汇流条 2－极柱 4－负极板 5－隔板 6－正极板

国产负极板的厚度为 1.8mm，正极板为 2.2mm。国外大多采用厚度为 1.1～1.5 mm 的薄型极板（正极板比负极板稍厚），薄型极板对提高蓄电池的比容量（极板单位尺寸所提供的容量）和改善启动性能都十分有利。

（2）隔板

隔板在正、负极板间起绝缘作用，隔板的存在还能使蓄电池结构紧凑，内阻降低。隔板一般用微孔塑料制成，具有多孔性，以便于电解液渗透，还具有一定的机械强度、化学稳定性、耐酸及抗氧化等特点。隔板通常一面带有沟槽，安装时，有沟槽面应对着正极板，且与底部垂直，以便于电解液的流通、脱落活性物质的下沉及气泡的逸出。

桑塔纳轿车 55415MF 型免维护蓄电池采用聚氯乙烯袋式隔板。使用时，正极板被隔板袋包住，脱落的活性物质保留在袋内，可以有效防止极板短路。

(3) 外壳

蓄电池的外壳用于盛放电解液和极板组，并使蓄电池构成一个整体，主要采用硬质橡胶和聚丙烯塑料制成。壳内间壁分成 3 个或 6 个互不相通的单格。蓄电池的单格电池之间采用铅质联条串联。串联的方法一般有传统外露式、内部穿壁式和跨越式三种连接方式。

橡胶外壳的每个单格都有一个小盖，塑料外壳采用整体盖。普通铅蓄电池每个单格的中间都有一个电解液加液孔，平时拧装一个螺塞，螺塞上有一通气小孔，在使用时应保持其畅通。

(4) 电解液

电解液的作用是形成电离，促使极板活性物质溶离，产生可逆的电化学反应。电解液一般由纯净的专用硫酸和蒸馏水按一定的比例配制而成。其相对密度一般在 1.24～1.31，使用时应根据当地最低气温或制造厂的要求进行选择，见表 1－1。

表 1－1　不同气温下的电解液相对密度（15℃）

使用地区最低气温（℃）	冬季	夏季
＜－40	1.31	1.27
－40～－30	1.29	1.25
－30～－20	1.28	1.25

(5) 联条

联条的作用是将单格电池串联起来。它一般由铅锑合金浇铸而成。

(6) 电极柱

普通铅蓄电池首尾两极板组的横板上焊有电极柱，电极柱分侧孔式、圆锥形、L 形三种，如图 1－6 所示。为便于区分，在正电极柱上或其旁边通常标有“＋”或“P”记号，负电极柱标有“－”或“N”记号。有些电池正极柱涂有红色油漆。

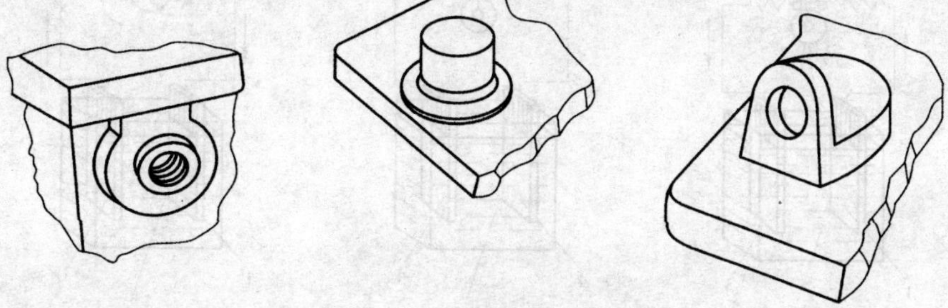

a)　　b)　　c)

图 1—6　铅蓄电池电极柱的外形

a）侧孔式　b）圆锥形　c）L 形

2. 蓄电池的工作原理

蓄电池的工作过程就是化学能与电能的相互转化过程。当蓄电池将化学能转化为电能而向外供电时，称为放电过程；当蓄电池与外界直流电源相连而将电能转化为化学能储存起来时，称为充电过程。蓄电池的基本工作原理如图 1—7 所示。

蓄电池充电过程和放电过程如图 1—8 所示。

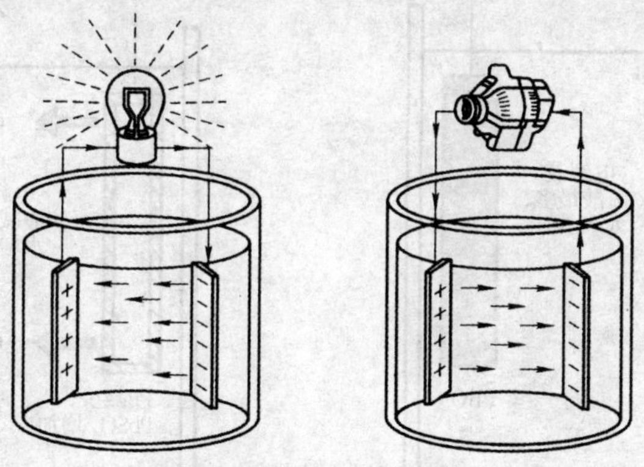

a)　　b)

图 1—7　蓄电池基本工作原理

a）放电　b）充电

当蓄电池充足电时（见图 1—9），正极板上的活性物质是二氧化铅，负极板上的活性物质是纯铅。

（1）放电过程

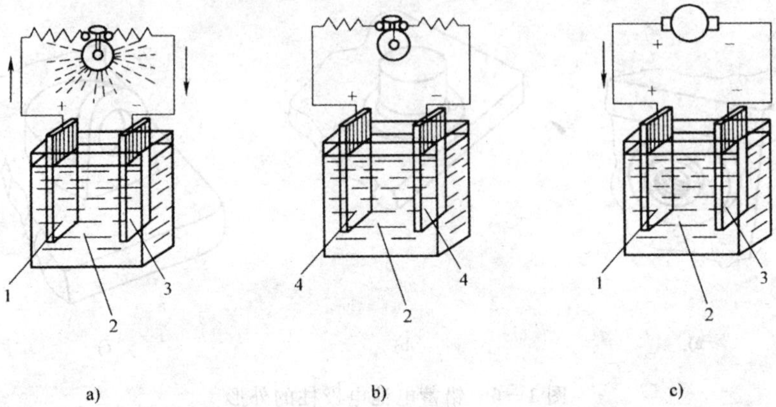

图 1—8 蓄电池工作过程

a）放电开始 b）放电结束 c）充电结束

1—二氧化铅 2—硫酸溶液 3—海绵状纯铅 4—硫酸铅

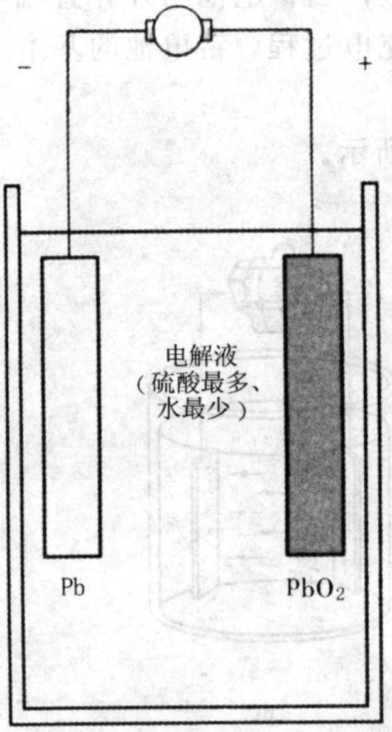

图 1—9 蓄电池充足电状态

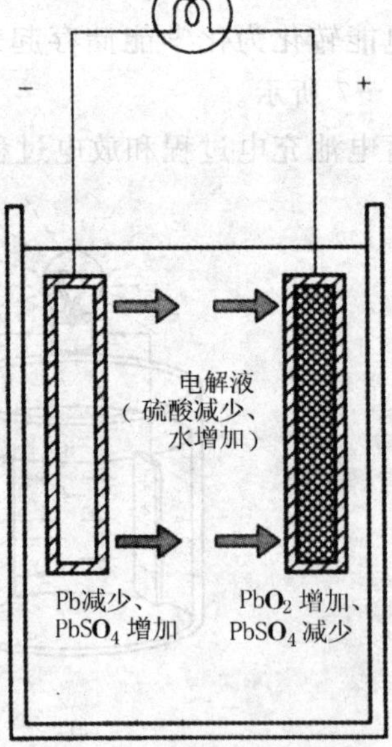

图 1—10 蓄电池放电过程

在电解液（纯硫酸＋蒸馏水）作用下，发生如图 1—10 所示的化学反应。

放电前，正极板上二氧化铅电离为四价铅离子（Pb^{4+}）和二价氧离子（O^{2-}），铅离子附着在正极板上，氧离子进入电解液中，使正极板具有 2.0V 的正电位。负极板上的纯铅电离为二价铅离子（Pb^{2+}）和两个电子（2e），铅离子进入电解液中，电子留在负极，使负极板具有－0.1 V 的负电位，这样，正负极板之间就产生了电位差，这个电位差为 2.1 V。

放电时，外电路接通，如图 1－10 所示。在 2.1 V 的电位差作用下，电流从正极流出，经过灯泡，流回负极，使灯泡发亮。在放电过程中，正极板上四价的铅离子与电子结合生成二价铅离子，进入电解液，再与硫酸根离子结合生成硫酸铅（附着在正极上）；负极板上，二价铅离子也同硫酸根离子结合生成硫酸铅（附着在负极板上）。

如果电路不中断，上述电化学反应将继续进行。电解液中的硫酸因氢离子和硫酸根离子的迁移而被消耗，生成了水。所以，放电后电解液的密度是逐渐下降的。这个过程一直进行到化学反应不能再继续进行、灯泡不能正常发光为止。

（2）充电过程

如果把放电后的蓄电池接一个直流电源，使蓄电池正极接上直流电源的正极，蓄电池的负极接直流电源的负极。当外加电源电压高于蓄电池电动势时，电流将与放电电流相反的方向流过蓄电池，使蓄电池正、负极发生与放电相反的化学反应，这个过程如图 1－11 所示。

充电时，正极板处外加电流将两个电子经外电路输送到负极板，正极板上原二价铅离子因失去两个电子而成为四价铅离子，再与水反应生成二氧化铅（附在正极板上）。而在负极板上，由于得到两个电子与原二价铅离子结合而生成纯铅（附在负极板上）。与此同时，从正、负极上电离出来的硫酸根离子则与水中氢离子结合生成硫酸。所以，在充电时，水被消耗，硫酸增多，电解液密度上升。在充电过程中，上述化学反应不断进行。当充电进行到极板上的物质和电解液完全恢复到放电前的状态时，蓄电池即充电完毕。

综上所述，蓄电池的充放电过程中的化学反应是可逆的，总的反应式如下：

$$PbO_2 + Pb + 2H_2SO_4 \rightleftharpoons 2PbSO_4 + 2H_2O$$

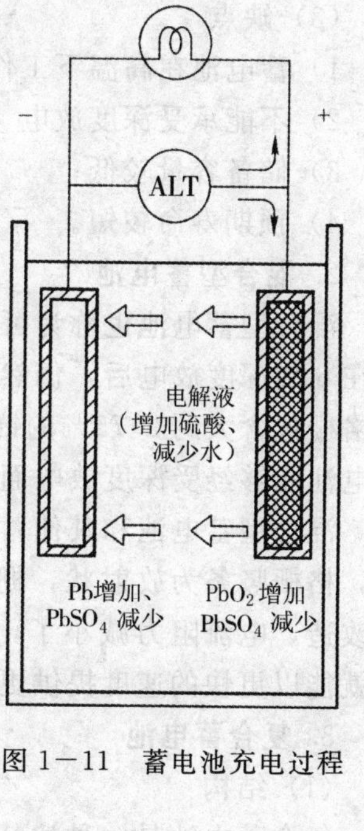

图 1－11　蓄电池充电过程

三、蓄电池的分类

蓄电池可分为免维护蓄电池、混合蓄电池、复合蓄电池和微电子控制蓄电池。

1. 免维护蓄电池

(1) 结构

现在汽车上使用的大多为免维护蓄电池。免维护蓄电池和普通蓄电池在结构上有两大不同之处：极板结构（格栅）和水的利用。免维护蓄电池除需要保持表面清洁外，不需要做其他维护工作。

(2) 优点

与普通蓄电池相比，免维护蓄电池的优点是：

1) 在极板上部能储存更多的电解液；

2) 有极大的抗过充电能力；

3) 存放寿命长；

4) 可带电解液大量装运，减少了事故和人员伤害的可能性；

5) 冷启动额定电流较高。

(3) 缺点

1) 蓄电池在高温下工作时，其格栅会变厚，使板间距离变小；

2) 不能承受深度放电（深度放电就是彻底放完电后再充电）；

3) 储备容量较低；

4) 预期寿命较短。

2. 混合型蓄电池

混合型蓄电池也称为可深度放电蓄电池。它综合了免维护蓄电池的优点，能在6次深度放电后，仍然保持100%的初始储备容量。混合型蓄电池的正极板格栅包含大约2.75%的锑合金，而负极板格栅则由钙合金组成。这样就使蓄电池能够经受深度放电而储备容量不变，改善了汽车的启动性能。

混合型蓄电池和其他蓄电池不同的是其格栅上边缘中间位置有一个小凸起，格栅竖条为放射状，栅条是从公共的中心点向四周发散的。经过以上两点改造，电流阻力减小了，同时也缩短了电流流向小凸起的路径，这样，电池就能以更快的速度提供更多的电流。

3. 复合蓄电池

(1) 结构

复合蓄电池是一种比较先进的蓄电池。复合蓄电池用含胶状物质的隔板代替了液态的电解液。隔板放在格栅板之间，其电阻非常低，因此，复合蓄电池的输出电压和电流比一般蓄电池高。

（2）优点

1）不含酸液，所以即使外壳破裂也不会有酸液泄漏；

2）能以任何状态安放；

3）因为无电解液，所以基本不用维护；

4）可以经受过度放电；

5）冷启动额定电流大，可以超过 800A；

6）寿命比一般蓄电池长 4 倍。

4. 微电子控制蓄电池

近年来，又出现了一种微电子控制蓄电池。在具有相同输出功率的情况下，微电子控制蓄电池的自重比传统电池轻约 40%，低温时的工作可靠性更高，充电速度更快。

随着汽车电子化的不断发展，汽车蓄电池也逐步向智能化发展。这种智能化的汽车蓄电池上装有传感器和集成电路块，前者负责探测电池的物理环境和工作条件参数，后者以此为基础去控制和监视电池的电化学反应过程。电池外壳是隔热效果极好的泡沫盒，结合使用温度调节系统（可使电池工作的环境达到恒温状态），微电子控制系统可使蓄电池的充电能力、冷启动能力及使用寿命大大提高。此外，通过数据总线或电源线，蓄电池可与发电机、车载计算机或汽车故障诊断系统进行信息交流。

四、蓄电池的检查

轿车的蓄电池一般安装在发动机室，如图 1—12 所示。首先应清除蓄电池表面的灰尘、氧化物等杂质，然后检查蓄电池电解液的液面高度及其放电程度。具体检查方法如下：

1. 蓄电池液面高度的检查

蓄电池液面高度的检查方法有：玻璃管测量法、液面高度指示线法及加液孔观察判断法 3 种。可以根据蓄电池的不同结构形式来选用检查方法，如图 1—13 所示。

（1）玻璃管测量法

用一空心玻璃管插入蓄电池电解液内极板的上平面处，如图 1—13a）所示。玻璃管内的电解液与蓄电池内高出极板的液面等高，用大拇指按紧玻璃管上端，使管口密封。提起玻璃管，测量玻璃管内的液面高度，即为蓄电池

图 1－12　铅蓄电池在轿车上的安装位置

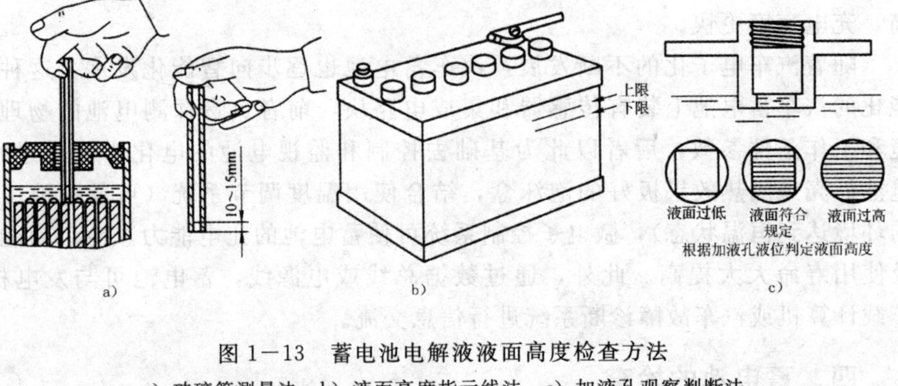

图 1－13　蓄电池电解液液面高度检查方法

a) 玻璃管测量法　b) 液面高度指示线法　c) 加液孔观察判断法

电解液液面高出极板的高度。

(2) 液面高度指示线法

使用透明塑料容器的蓄电池，在容器壁上刻有两条高度指示线，如图 1－13b) 所示。可以通过观察高度指示线来检查液面高度，正常液面高度应介于两线之间。

(3) 加液孔观察判断法

部分进口轿车在电解液加液孔内侧的标准液面位置处开有方视孔，如图 1－13c) 所示。液面高度应与方孔平齐。

2. 蓄电池放电程度的检查

(1) 用密度计测量电解液相对密度

电解液的密度与放电程度的关系是密度每下降 0.01g/cm^3 相当于蓄电池

放电 6%。电解液的相对密度一般用吸式密度计测定，如图 1－14 所示。先吸入电解液，使密度计浮子浮起，电解液液面所在的刻度即为相对密度值。注意在测量密度时，应同时测量电解液温度，并将测得的电解液相对密度值转换到 25℃时的相对密度值。

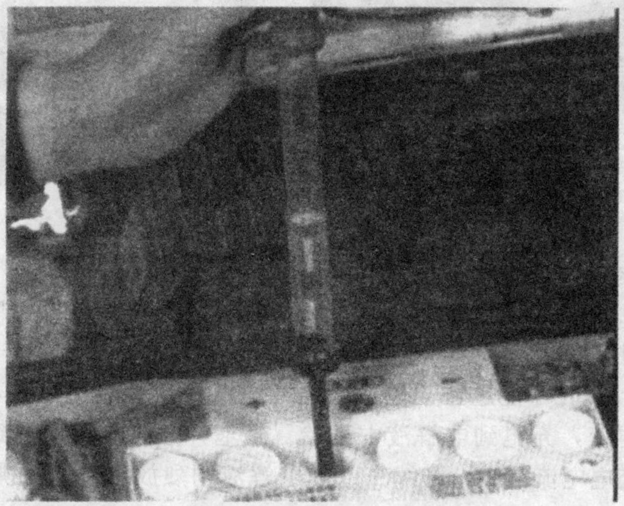

图 1－14　用密度计测量电解液相对密度

(2) 用高率放电计测量放电电压

高率放电计是模拟接入起动机负荷，测量蓄电池在大电流（接近起动机启动电流）放电时的端电压，用以判断蓄电池的放电程度和启动能力，如图 1－15所示。测量时，将放电叉紧压在单格电池的极柱上，时间不超过 5s。若单格电池的电压在 1.5V 以上，并在 5s 内保持稳定，说明此单格电池良好。如果在 5s 内电压迅速下降或某一单格的电压低于其他单格电池电压 0.1V 以上，都说明此单格电池有故障。

五、蓄电池的充电

通过检查如果发现蓄电池电解液密度低于 1.20 g/cm^3 或单格电池电压低于 1.75V 时，应对蓄电池进行充电（此时车辆灯光暗淡、启动无力或不能启动）。若是电解液液面过低，可补充蒸馏水，使电解液液面符合标准，再进行补充充电。

铅蓄电池的充电分初充电、补充充电和快速脉冲充电 3 种。

1. 初充电

初充电是新蓄电池或更换极板的蓄电池在使用前的首次充电。初充电的目的是还原普通极板在存放期间被氧化的活性物质。

图 1－15　用高率放电计检查蓄电池

初充电步骤如下：

先按蓄电池制造厂的规定，加注一定相对密度的电解液（电解液加入前温度不得超过 30℃）静置 6～8h，再将液面调整到高于极板 10～15mm，电解液温度低于 25℃时才能进行充电。接通充电电路，为避免过热，第一阶段应选 $Q_e/15$ 的电流，充电到电解液中开始冒气泡，单格电压上升到 2.4V 为止；第二阶段将充电电流减半，继续充电到电解液剧烈放出气泡（沸腾），单格电压到达 2.7V，相对密度和单格电压连续 2～3h 稳定不变为止，全部充电时间约为 60～70h。

充电过程中应经常测量电解液温度，若温度上升到 40℃，应将电流减半，如继续上升到 45℃，应立即停止充电，并采用人工冷却，待冷至 35℃以下再充电。充电过程中，如减少充电电流，应适当延长充电时间。

初充电临近完毕时，应测量电解液相对密度，如不符合规定，应用蒸馏水或相对密度为 1.40 的电解液进行调整。调整后，应再充 2h，若相对密度仍不符合规定，应再调整并充电 2h，直至相对密度符合要求为止，然后将加液孔盖拧上，把蓄电池表面清洁干净。

2. 补充充电

使用中的蓄电池，由于充电电压偏低或充电机会少，而使蓄电池容量下降时，应及时进行补充充电。蓄电池存电不足的表征有：

(1) 电解液相对密度下降到 1.200 以下；

(2) 冬季放电超过 25%Q_e，夏季放电超过 50%Q_e；

(3) 灯光暗淡、启动无力、扬声器发声沙哑；

补充充电过程和方法与初充电相同，充电第一阶段以 $Q_e/10$ 的电流充到冒气泡，电压到达 2.4 V 为止；第二阶段将电流减半，充到“沸腾”，单格电压到达 2.7V，电压、相对密度上升到最高值，且 2～3h 保持不变，即充电结束。平时补充充电一般需要 13～17h。

3. **快速脉冲充电**

快速脉冲充电前，应先检查电解液相对密度，并根据其全充电状态时的密度值计算蓄电池的剩余容量，以确定初充电时间，并将充电设备上的定时器调到相应时间上。多数快速充电设备都装有温度传感器，将其插入蓄电池加液口中，当电解液温度超过 50℃时，设备会自动停充。根据相对密度确定快速充电时间可查表 1－2。

表 1－2　快速充电时间与电解液相对密度的关系

电解液相对密度	剩余容量 (Q_e)	补充期时间 (min)	电解液相对密度	剩余容量 (Q_e)	补充期时间 (min)
全充电时相对密度 1.260	100％	0	1.175～1.200	50％	30
高于 1.225	75％	用小电流充电	1.150～1.175	50％	45
1.200～1.225	50％	15	低于 1.150	25％以下	60

下列铅蓄电池不可进行快速脉冲充电：

(1) 未经使用的新蓄电池；

(2) 液面高度不正确的蓄电池；

(3) 电解液相对密度各单格不均匀的蓄电池，各格电压差大于 0.2 V 的蓄电池；

(4) 电解液混浊并带褐色的蓄电池；

(5) 极板硫化的蓄电池；

(6) 充电时电解液温度超过 50℃的蓄电池。

4. **蓄电池充电注意事项**

(1) 充电前必须拧下所有的加液孔盖。

(2) 充电场所必须保持通风、严禁明火。

(3) 在充电过程中，应密切关注电解液的温度，40℃时，应将充电电流减半；45℃时，应立即停止充电。

(4) 初充电时，应连续进行，不能长时间间断。

(5) 配置和灌装电解液时，要严格遵守安全操作规则和器皿的使用规则。

(6) 充电时应先接好导线，再开电源开关；停止充电时则应先关断充电电源。

(7) 导线连接务必可靠，防止产生火花，引发事故。

(8) 充电设备不应与蓄电池放置于同一工作间。

(9) 充电时，要常备有冷水、10%苏打溶液或10%的氨水溶液。

六、蓄电池常见故障的诊断与检修

铅蓄电池在使用过程中的常见故障可分为内部故障和外部故障。内部故障主要有自行放电、电解液消耗过快、蓄电池电容量降低等；外部故障主要有容器破裂、封口胶破裂、极柱螺栓或螺母腐蚀、蓄电池爆炸等。

1. 蓄电池常见的内部故障

(1) 蓄电池自行放电

1) 故障现象

充足电或第一天使用良好的蓄电池，放置较短的时间即感觉存电不足，甚至无电，起动机运转无力，扬声器声音微弱且沙哑，灯光暗淡。

2) 故障原因

①电解液不纯，电解液中的杂质沉附于极板上产生局部放电。

②蓄电池溢出的电解液堆积在盖板上，使正负极柱形成回路。

③蓄电池长期放置不用，硫酸下沉，下部密度比上部大，极板上下部发生电位差引起自放电。

④极板活性物质脱落，下部沉淀物过多，使极板短路。

⑤与蓄电池相连的线路有短路现象。

3) 故障诊断与排除

①检查并清洁蓄电池外表面。

②检查当所有电路切断时，是否还有某些电气元件或部件在耗用蓄电池电能。检测方法如下：

试灯法。在拆下接地电缆后，用小功率试灯串入蓄电池负极柱与接地电缆之间，若试灯亮，说明电路有漏电现象。试验方法如图1—16所示。

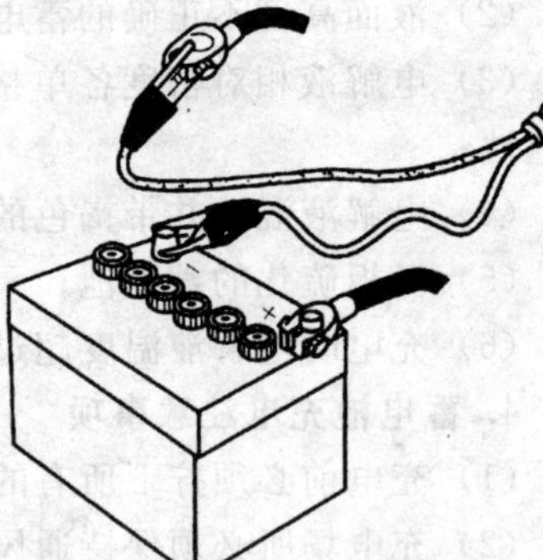

图1—16　蓄电池外电路漏电测试

电压表或电流表测试。汽车上有些电子器件即使所有开关切断时也一直在耗电，但其数值很小，这些部件包括：数字钟、电子调谐（电台记忆）式收放机、发动机控制微处理器的二极管。

为了检查这些电子器件在点火开关断开时的耗电情况，可用电压、电流表进行测试。测试时，拆下蓄电池接地电缆，将电压表正表笔接接地电缆，负表笔接蓄电池负接柱，电压显示值应略小于蓄电池静止电动势，如静止电动势为12.6V的蓄电池，若测出电压为12.2V，说明电路正常。可保证蓄电池在较长时间内不会漏完电。如用电流表测试，可先用高量程挡测量，然后视需要降到低量程挡，以读取精确读数。

用欧姆表测试。从蓄电池上拆下接地电缆，将欧姆表测试笔分别连接接地电缆与蓄电池正极电缆，其电阻值应不小于100Ω。否则，蓄电池漏电将过快。

③若上述检查正常，则表明故障在蓄电池内部。对蓄电池进行充电检查：若电解液的密度、温度及端电压上升缓慢或不上升，表明蓄电池内部短路，应更换蓄电池；若充电正常，则表明电解液中含有杂质，应倒出所有电解液，并用蒸馏水清洗数次，再加入新电解液后重新充电。

（2）电解液消耗过快

1）故障现象

电解液液面下降过快，需经常添加蒸馏水进行补充。

2）故障原因

①蓄电池外壳破裂造成电解液渗漏。

②充电电流过大，电解液蒸发或溢出。

③极板硫化或短路。

3）故障诊断与排除

①检查蓄电池外壳有无裂纹及渗漏，如壳体破损应换用新蓄电池。

②电解液消耗过快的同时，若伴有经常烧坏灯泡等现象，表明充电电流过大，应更换电压调节器。

③连续多次长时间使用起动机，也会造成蓄电池电解液损耗增多。

（3）蓄电池电容量降低

1）故障现象

汽车在使用过程中，起动机使用数次后即感觉起动机运转无力、启动困难。

2）故障原因

①新蓄电池未进行充、放电循环锻炼，未达到规定容量。

②电压调节器工作不良，致使蓄电池经常充电不足或过充电，引起极板上的活性物质脱落。

③电解液密度过低。

④电解液密度过高或液面长时间过低，引起极板硫化。

⑤经常长时间使用起动机，造成大电流放电，致使极板损坏。

3）故障诊断与排除

先用万用表测量蓄电池的开路电压，然后用起动机启动发动机，并检查蓄电池的端电压。电压降若≤3V，表明蓄电池良好；若电压降在4～6V，说明蓄电池充电不足，应对蓄电池进行补充充电，并检修其电源系统。若电压降＞6V，说明蓄电池内部有故障，应予以更换。

2. 蓄电池常见的外部故障

（1）容器破裂

蓄电池容器多由硬橡胶或塑料制成，质地硬脆。造成破裂的原因有：蓄电池固定螺母拧得过紧、汽车行驶中剧烈震动、外物撞击和电解液结冰等。

检查时可根据电池电解液液面高度以及电池底部的潮湿情况来判断是否有裂纹存在，容器的裂纹一般在其四个角上或附近区域。蓄电池上的裂纹小的可以修补，严重的要更换蓄电池。

（2）封口胶破裂

封口胶因质量低劣或受到撞击容易破裂，封口胶破裂后，电解液从裂缝中渗出，与杂质混合会导致蓄电池外部导通短路，引起蓄电池自放电。若封口胶有轻微的裂缝，可以在清洁干燥后，用喷灯喷裂纹处烤热熔封。裂缝严重的可以将封口胶清除干净后重新封口。

（3）极柱螺栓或螺母被腐蚀

如果蓄电池的极柱螺栓和接线端已经腐蚀产生污物，可以用竹片将污物刮去，用抹布蘸取5%的碱液擦去残余的污物和酸液，用水清洗干净。然后在极柱和接线端的表面涂上凡士林油保护。如果腐蚀比较严重，应该更换极柱连接螺栓和螺母。

（4）蓄电池爆炸

蓄电池充电后期，电解液中的水分解为氢气和氧气。由于氢气可以燃烧，氧气可以助燃，如果气体不及时排除，并且与明火接触的话，会迅速燃烧，引起爆炸。所以，为了防止蓄电池产生爆炸事故，必须使蓄电池的通气孔保持畅通，严禁蓄电池周围有明火，蓄电池内部连接处的焊点要牢固，以免松动引起火花。

七、蓄电池的使用与维护

蓄电池出现故障主要是由于使用或维护不当造成的。为了使蓄电池能处于完好状态，延长其使用寿命，应正确使用蓄电池并注意维护。

1. 蓄电池的使用

（1）大电流放电时间不宜过长，使用起动机，每次时间应≤5s，相邻两次启动应间隔 15s 以上。

（2）充电电压不宜过高，因为充电电压增高 10%～12%时，蓄电池寿命就会缩短 2/3 左右。

（3）尽量避免蓄电池过放电和长期处于欠电状态下工作，放完电的蓄电池应在 24 h 内进行充电。

（4）冬季使用蓄电池，要特别注意保持足电状态，以免电解液密度降低而结冰。在保证不结冰的前提下，尽可能采用密度偏低的电解液，如果液面过低，需添加蒸馏水时只能在充电前进行，尽可能使水和电解液混合。冷启动前，注意预热发动机。

2. 蓄电池的维护

（1）定期清除蓄电池表面的灰尘、电解液及氧化物，疏通加液孔盖的气孔。

（2）定期检查蓄电池安装是否牢固可靠，蓄电池与车架间应有防震垫。

（3）保证导线接头与电极柱连接可靠，接触良好。蓄电池连接时应先接火线，然后接接地线，拆线时的顺序正好相反。

（4）经常（一般冬季行驶 10 天，夏季行驶 5 天）检查电解液液面的高度。电解液应高出极板 10～15mm。注意：除非确认液面降低是由于电解液溅出所致，否则不允许加入电解液。

（5）严格执行换季节、换地区时电解液密度的调整办法。

（6）定期（每两个月或一个月）检查蓄电池的放电程度，超过规定时立即充电。放电程度可通过专用密度计测量电解液的相对密度来判断，单格电池电压可采用高率放电计来测量。

第二节　发电机及电压调节器

一只交流发电机在做简单测试时，发现测试灯泡不亮（见图 1－17），这就说明发电机不发电。汽车用发电机在日常使用中导致其不发电的原因很多，那么，碰到此问题后该如何分析，并准确快捷地找到故障点，将发电机修复呢？

要准确快捷地检修汽车发电机和调节器，首先要了解车用交流发电机和电压调节器的作用及分类，掌握其结构和工作原理，根据故障现象，分析判断故障原因，逐步查找出故障点，将发电机修复。

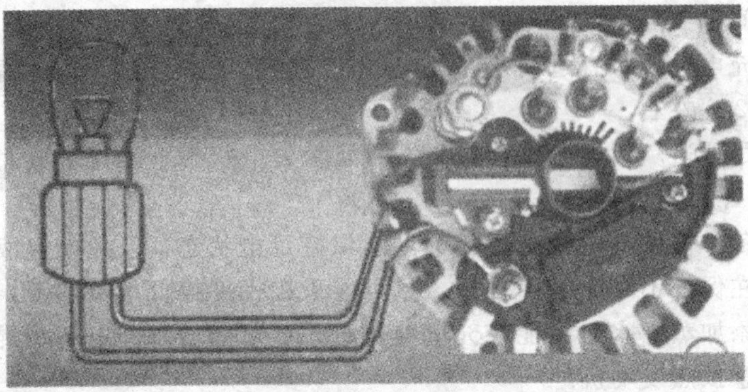

图 1—17　交流发电机的测试

一、发电机的作用、结构与工作原理

1. 发电机的作用与分类

车用发电机是汽车电气系统的主要电源，由发动机驱动，发电机正常工作时，给除起动机以外所有的用电设备供电，同时给蓄电池充电。

车用交流发电机具有体积小、质量轻、结构简单、维修方便、使用寿命长，发动机低速时充电性能好等优点。交流发电机按总体结构不同可分为普通型、整体式、带泵式、无刷式、永磁式等；按磁场绕组搭铁方式的不同可分为内搭铁式和外搭铁式两类。

2. 交流发电机的结构与工作原理

（1）交流发电机的结构

硅整流发电机一般由三相同步交流发电机和硅整流二极管组成，三相同步交流发电机结构如图 1—18 所示，主要部件有转子总成、定子总成、带轮、风扇、前后端盖、电刷及调节器组件等。

1）转子总成　转子总成的作用是产生磁场。转子总成主要由转子轴、励磁绕组、两块爪极、集电环（又称滑环）等组成，如图 1—19 所示。

爪极有两块，每块爪极上有 6 个鸟嘴形磁极，由低碳钢制成，两块爪极压装在转子轴上，其空腔内装有铁芯，合称为磁轭，铁芯压装在转子轴上，磁场绕组绕在铁芯上。集电环由两个彼此绝缘的铜环组成，压装在转子轴的一端，并与转子轴绝缘。磁场绕组的两个引线分别焊在两个铜环上。两个铜环又分别与发电机后端盖上的两个电刷接触。当两个电刷与直流电源接通时，磁场绕组中有电流通过，并产生轴向磁通，使一块爪极磁化为 N 极，另一块爪极磁化为 S 极，从而形成 6 对相互交错的磁极。

图 1－18 交流发电机结构

1－前端盖 2－带轮 3－风扇 4－转子轴 5－轴承 6－电刷 7－后罩盖 8－调节器组件 9－集流环 10－转子总成 11－后端盖 12－定子总成

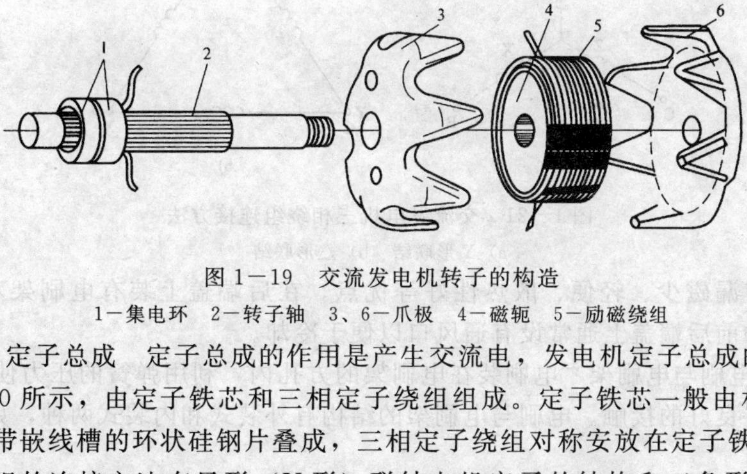

图 1－19 交流发电机转子的构造

1－集电环 2－转子轴 3、6－爪极 4－磁轭 5－励磁绕组

2）定子总成 定子总成的作用是产生交流电，发电机定子总成的结构如图 1－20 所示，由定子铁芯和三相定子绕组组成。定子铁芯一般由相互绝缘且内圆带嵌线槽的环状硅钢片叠成，三相定子绕组对称安放在定子铁芯槽内。三相绕组的连接方法有星形（Y 形）联结电机定子的结构和三角形（△形）联结两种，如图 1－21 所示。车用交流发电机多采用星形联结。

3）传动带轮 传动带轮通常采用铸铁或铝合金制成，分单槽和双槽两种，利用半圆键装在风扇外侧的转子轴上，再用弹簧垫片和螺母紧固。

4）风扇 风扇一般用 1.5mm 厚的钢板冲制或用铝合金压铸而成，并用半圆键装在前端盖外侧的转子轴上。

5）前后端盖 交流发电机的前后端盖均用非导磁性材料铝合金压铸而

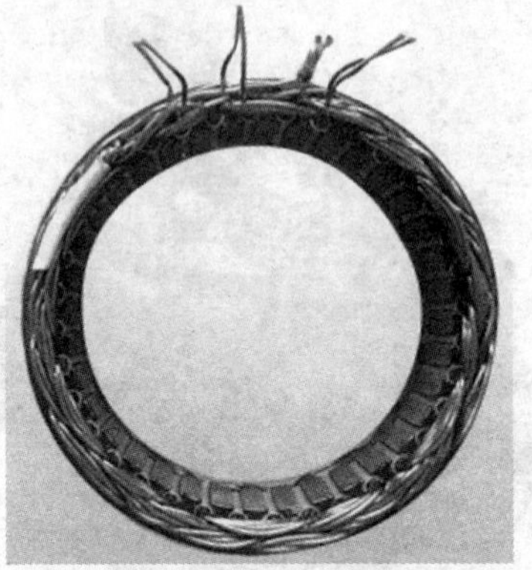

图 1－20　桑塔纳轿车整体式交流发电机定子的结构

1－中性点　2、3、4－定子绕组端子

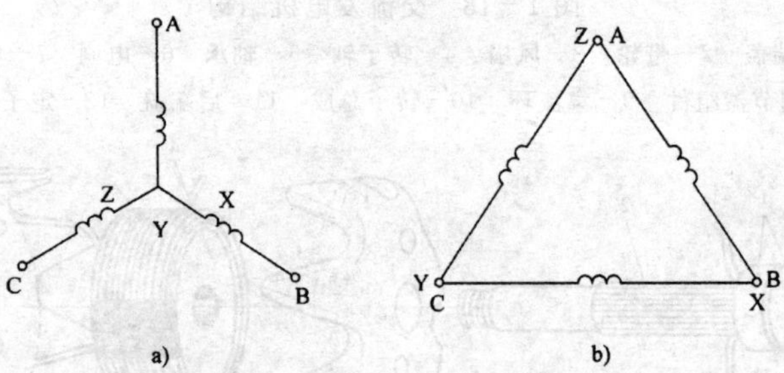

图 1－21　交流发电机三相绕组连接方法

a) Y形联结　b) △形联结

成，具有漏磁少、轻便、散热性好等优点。在后端盖上装有电刷架和电刷。发电机的前后端盖上通常设有通风口以便于冷却。

6）电刷与电刷架　电刷装在电刷架的方孔内，利用弹簧的压力使其与集电环保持良好的接触。电刷与电刷架的结构有外装式和内装式两种，如图 1－22 所示。

7）整流器　整流器的作用是把三相同步交流发电机产生的三相交流电转换成直流电输出，一般由 6 只硅二极管接成三相桥式全波整流电路。现在很多车用硅整流发电机都装有 3 只小功率励磁二极管和 2 只中性二极管。

硅整流发电机的整流二极管分正二极管和负二极管。正二极管的中心引线为二极管的正极，外壳为负极，管壳底部一般标有红色标记。正二极管的外壳压装或焊接在元件板上，共同组成发电机的正极，由一个与后端盖绝缘的元件板固定螺栓通至机壳外，成为发电机的电枢接线柱“B”或“＋”。负

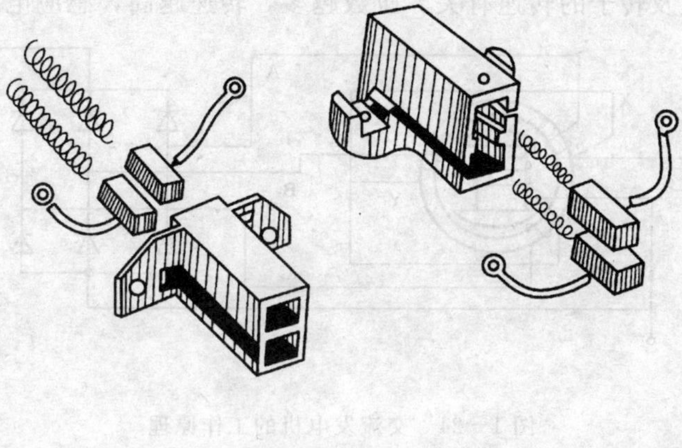

图 1－22　电刷与电刷架

a）外装式　b）内装式

二极管的中心引线为二极管的负极，外壳为正极，管壳底部一般标有黑色标记。三个负极管的外壳压装或焊接在另一元件板上（有些压装在后端盖的 3 个孔内），和发电机外壳一起成为发电机的负极。其安装如图 1－23 所示。

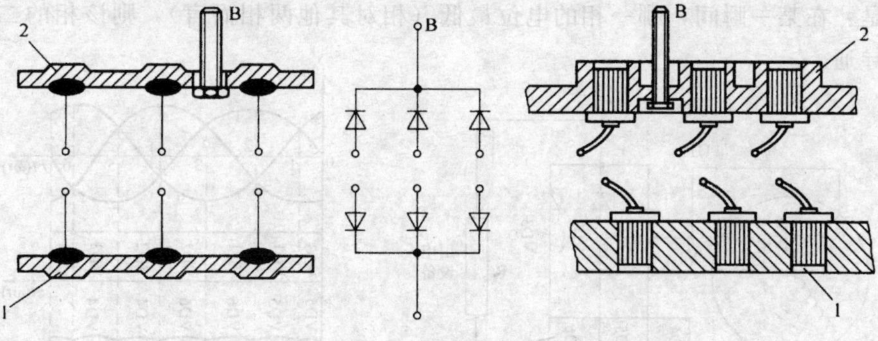

图 1－23　硅整流二极管的安装和接线示意图

1－负元件板　2－正元件板

（2）交流发电机的发电原理

交流发电机产生交流电的基本原理是电磁感应原理。三相交流发电机的工作原理如图 1－24 所示。交流发电机的转子是一旋转磁场，当转子由发动机带轮带动旋转时，由于定子绕组与磁感应线有相对切割运动，所以在三相绕组中产生交流电动势。交流发电机定子绕组内感应电动势的大小与每相绕组串联的匝数及转子的转速有关。匝数越多，转速越高，感应电动势越高。

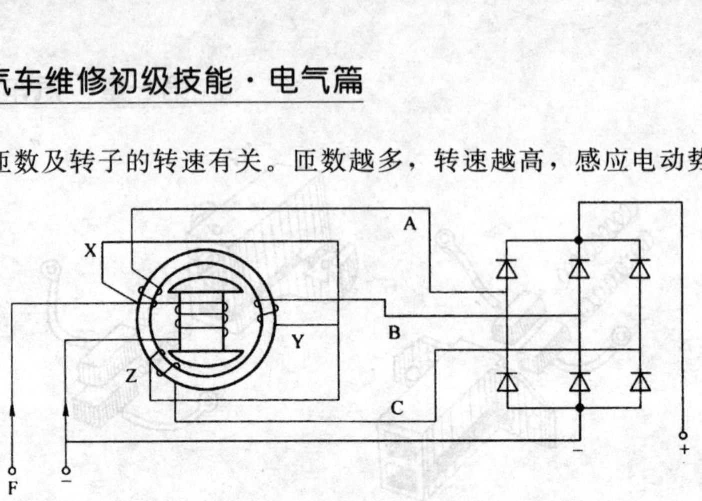

图 1－24 交流发电机的工作原理

（3）交流发电机的整流原理

1）三相桥式整流器工作原理 在图 1－25a）所示三相桥式全波整流电路中，3 只正极二极管 VD1、VD2、VD3 的负极（外壳）通过元件板连接在一起，它们的正极则分别与三相绕组的首端相连。这 3 只正极二极管的导通条件是：在某一瞬间，哪一相的电压最高（相对其他两相而言），则该相的二极管导通。3 只负极二极管 VD4、VD5、VD6 的负极也与三相绕组的首端相连，其正极（外壳）通过元件板或端盖连接在一起。这 3 只负极二极管的导通条件是：在某一瞬间，哪一相的电位最低（相对其他两相而言），则该相的二极管导通。

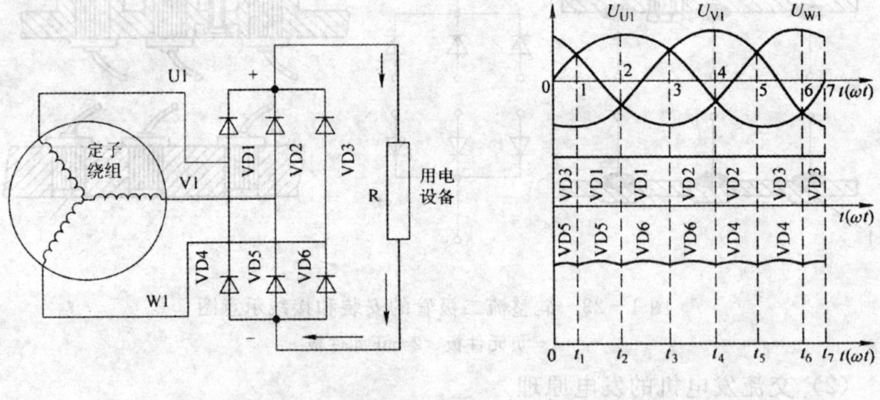

图 1－25 三相桥式整流电路及电压波形

a）电路连接方式 b）电压波形

在硅整流发电机运转过程的每一个时间区间，总是一相电压最高，一相电位最低，整流器的6只整流二极管中，始终保持有两个二极管子导通（一个正极管、一个负极管），负载R两端得到的是两相间的线电压。这样依此类推，循环反复，6只二极管中两只两只轮流导通，于是得到一个较平稳的脉动直流电压，每个周期内有6个波形，如图1－25b）所示。

在三相桥式整流电路中，由于交流电每个周期内，每只二极管只有1/3的时间导通，所以，流过每只二极管的平均电流 I_D 仅为负载电流 I_R 的1/3。

2）九管整流器　九管整流器电路如图1－26所示。它是在六管整流器的基础上增加了3只小功率的正极管，形成了两个三相桥式整流电路，且独立整流，由于3只小功率正极管与3只负极管构成的整流器是为了向发电机提供励磁电流，因此，3只小功率正极管被称为励磁二极管。

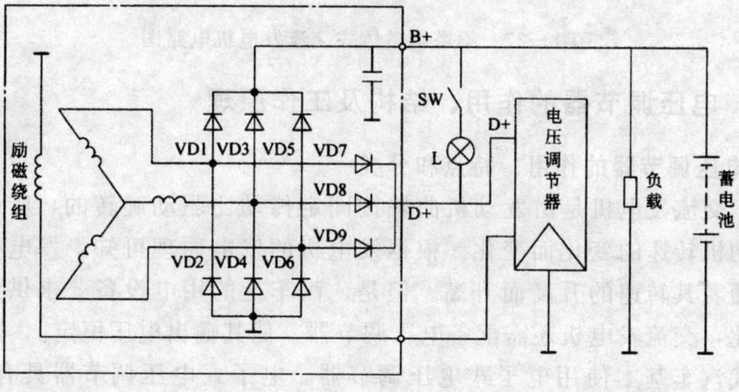

图1－26　九管整流器整流电路

九管整流器还能用来控制充电指示灯，其原理是：发电机不发电或其电压低于蓄电池端电压时，发电机励磁电流由蓄电池通过点火开关SW、充电指示灯L，经电压调节器，到发电机励磁绕组，充电指示灯被点亮，表明发电机不对蓄电池供电。当发电机电压达到或超过蓄电池端电压时，B＋与D＋电位相同，发电机开始对蓄电池充电，这时，发电机励磁电路变为：发电机D＋→电压调节器→发电机励磁绕组→搭铁→发电机负极构成回路。充电指示灯熄灭，表明发电机对蓄电池充电。

3）带中性点整流管的整流器　某些发电机在其中性点和发电机正、负极间分别接一个较小功率的整流二极管，如图1－27所示。其作用是对中性点处的高次谐波进行整流，并将其输出电流叠加在输出端，以提高发电机的输出功率。实践证明，带中性点二极管的发电机当其转速达到5000r/min时，功率可提高10％～15％。

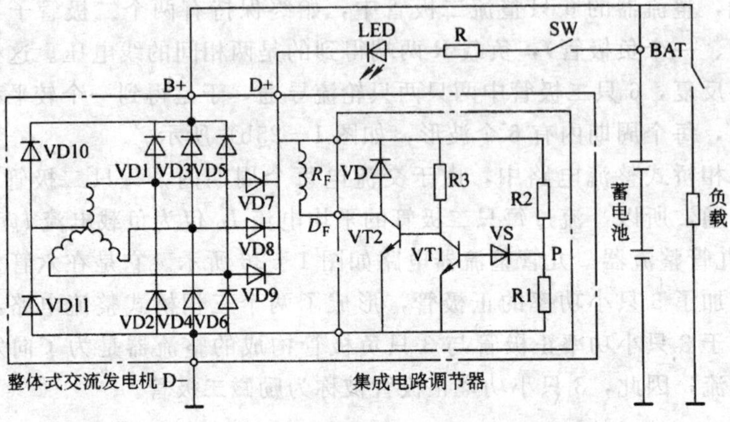

图 1—27　桑塔纳整体式交流发电机电路图

二、电压调节器的作用、结构及工作原理

1. 电压调节器的作用、特点和分类

由于交流发电机是由发动机曲轴按固定传动比驱动旋转的，所以其转速随着发动机转速的变化而变化。根据发电机的发电原理可知，发电机输出电压也会随着其转速的升高而升高。但是，汽车上的用电设备要求供给恒定电压，因此，交流发电机还需配备电压调节器，使其输出电压恒定。

现代汽车基本使用电子式电压调节器。电子式电压调节器具有体积小、工作频率高、调节效果好、可靠性高、使用寿命长等优点。

电压调节器按其结构特点和工作原理大致可分为电磁振动式电压调节器和电子式电压调节器。

2. 电压调节器的结构及工作原理

(1) 晶体管电压调节器

晶体管电压调节器是利用晶体三极管的开关特性制成的，即将晶体三极管作为一只开关串联在发电机的励磁电路中，根据发电机输出电压的高低，控制晶体三极管的导通和截止，以调节发电机的励磁电流，使发电机输出电压稳定在规定的范围之内。晶体管电压调节器有内搭铁式和外搭铁式两种。

1) 内搭铁式晶体管电压调节器　内搭铁式晶体管电压调节器的基本电路如图1—28所示。VT1 为小功率开关管，VT2 为大功率管，VD 为稳压二极管。

内搭铁晶体管电压调节器的工作原理如下：

当点火开关 SW 闭合后，蓄电池电压便加在 A、C 两端，R1 上的分压

U_{AB}通过晶体管 VTl 的发射极加到稳压管 VD 上，此时，由于蓄电池电压低于发电机的规定电压值，故加到稳压管上的电压值低于稳压管的反向击穿电压U_{VD}，稳压管 VD 截止，V1 无基极电流也截止。VT2 由 R3 提供偏置电流而处于饱和导通状态，蓄电池便经 VT2 给发电机励磁绕组提供励磁电流，电流路径如下：

蓄电池“＋”端子→点火开关 SW→电压调节器“＋”接线柱→VT2（e，c）→调节器“F”接线柱→发电机“F”接线柱→发电机励磁绕组→搭铁→蓄电池“—”端子。

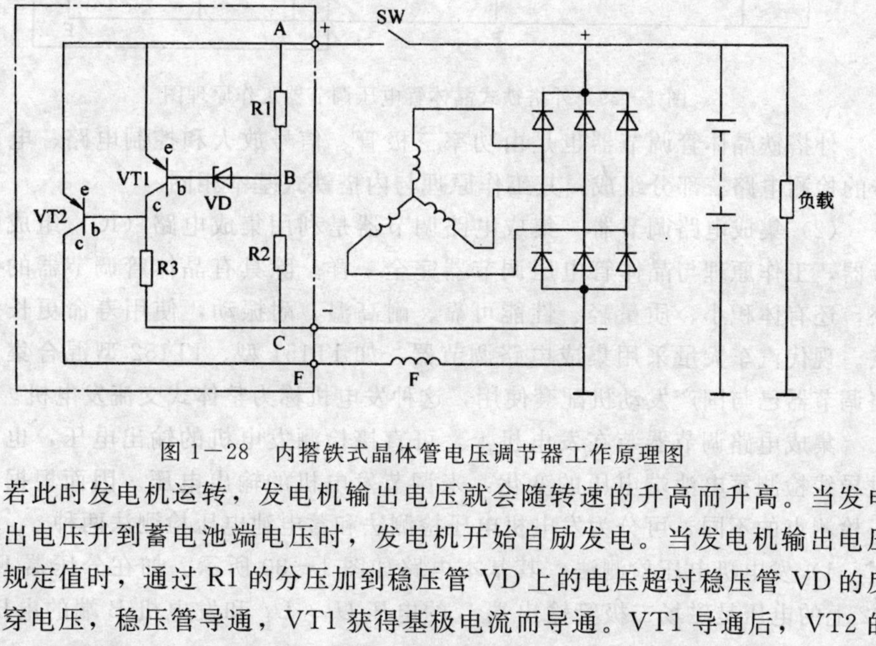

图 1－28　内搭铁式晶体管电压调节器工作原理图

若此时发电机运转，发电机输出电压就会随转速的升高而升高。当发电机输出电压升到蓄电池端电压时，发电机开始自励发电。当发电机输出电压超过规定值时，通过 R1 的分压加到稳压管 VD 上的电压超过稳压管 VD 的反向击穿电压，稳压管导通，VT1 获得基极电流而导通。VT1 导通后，VT2 的发射极被短路，故 VT2 截止，从而切断发电机的励磁电流，使得发电机输出电压迅速下降。

当发电机电压降到低于规定值时，加到稳压管 VD 上的电压又低于其反向击穿电压，稳压管重新截止，使 VT1 也截止，VT2 重新导通，接通发电机的励磁电路而使发电机输出电压又升高。如此反复，发电机的输出电压便稳定在规定的调节范围内。

2）外搭铁晶体管电压调节器　外搭铁晶体管电压调节器的基本电路如图 1－29 所示。其特点是功率三极管串联在发电机励磁绕组的搭铁端，即发电机励磁电路是通过调节器的功率三极管来搭铁的，因此，必须与外搭铁的交流发电机配套使用。另外，其功率三极管以 NPN 型为主。

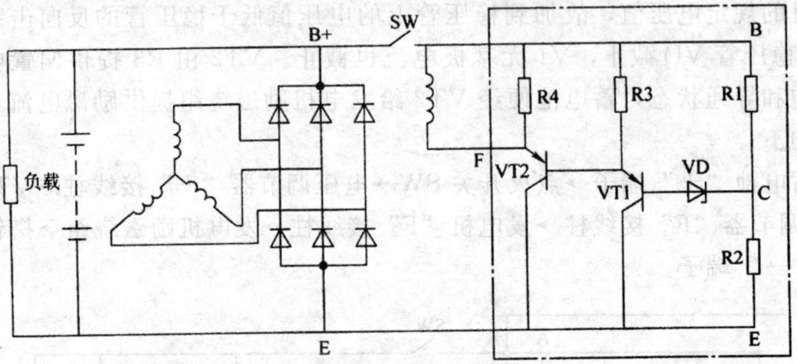

图 1—29　外搭铁式晶体管电压调节器工作原理图

外搭铁晶体管调节器也是由功率三极管、信号放大和控制电路、电压信号的检测电路三部分组成，其工作原理与内搭铁式基本相同。

（2）集成电路调节器　集成电路调节器是利用集成电路（IC）组成的调节器，工作原理与晶体管电压调节器完全一样。除具有晶体管调节器的优点外，还有体积小、质量轻、性能可靠、耐高温、耐振动，使用寿命更长等优点。现代汽车大量采用集成电路调节器，如 JT151 型、JT152 型混合集成电路调节器已与国产发动机配套使用，这种发电机称为整体式交流发电机。

集成电路调节器装在发电机上，可直接检测发电机的输出电压，也可通过导线检测蓄电池端电压的变化，来调节发电机的输出电压。因而根据其电压检测点的不同，可分为发电机电压检测法和蓄电池电压检测法两种。

1）发电机电压检测法　其基本电路如图 1—30 所示。加在分压器 R1 和 R2 上的电压是磁场二极管输出端 L 的电压 U_L，U_L 和发电机 B 端的电压 U_B 相等，检测点 P 的电压为：

$$U_P = U_L R_2 / (R_1 + R_2) = U_B R_2 / (R_1 + R_2)$$

由于检测点 P 加到稳压管 VD1 两端的反向电压与发电机的端电压 U_B 成正比，所以，该线路称为发电机电压检测法。

2）蓄电池电压检测法　其基本电路如图 1—31 所示。加到分压器 R1 和 R2 的电压为蓄电池端电压，由于通过检测点 P 加到稳压管 VD1 上的反向电压与蓄电池端电压成正比，所以，该线路称为蓄电池电压检测法。

上述两种基本线路中，采用发电机电压检测法时，发电机的引线可以少一根，但缺点是当 B 到 BAT 接线柱之间的电压降较大时，蓄电池的充电电压将会偏低，使蓄电池充电不足。故大功率发电机一般采用蓄电池电压检测法。但采用此种检测法时，如 B 到 BAT 之间断路就不能检测到发电机的端电压，发电机电压将会失控。因此须在调节器内部采取一定的保护措施。

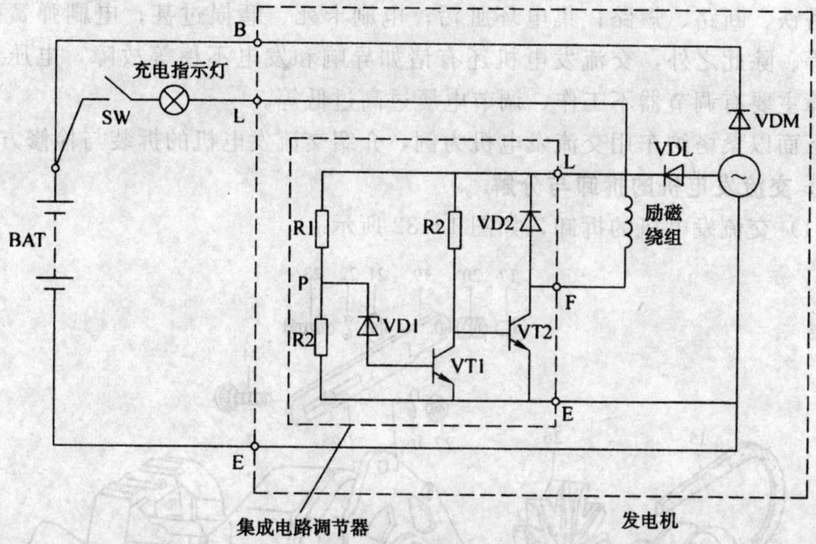

图 1－30　发电机电压检测法

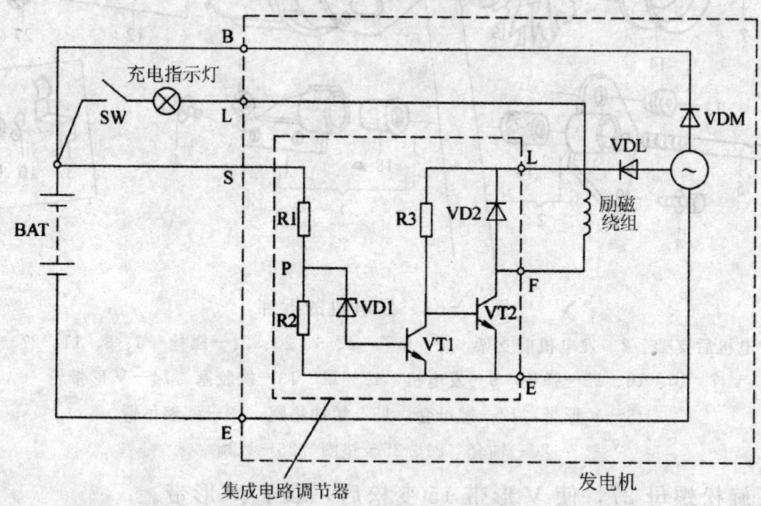

图 1－31　蓄电池电压检测法

在掌握了交流发电机的基本知识后，再碰到任务引入中提到的故障现象时，就可以对交流发电机及与其配套使用的电压调节器进行检修了。

三、交流发电机的检修

交流发电机不发电的原因很多，如：励磁线圈搭铁、断路、短路；电枢绕组搭铁、断路、短路；集电环脏污；电刷卡死、磨损过甚；电刷弹簧弹力不足等。除此之外，交流发电机还有诸如异响和发电不稳等故障，电压调节器故障主要有调节器不工作、调节电压过高过低等。

下面以桑塔纳车用交流发电机为例，介绍交流发电机的拆装与检修方法。

1. 交流发电机的拆卸与分解

(1) 交流发电机的拆卸，如图 1—32 所示。

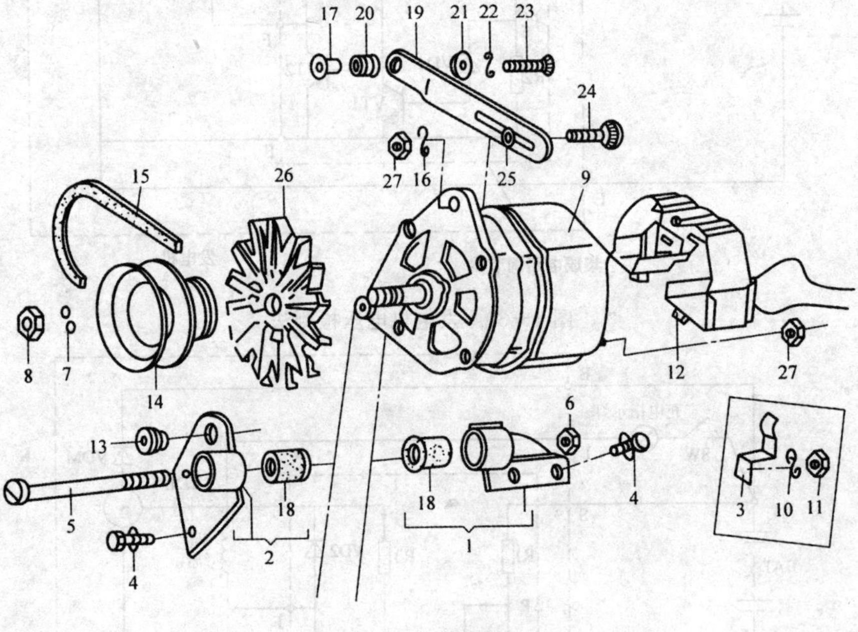

图 1—32　发电机的拆卸

1—发电机后支架　2—发电机前支架　3—卡子　4、5、23、24—螺栓　6、8、11、27—螺母　7、10、16、22—弹垫　9—发电机　12—罩　13—橡胶塞　14—V 形带轮　15—V 形带　17—螺母套　18—缓冲垫圈　19—调整吊臂　20—轴套　21、25—垫圈　26—风扇

1) 旋松螺母 27，使 V 形带 15 变松后，取下 V 形带。

2) 旋下螺栓 24，从发电机 9 上取下调整吊臂 19，旋下螺母 6，取出螺栓 5，从支架 1 和 2 上取下发电机 9。

3) 旋下螺母 11，取下卡子 3 后，从发电机上取下罩 12。

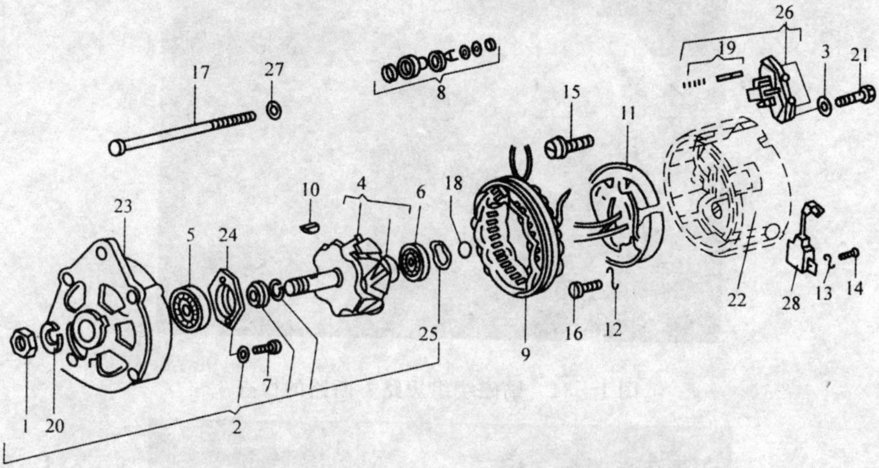

图 1—33　发电机的分解

1—螺母　2—转子及轴承盖总成　3、27—垫圈　4—转子　5、6—轴承　7、17—螺栓
8—螺母组件　9—定子　10—半圆键　11—二极管板　12、13、20—弹垫
14、15、16、21—螺钉　18—O 形垫圈　19—碳（电）刷及弹簧
22—发电机　23—轴承盖　24—轴承压板　25—O 形垫圈
26—压器　28—干扰电容

（2）发电机的分解如图 1—33 所示。

1）拆卸发电机 V 形带轮，将发电机固定在台虎钳上，用专用扳手固定 V 形带轮，拧下紧固螺母，取下 V 形带轮。

2）拆下轴承座架与外壳的连接螺栓，使轴承座架、转子与外壳分离，用专用拉具将转子从轴承座上取下。

3）旋下二极管底板与外壳的连接螺钉，将二极管底板与定子一起从外壳内取出。用不大于 300W 的电烙铁熔开二极管底板与定子线圈的焊接点，使两者分离。熔开时，为避免电子元件过热，应用尖嘴钳夹住线头帮助散热。

4）从外壳上拆下碳（电）刷架、调压器和抗干扰电容。

2. 交流发电机的检修

（1）转子总成的检修

1）短路及断路检查　如图 1—34 所示，用万用表检测两集电环间的电阻，其值应为 3～4Ω。大于此值或为无穷大，说明有断路故障；小于 3Ω，说明有短路故障。有故障的转子应修理或更换。

2）搭铁检查　如图 1—35 所示。用万用表检测集电环与转子轴之间的阻

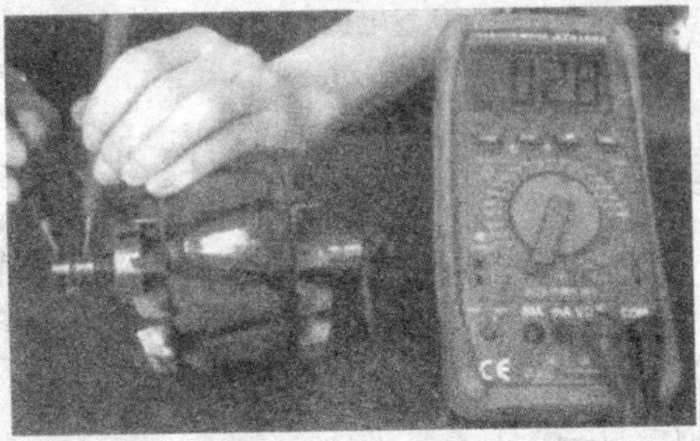

图 1－34　励磁绕组短路、断路的检查

图 1－35　励磁绕组搭铁的检查

值，应为无穷大。否则，有搭铁故障，应予以修理或更换。

3）转子铁芯及转子轴的检测　转子铁芯不得有松动的现象；转子的直线度检查，轴外圆与滑环的径向圆跳动应≤0.10mm，否则应进行校直，如图 1－36 所示。

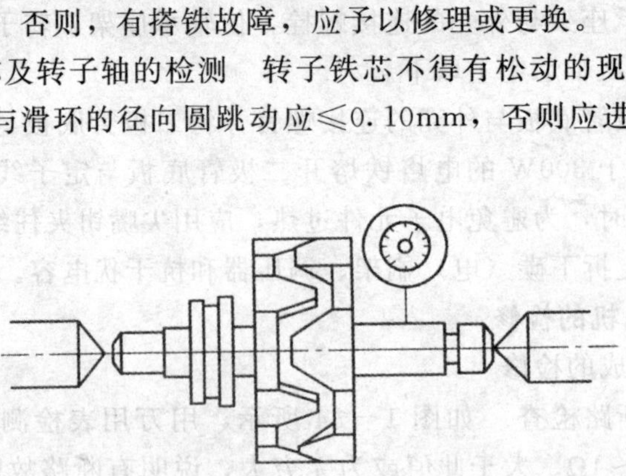

图 1－36　转子铁芯及转子轴的检测

4）集电环的检测　仔细检查集电环表面，应光滑平整，若有划伤或沟槽，应用“00”号砂纸磨光；用游标卡尺测量集电环的外径，其值不得小于标准直径 0.5mm，否则应更换；测量集电环的厚度，应≥2mm，如图 1－37 所示。

(2) 定子总成的检修

1) 定子总体检查　电枢绕组表面不得有刮痕，导线表面不得有碰伤、绝缘剥落等现象，绕组不得有搭铁、断路、短路等现象。

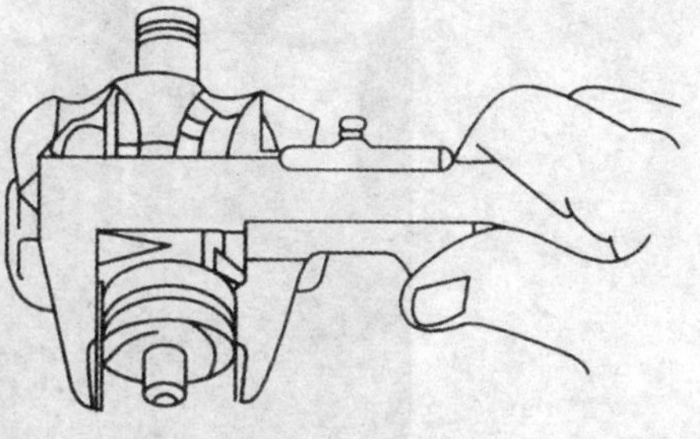

图 1－37　集电环的检测

2) 搭铁检查　如图 1－38 所示，将中性点烫开，使三相绕组导线分离，用万用表分别测试定子铁芯与绕组各端之间的电阻值，其值应为无穷大，否则表明有搭铁故障，应予以修理或更换。

图 1－38　定子绕组搭铁检测

3) 断路检查　如图 1－39 所示，用万用表分别测试每两个绕组端头之间的电阻，其值应接近零。否则电路有断路故障，应更换新品。

4) 绝缘检查　检查绕组的表面，看有无漆包线变成焦煳色或严重脱漆皮，若闻到有严重的焦煳味，说明定子绕组有短路故障。如图 1－40 所示，用万用表分别检测定子铁芯与各绕组首端间的电阻，阻值应为无穷大，否则绕组有短路，应重新绕组或更换新品。

(3) 电刷架组件的检修

1) 电刷架的检修　电刷架应无变形、无破损，否则应予以更换。

2) 电刷的检修　电刷在电刷架内应活动自如，无卡滞。新电刷的长度为 13 mm，允许磨损极限为 5mm，超过此极限应更换。更换碳刷时，应用“00”号砂纸覆在滑环上，用手按住电刷，沿滑环弧面左右推动，摩擦砂纸，使电刷磨出与滑环吻合的弧面，其接触面积应≥75%，保证电刷与滑环贴合良好。电刷与滑环接触的表面应无油污、滑环表面应无明显的氧化层。

3) 电刷弹簧的检修　电刷弹簧的自由长度应符合维修使用说明要求，弹

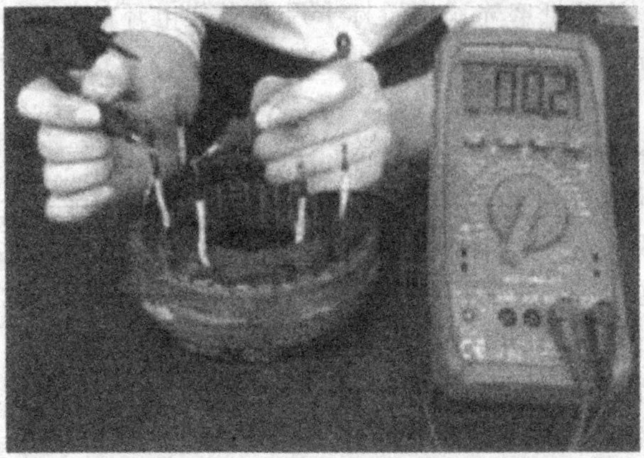

图 1—39 定子绕组断路检测

力为 1～2 N。可用弹簧秤检测弹簧弹力。

(4) 整流器的检修

如图 1—41 所示，将万用表调到 $R\times1$ 挡，红表笔接元件板，黑表笔分别接二极管的引线，测得阻值应为 R；将万用表调到 $R\times10k$ 挡，并且将两表笔对换，测得的阻值为 r。

若阻值 R、r 均接近零，说明二极管短路，应更换。

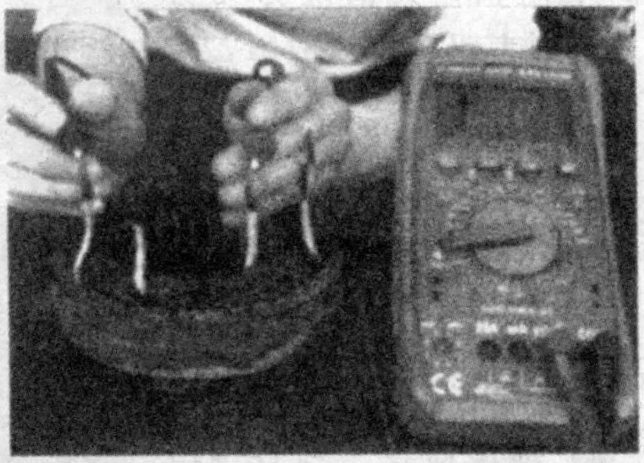

图 1—40 定子绕组短路检测

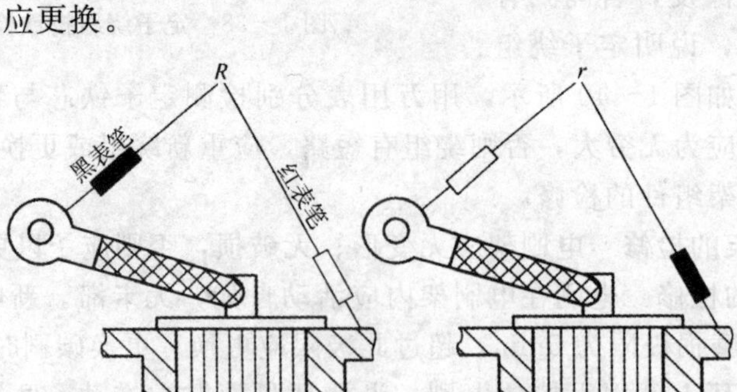

图 1—41 硅整流二极管的检测

若阻值 R、r 均为∞，表明该二极管断路，应更换。

若阻值 R 为 8～10Ω、$r>10k\Omega$，说明该二极管正常，且为正二极管。

若阻值 $R>10k\Omega$、r 为 8～10Ω，说明该二极管正常，且为负二极管。

更换二极管时应注意所换元器件的规格、极性及性能应与被换二极管的一致。

（5）前后壳体、后端盖及轴承的检修

1）前后壳体、端盖的检修。发电机端盖不允许有裂纹，且安装孔不能过于松动，否则应作镶套处理。端盖上的轴承孔与轴承外径一般要有 0.01～0.02mm 的过盈量。

2）轴承的检修。轴承应转动灵活，无明显的杂音，滚珠与滚道上应无斑点，轴承的轴向、径向间隙应≤0.2mm，否则应更换。

3. 交流发电机的装配及其注意事项

发电机的装配可按解体的相反顺序进行，在装配过程中应注意以下几个问题：

（1）各绝缘衬套及绝缘垫圈不得漏装。

（2）发电机前、后端盖及定子铁芯应按装配标记对正装合。

（3）各螺栓应按规定力矩拧紧。

（4）装合后，转子在定子内应转动灵活，无碰擦现象。否则，应拧松前、后端盖紧固螺栓，边转动转子，边用木质器具轻轻敲击发电机端盖边缘，直至转子转动灵活时，再将紧固螺栓均匀拧紧。

（5）硅整流发电机的所有接线必须连接正确，并谨防各接头接地；蓄电池必须负极搭铁；各线路连接好之前，最好不要转动发电机，以防烧坏二极管、熔丝及线路。

（6）发电机装车后，应检查其传动 V 形带张力。用拇指以 39.2～49N 的力按压 V 形带中间部位时，V 形带的挠度应为 8～12mm。否则，应将木棒放在发电机前盖处撬动调整，直至符合要求（不得在后盖处撬动，以防后盖变形损坏元件）。调好后，将紧固螺栓锁紧。

四、电压调节器的检修

1. 晶体管电压调节器的常见故障与检修

晶体管电压调节器由于使用不当或质量不佳，可能出现以下故障：

（1）发电机不发电。原因为大功率三极管断路，稳压管或小功率三极管损坏，使功率三极管一直处于截止状态。

（2）发电机电压过高，充电电流过大，蓄电池电解液沸腾，消耗快。原因是大功率三极管短路，稳压管或小功率三极管损坏，使功率三极管一直处在导通状态。

若出现上述故障，对电压调节器进行检查的方法如下：在电压调节器“F”和发电机“F”接线柱之间，串联一只量程为10A的直流电流表，用以测量励磁电流和转速之间的变化关系。启动发动机，观察电流表指针的指示情况。

(1) 若电流表指针指示为0，多为VT断路故障，应更换新品；

(2) 若电流表在低转速时有较稳定的指示，而在转速升高到800～1000r/min之后，指示值随转速的升高而加大，则为VT2短路或VD、VT1断路，如图1－26所示，应更换新品；

(3) 若电流随转速的升高而减小，如图1－42中虚线所示，表示电压调节器良好。

另外，晶体管电压调节器应按要求做相应的性能测试，如不符合标准可加以调整，若调整后调节电压还不能满足要求则只能报废。

2. **集成电路电压调节器的检修**

集成电路电压调节器为全密封不可拆结构，其损坏和失效后只能更换新产品，无法修复和调整，故只需确认电压调节器好坏即可。判断其好坏最简单的方法就是就车检查，检查之前要清楚集成电路电压调节器与外部连接端子的含义。集成电路电压调节器用以下端子符号（通常在发电机端盖上标注）表示。

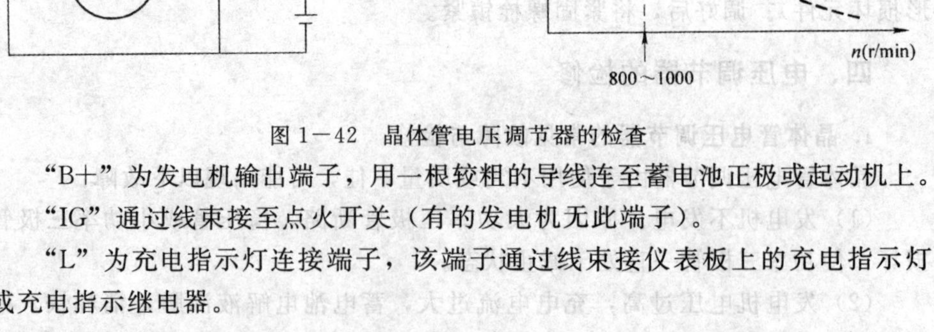

图1－42 晶体管电压调节器的检查

“B+”为发电机输出端子，用一根较粗的导线连至蓄电池正极或起动机上。“IG”通过线束接至点火开关（有的发电机无此端子）。

“L”为充电指示灯连接端子，该端子通过线束接仪表板上的充电指示灯或充电指示继电器。

"S"或"R"为调节器的电压检测端子，通过一根稍粗的导线通过线束直接连接蓄电池正极。

"E"为发电机和电压调节器的搭铁端子。

就车检查时，首先拆下发电机上的所有连接导线，在蓄电池正极和交流发电机"L"接线柱之间串联一只 12V、20W 车用灯泡（对于 24V 电压调节器可用 24V、25W 的车用灯泡）。再将可调直流稳压电源的"+"极接至交流发电机的"S"接头，"一"极与发电机外壳或"E"相接，如图 1—43 所示。调节稳压电源，使电压缓慢升高，直到灯泡熄灭，该直流电压值就是集成电路电压调节器的调节电压值，如该值在 13.5～15V 范围内，说明调节器正常，否则说明该集成电路电压调节器有故障，应更换新品。

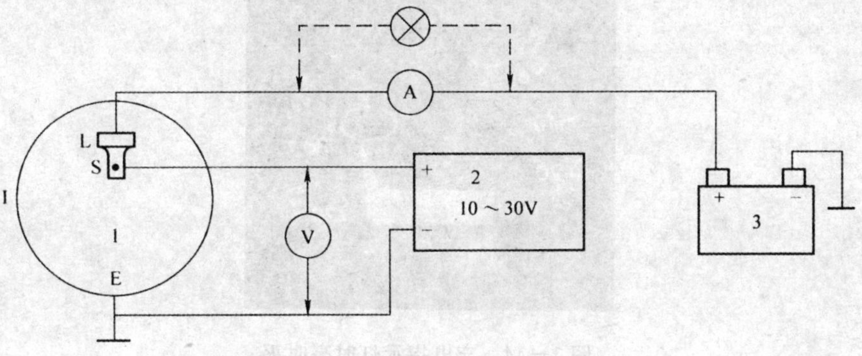

图 1—43 集成电路电压调节器检查

1—交流发电机 2—可调稳压直流电源 3—蓄电池

五、硅整流发电机使用的注意事项

1. 蓄电池必须负极搭铁，不得接反。否则蓄电池将通过整流二极管短路放电，烧坏整流二极管。

2. 发电机运转时，不能采用刮火法检查发电机是否发电，否则容易损坏调节器触点和发电机的二极管。

3. 若发现发电机不发电或充电电流很小时，应及时找出故障点并予以排除，不能继续使用。

4. 整流器的 6 只二极管与定子绕组相连时，禁止用兆欧表或 220V 交流电源检查发电机的绝缘性能，否则将击穿二极管。

5. 发电机自行熄火时，应将点火开关断开，否则蓄电池将长期经蓄电池绕组和调节器放电。

6. 发动机运转时，不得随意切断发电机与蓄电池之间的导线。以免产生过电压，烧坏元器件。

7. 发电机要与专用调节器配套使用，并确保连线正确可靠。

第三节 电源系电路

如图 1－44 所示，一辆轿车在中速行驶状态时，充电指示灯时亮时灭，不断地闪烁。由故障现象可以初步判定为汽车电源系出现故障，电源系的常见故障现象还有很多种，比如充电指示灯不亮、常亮等。本课题的任务就是掌握汽车电源系电路的基本知识，根据电源系常见的故障现象诊断并排除故障。

图 1－44 充电指示灯时亮时灭

要正确掌握根据电源系常见故障现象来诊断并排除故障的方法，不仅要掌握汽车电源系的组成及其主要部件——蓄电池和发电机的相关知识，还必须熟练掌握汽车电源系的电路走向及特点。在此基础上，根据故障现象进行综合分析，做出正确判断，并逐步检查，找出故障点，彻底排除故障。

一、电源系电路工作原理

各种车型的电源系电路各有不同之处，但其基本原理是一样的。下面以桑塔纳 2000 系列轿车电源系电路图来说明电源系统的工作过程。

桑塔纳 2000 系列轿车采用整体式交流发电机，电源系线路如图 1－45 所示。

整体式交流发电机的 3 只正极管与 3 只负极管组成一个三相桥式全波整流电路，称为输出电流整流电路。其输出端 B＋用红色导线与起动机 30 端子连接。3 只磁场二极管与 3 只负极管也组成一个三相全波整流电路，称为磁场电流整流电路。其输出端 D＋用蓝色导线经蓄电池旁边的单端子连接器 T1 后与中央线路板D插座的D4端子连接，再经中央线路板内部电路与A插座的A16端子相连。点火开关30端子用红色导线经中央线路板上的单端子插座P与蓄电池正极连接，点火开关15端子用黑色导线与仪表盘左下方黑色14端子插座的14号端子连接，经仪表盘的印刷电路上的电阻R1、R2和充电指示灯（R2和充电指示灯串联后再与R1并联）和二极管接回到黑色14端子插座的12号端子，再用蓝色导线与中央线路板A插座的A16端子连接。

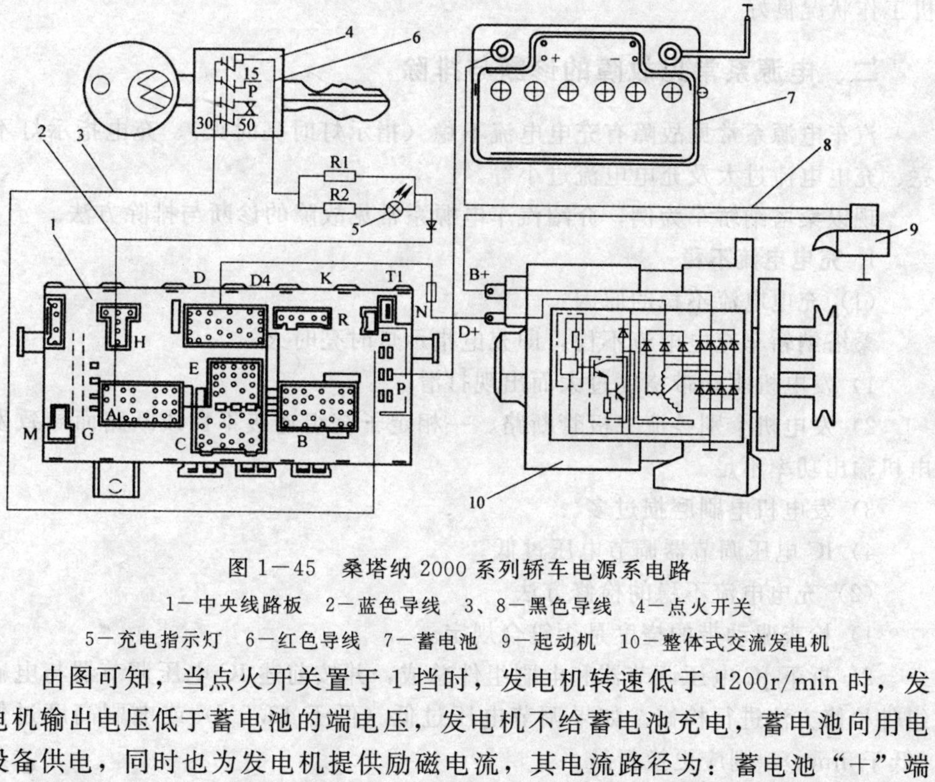

图1—45　桑塔纳2000系列轿车电源系电路

1—中央线路板　2—蓝色导线　3、8—黑色导线　4—点火开关

5—充电指示灯　6—红色导线　7—蓄电池　9—起动机　10—整体式交流发电机

由图可知，当点火开关置于1挡时，发电机转速低于1200r/min时，发电机输出电压低于蓄电池的端电压，发电机不给蓄电池充电，蓄电池向用电设备供电，同时也为发电机提供励磁电流，其电流路径为：蓄电池“+”端子→红色导线→中央线路板单端子插座P端子→中央线路板内部→中央线路板单端子插座P端子→点火开关30端子→点火开关→点火开关15端子→黑色导线→仪表盘下方黑色14端子插座的14号端子→仪表盘印刷电路→电阻R2和充电指示灯（发光二极管）→黑色14端子插座的12号端子→蓝色导线→二极管→中央线路板A16端子→中央线路板内部线路→中央线路板D4端子→单端子连接器T1（蓄电池旁边）→交流发电机D+端子→发电机的励磁绕组→电压调节器功率管→搭铁→蓄电池“—”端子。此时充电指示灯有电流通过，故充电指示灯亮。

当发动机转速达到或高于 1200r/min 时，发电机输出电压高于蓄电池端电压，发电机给用电设备供电，3 只励磁二极管的共阴极端子 D+同时向励磁绕组供电，发电机给蓄电池充电，充电电流路径为：交流发电机电枢 B+端子→起动机电磁开关 30 接线柱→蓄电池“+”端子→蓄电池“-”端子→搭铁。此时，中央线路板 A16 端子的电势高于点火开关 15 端子的电势，由于二极管的单向导电性，故充电指示灯无电流通过，充电指示灯熄灭，指示发电机工作状况良好。

二、电源系常见故障的诊断与排除

汽车电源系常见故障有充电电流不稳（指示灯时亮时灭）、充电指示灯不亮、充电电流过大及充电电流过小等。

现以桑塔纳轿车为例，介绍汽车电源系常见故障的诊断与排除方法。

1. 充电电流不稳

（1）充电电流不稳的原因：

桑塔纳轿车充电电流不稳，即充电指示灯时亮时灭。

1）发电机驱动带挠度过大而出现打滑。

2）发电机个别整流二极管断路、一相定子绕组连接不良或断路而导致发电机输出功率不足。

3）发电机电刷磨损过多。

4）IC 电压调节器调节电压过低。

（2）充电电流不稳的检修方法

1）检查驱动带的挠度是否符合规定。

2）拆下 IC 电压调节器和电刷组件总成，并按前述 IC 电压调节器与电刷组件检修方法进行检修。如果调节电压过低（低于 13.5V）或电刷高度过低（低于 5mm），则应更换新品。

3）如果 IC 电压调节器和电刷组件良好，说明发电机二极管、定子绕组断路，需拆下发电机总成进行试验与检修，其故障诊断与排除程序如图 1－46 所示。

2. 充电指示灯不亮

（1）电源系充电指示灯不亮的原因是充电指示灯线路断路或线路中的零部件存在故障。桑塔纳轿车充电指示灯不亮的原因如下：

1）充电指示灯坏或与之串联的电阻 R2 断路。

2）指示灯线路断路或线路中的二极管断路。

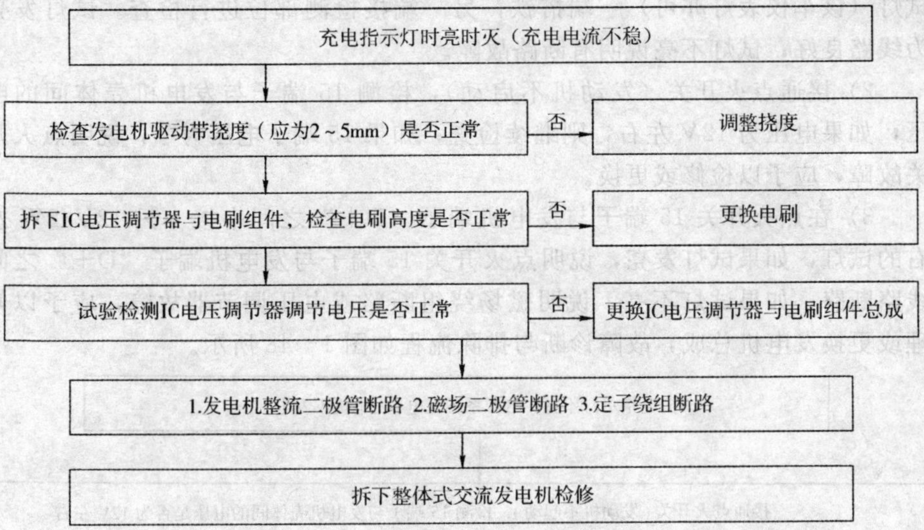

图 1－47　充电电流不稳故障诊断流程图

3）点火开关故障。

4）发电机不发电。

5）IC 电压调节器故障。

（2）充电指示灯不亮的检修方法

在诊断和排除桑塔纳轿车电源系统故障时，可参考图 1－47 和全车线路附图进行。充电指示灯及发电机磁场绕组线路见［相关知识］中的第四段文字。

在预励磁电路中，由于充电指示灯与电阻 R2 串联后又与电阻 R1 并联，当指示灯 LED 或 R2 断路时，流过 R1 的电流仍能使发电机预励磁发电，因此，在排除指示灯不亮故障时，应分为发电机能发电与发电机不发电两种情况进行排除。

当接通点火开关时充电指示灯不亮，启动发动机后发电机又能发电，说明磁场电路能接通，电流经电阻 R1 向发电机预励磁，故障原因是充电指示灯坏或电阻 R2 断路。

当接通点火开关充电指示灯不亮，启动发动机后发电机又不发电时，排除故障的方法如下：

1）断开点火开关，检测 30 端子与发电机壳体间的电压，如果电压为 12V 左右，则继续检查；如 30 端子电压为零或过低，说明该端子至蓄电池正极柱之间的连线断路、端子松脱或蓄电池故障。检查断路故障时，可用 12V

试灯（该车仪表灯亦可）一端搭铁，另一端接检测部位进行检查。试灯发亮为线路良好；试灯不亮说明有断路故障。

2）接通点火开关（发动机不启动），检测 15 端子与发电机壳体间的电压，如果电压为 12V 左右，则继续检查；如果 15 端子电压为零，说明点火开关故障，应予以检修或更换。

3）在点火开关 15 端子与发电机端子“D＋”之间串接一只 12V/2W 左右的试灯，如果试灯发亮，说明点火开关 15 端子与发电机端子“D＋”之间线路断路；如果试灯不亮，说明磁场绕组断路或电压调节器故障，应予以修理或更换发电机总成，故障诊断与排除流程如图 1－48 所示。

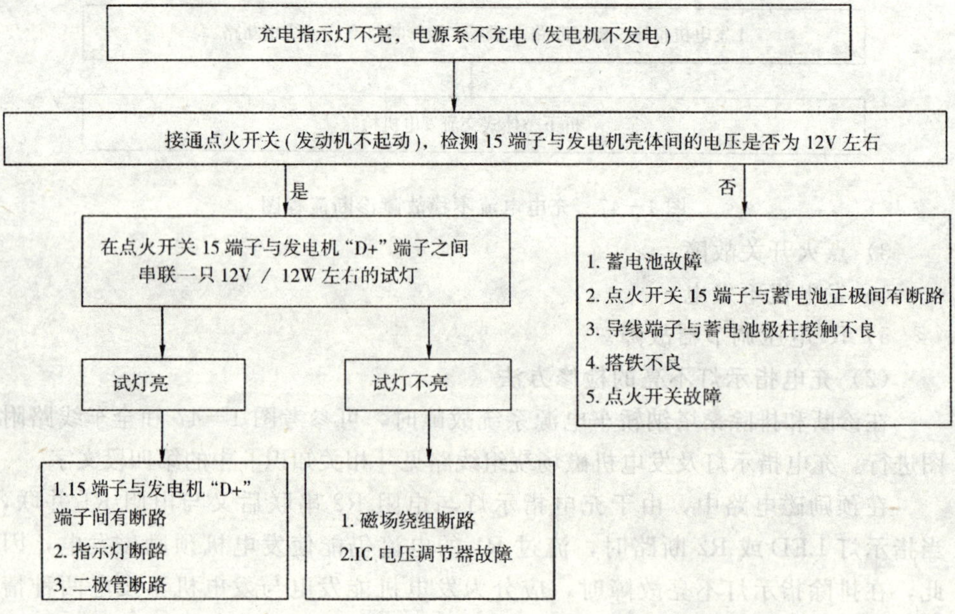

图 1－48　充电指示灯不亮故障排除流程图

3. 充电电流过小

（1）充电电流过小的原因

充电电流过小主要有发电机和调节器两方面的原因。

1）发电机方面的原因有：V 形带过松；个别二极管断路；定子绕组有一相连接不良或断路；电刷磨损过度及滑环上有油污使电刷与滑环接触不良等。

2）电压调节器方面的原因有：低速触点烧蚀、脏污等造成接触不良；电压调节过低。

（2）充电电流过小的检修方法

汽车电源系充电电流过小的检修流程如图 1－49 所示。

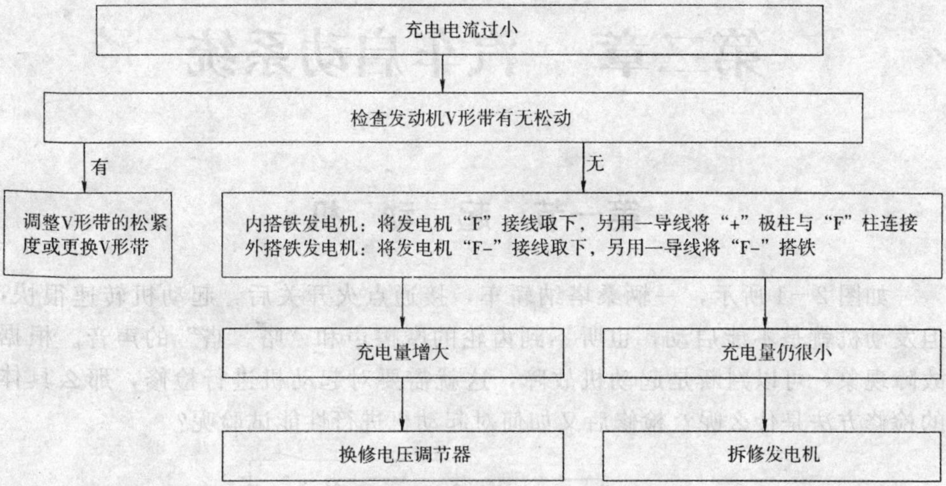

图 1－49　充电电流过小故障排除流程图

4. **充电电流过大**

充电电流过大，多是由于电压调节器有故障引起的，如电压调节过高，调节器低速触点烧结，调节器磁化线圈补偿电阻烧断以及调节器搭铁不良等。对于晶体管电压调节器或集成电路电压调节器如发生此类故障应更换新品。

第二章　汽车启动系统

第一节　起　动　机

如图 2－1 所示，一辆桑塔纳轿车，接通点火开关后，起动机转速很快，但发动机就是不能启动，也听不到齿轮的摩擦声和“嗒、嗒”的声音。根据故障现象，可以判断是起动机故障，这就需要对起动机进行检修，那么具体的检修方法是什么呢？检修后又如何对起动机进行性能试验呢？

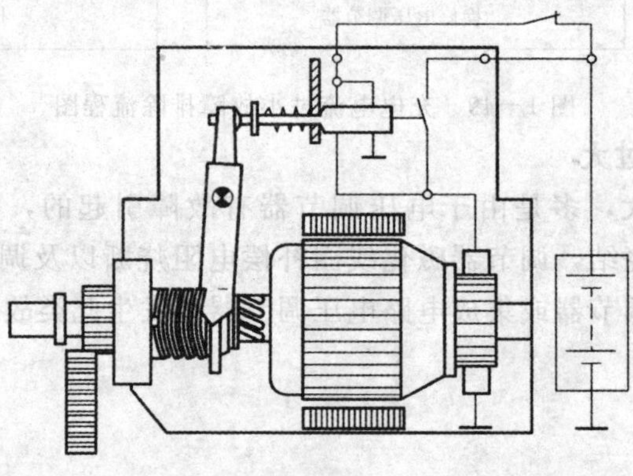

图 2－1　接通点火开关后起动机的工作示意图

检修汽车起动机的故障，必须具备以下的知识和技能：

1. 了解汽车启动系的组成、作用及其主要工作设备；起动机的功用、分类、结构；

2. 熟悉起动机的工作原理，掌握起动机的拆装步骤和检修方法；

3. 能根据起动机具体的故障现象，进行综合分析，找出故障点，进行维修。

一、启动系的作用及组成

汽车启动系的作用是带动发动机曲轴转动，直到发动机能在自身动力作用下自行运转为止。起动机从蓄电池中获取电能，然后把所获的电能转化为机械能，并通过驱动机构将其传递给发动机飞轮。

如图 2－2 所示，典型的启动系统由 5 个基本部件组成。5 个基本部件及其作用如下：

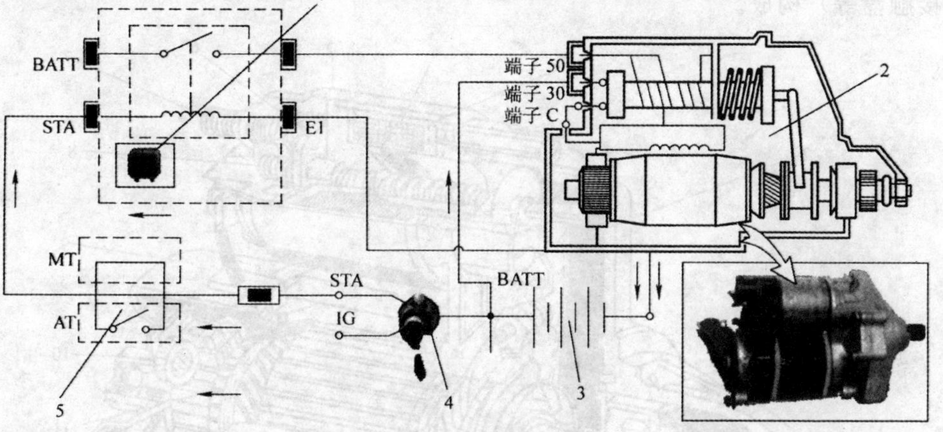

图 2—2 启动系统组成

1—启动复合继电器 2—起动机（带电磁开关） 3—蓄电池 4—点火开关 5—空挡启动开关

1. 启动复合继电器。用小电流电路控制大电流电路，保护启动开关和起动机；

2. 起动机（电磁开关）。接通直流电动机电路，直流电动机将电能转化为机械能并通过驱动机构将机械能传递给发动机飞轮；

3. 蓄电池。为启动系统提供电能；

4. 点火开关。控制启动复合继电器的电路；

5. 空挡启动开关。防止变速器不在“P”挡或“N”位置时汽车被启动。

二、起动机的分类、结构及工作原理

1. 起动机的分类

起动机的种类很多，我们主要从其总体结构、控制方式和啮合方式 3 个方面进行分类。

(1) 按总体结构不同可分为：普通起动机、永磁起动机和减速起动机。

(2) 按控制方式不同可分为：机械控制式起动机和电磁控制式起动机。

(3) 按啮合方式不同可分为：强制啮合式起动机、惯性啮合式起动机、电枢移动式起动机、齿轮移动式起动机和同轴式起动机。

2. 起动机的结构和工作原理

如图 2—3 所示为一典型起动机的结构图，它主要由直流电动机（包括机壳、磁极、电枢、换向器、电刷和电刷架等）、传动机构（包括单向离合器、驱动齿轮、拨叉等)、控制开关(包括保持线圈、吸拉线圈、触电、接线柱、接触盘等)构成。

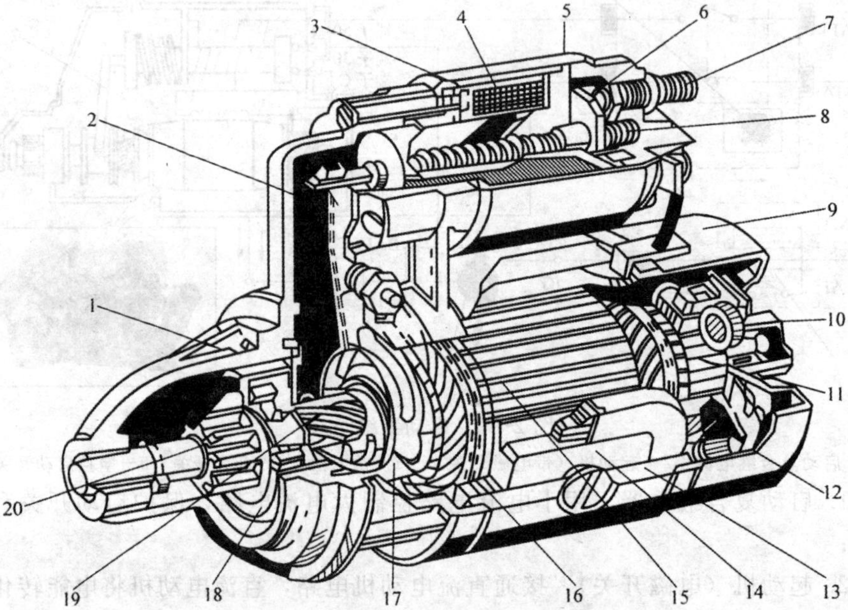

图 2—3 典型起动机结构

1—后端盖 2—拨叉 3—保持线圈 4—吸引线圈 5—电磁开关 6—触点 7—接线柱 8—接触盘 9—前端盖 10—电刷弹簧 11—换向器 12—电刷 13—机壳 14—磁极 15—电枢 16—励磁绕组 17—移动齿轮 18—单向离合器 19—电枢轴 20—驱动齿轮

(1) 直流电动机

汽车起动机的直流电动机主要由机壳、磁极、电枢、换向器、电刷和电刷架 6 部分组成。

1) 机壳 机壳是用铸铁铸造或钢材卷焊成的,一端开有窗口,作为观察电刷与换向器之用,平时用防尘箍盖住。在壳体上还设有一引出线,该引出线与励磁绕组的一端连接。

2) 磁极 磁极的功用是产生磁场。电磁式起动机的磁场为电磁场,其磁极的组成主要由铁芯和励磁绕组两部分组成。铁芯是用低碳钢制成的,呈马蹄形,它通常由螺钉固定在电动机壳体的内壁上;磁场绕组套装在铁芯上。当磁场绕组接通电流时,铁芯就会产生电磁场。

起动机用直流电动机的最大特点就是磁极多、磁场绕组的横截面积大,其目的是增大起动机的电磁转矩。一般采用 4 个磁极,每个磁极上套装有励磁绕组。磁场绕组采用矩形裸体铜线绕制，并与电枢绕组串联，如图 2－4 所示。4 个磁场绕组的连接方式有两种：一种是 4 个磁场绕组相互串联后再以与电枢绕组串联，如图 2－4a）所示；另一种是两个励磁绕组先串联后再并联再与电枢绕组串联，如图 2－4b）所示，桑塔纳轿车 QD1225、QD1229 型起动机采用的就是这种连接方式。无论采用哪种连接方式，4 个励磁绕组通电后产生的磁极必须是 N、S 极相间排列的。

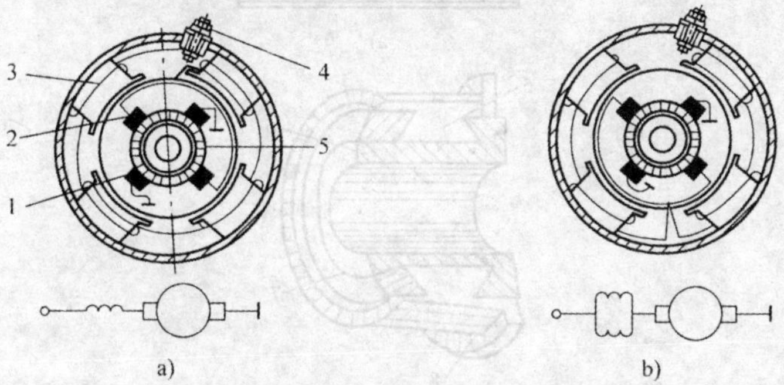

图 2－4 磁场绕组连接方式示意图

a）四个励磁绕组相互串联再与电枢绕组再串联 b）四个励磁绕组两两串联后并联再与电枢绕组串联

1－负电刷 2－正电刷 3－磁场绕组 4－起动机“C”端子（磁场线圈引出线端） 5－换向器

3）电枢 电枢是产生电磁转矩的核心部件，是直流电动机的转子，其结构如图 2－5a）所示，主要由铁芯、电枢绕组和换向器组成。

电枢铁芯是由外圆带槽的硅钢片叠成。电枢绕组绕制在电枢铁芯的线槽内，绕组两端分别焊在换向器的连接铜片上。为了能获得较大的电磁转矩，流经电枢绕组的电流需很大（小功率的起动机也需要在 300A 以上），因此电枢绕组也采用横截面积较大的矩形或圆形的裸体铜线绕制。

换向器的作用是连接励磁绕组、电枢绕组和电源，并保证电枢绕组产生的电磁力矩方向不变。换向器的结构如图 2－5b）所示，它主要由截面呈燕尾形的铜片合围而成。燕尾形的铜片称之为换向片，换向片与换向片之间以及换向片与轴套、压环之间均采用云母绝缘。

4）电刷及电刷架 电刷和电刷架的作用是将直流电源引入电动机，其结构如图 2－6 所示。电刷一般用 80%左右的铜粉和 20%左右的石墨粉模压而成。一台起动机一般有 4 只或 6 只电刷，桑塔纳轿车有 4 只电刷，其中两只碳刷架与端盖绝缘称为绝缘碳刷架，另两只与端盖直接铆合，称为搭铁碳刷架。电刷安装在电刷架内，借电刷弹簧的弹力紧压在换向器上，电刷弹簧的弹力一般为 12～15N。

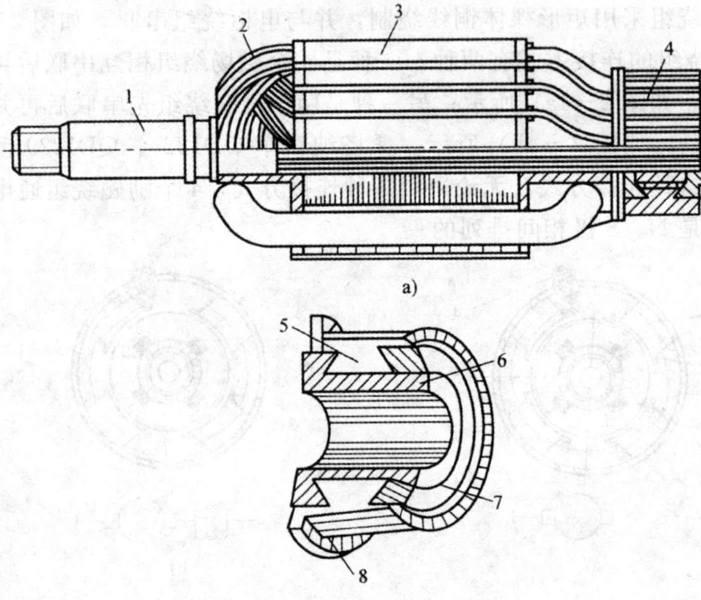

图 2—5 起动机电枢结构示意图

a）电枢轴 b）换向器结构

1—电枢轴 2—电枢线圈 3—铁芯 4—换向器 5—换向片 6—轴套 7—压环 8—焊线凸缘

直流电动机是将电能转化为机械能的设备，它是根据载流导体在磁场中会受到电磁力的作用而运动的原理进行工作的。其工作原理如图 2—7 所示。

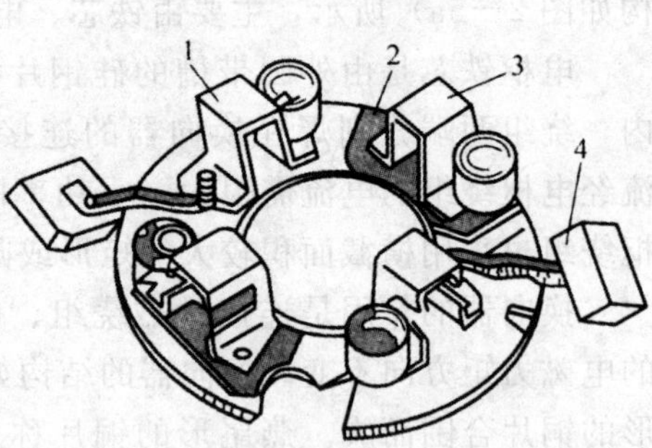

图 2—6 电刷组件结构示意图

1—搭铁电刷架 2—绝缘垫

3—绝缘电刷架 4—搭铁电刷

电动机的电刷与直流电源相接，电流由正电刷和换向片 A 流入，从换向片 B 和负电刷流出，如图 2—7a）所示。此时绕组中的电流方向为 a→d，按左手定则可确定导线 ab 受到向左的电磁力 F，导线 cd 受到向右的电磁力 F，于是整个线圈按逆时针方向转动。当电枢转过半周时，如图 2—7b）所示，换向片 B 与正电刷相接触，换向片 A 与负电刷相接触，线圈中电流的方向改变为由 d→a，因而在 N 极和 S 极下面导体中的电流方向保持不变，电磁转矩的方向也就不变，于是电枢仍按原来的逆时针方向继续转动。

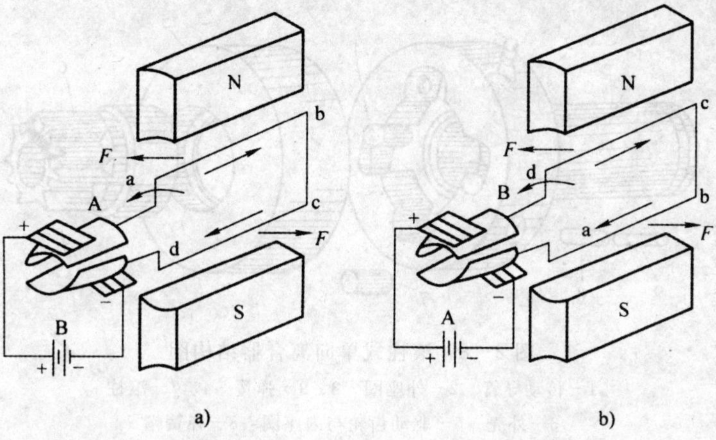

图 2－7　直流电动机工作原理图

a）线圈的电流方向为 a→d　b）线圈的电流方向为 d→a

由于一个线圈产生的转矩太小，且转速不稳定，故实际使用的电动机绕有很多线圈，换向片数也随线圈的增多而相应增加。

(2) 起动机的传动机构

起动机传动机的作用是单方向传递力矩，即启动发动机时将起动机的转矩传给发动机的曲轴（传递动力），而当发动机启动后，它又能自动打滑（切断动力），不使飞轮齿圈带动起动机的电枢旋转，以免损坏起动机。因为飞轮齿圈与起动机驱动齿轮的传动比是 1∶10～1∶15，所以发动机启动后，如果不及时将起动机与发动机分离，则起动机的电枢就会被发动机的曲轴带动，以 8000～15000r/min 的速度高速旋转，从而导致电枢线圈被从电枢槽中甩出，造成“飞散”事故，从而损坏电枢。

传动机构主要由单向离合器和移动叉（拨叉）组成。离合器主要有滚柱式离合器、弹簧式离合器和摩擦片式离合器 3 种。摩擦片式离合器可以传递较大转矩，主要用于柴油发动机汽车，滚柱式和弹簧式离合器主要用于汽油发动机汽车，目前国内外汽车起动机使用最多的就是滚柱式单向离合器。滚柱式单向离合器的结构如图 2－8 所示。传动导管与外座圈制成一体，外座圈内圆制成“十”字形空腔。驱动齿轮的一端伸入外座圈的空腔内，将“十”字形腔室分割成楔形腔室，如图 2－9 所示。有 4～6 只滚柱，安放在楔形腔室内。弹簧一端套有弹簧帽，并安放在外座圈的径向小孔中。弹簧帽压在滚柱上，弹簧的另一端压在铁皮外壳上，铁皮外壳将内、外座圈卷压包装在一起。当起动机未投入工作时，弹簧弹力将滚柱压向楔形室较窄的一端。

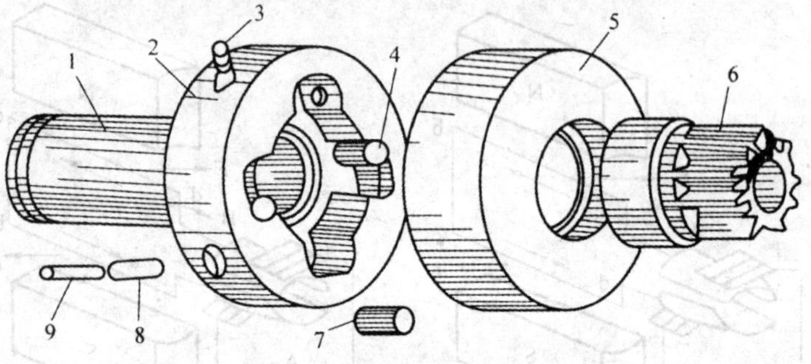

图 2—8　滚柱式单向离合器结构图

1—传动导管　2—外座圈　3、9—弹簧　4、7—滚柱
5—外壳　6—驱动齿轮与内座圈　8—弹簧帽

传动导管套装在电枢轴上，导管内圆制有内螺旋键槽，它与电枢轴上的外螺旋键槽配合传递动力，制成一体的驱动齿轮合内座圈套装在电枢的光轴部分，既可轴向移动，也可绕轴转动。

滚柱式单向离合器的工作原理如下：

启动发动机时，接通点火开关，在控制装置（电磁开关）的作用下，拨叉下端拨动离合器，使驱动齿轮与发动机的齿圈啮合。当电动机的驱动转矩小于发动机的阻力矩时，电枢轴仅带动传动导管与外座圈转动，在外座圈与滚柱之间的摩擦力矩和弹簧力矩的作用下，滚柱向楔形室较窄侧压去并将内座圈与外座圈卡成一体，如图 2—9a）所示，动力经过电枢轴、传动导管、外座圈、滚柱、内座圈和驱动齿轮传递到发动机的飞轮齿圈。当电动机驱动转矩达到或超过发动机阻力矩时，驱动齿轮便带动飞轮旋转，直到发动机被启动为止。此时，驱动齿轮为主动件，飞轮为被动件。

发动机启动后，曲轴在活塞的作用下高速旋转，飞轮为主动件，驱动齿轮为被动件。由于飞轮齿圈与驱动齿轮之间的传动比较大，因此发动机一旦被启动，飞轮就会带动驱动齿轮飞速旋转。此时，驱动齿轮的转速远远高于电枢轴的转速，因此内座圈与滚柱之间的摩擦力矩便使滚柱克服弹簧力矩滚向楔形室较宽的一侧，如图 2—9b）所示，滚柱将在内、外座圈间跳跃滚动，从而切断动力的传递。此时，电枢轴仅由电枢绕组产生的电磁转矩驱动而空转，避免了电枢因超速旋转而损坏。

(3) 起动机的控制装置

起动机的控制装置用来控制直流电动机主电路的通断，它主要由吸引线圈、保持线圈、铁芯和接触盘等组成。

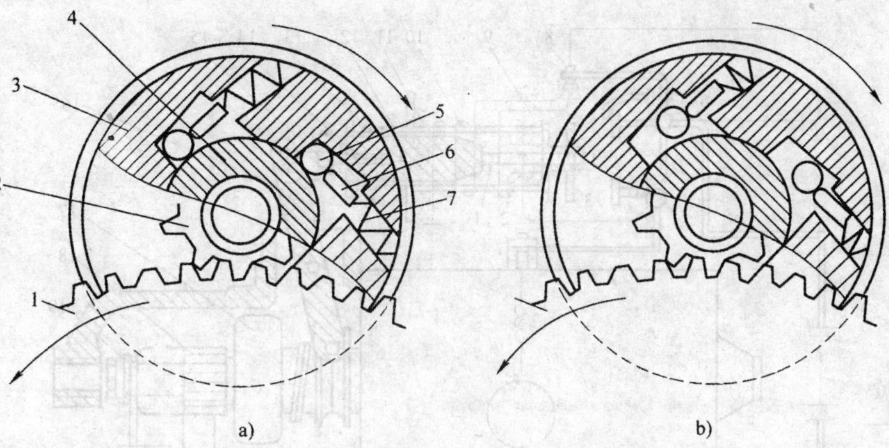

图 2－9　滚柱式单向离合器工作原理图

a）传递动力　b）切断动力

1－发动机飞轮　2－驱动齿轮　3－外座圈　4－内座圈　5－滚柱　6－弹簧帽　7－弹簧

桑塔纳轿车起动机控制装置结构如图 2－10 所示。其工作原理如下：

当点火开关置于启动挡时，吸引线圈 9 和保持线圈 10 有电流通过，吸引线圈的电流路径为：蓄电池正极→起动机 30 端子→点火开关→起动机 50 端子→吸引线圈→起动机“C”端子→磁场绕组→电枢绕组→搭铁→蓄电池负极。

保持线圈的电流路径为：蓄电池正极→起动机 30 端子→点火开关→起动机 50 端子→保持线圈→搭铁→蓄电池负极。由右手螺旋定则可知，此时两线圈产生的磁力线方向相同，电磁力叠加，吸引活动铁芯 12 向左移动，带动拨叉绕支点转动，于是拨叉下端拨动滚柱式单向离合器向右移动，使驱动齿轮与飞轮齿圈啮合，并使推杆上的接触盘将 30 端子和“C”端子接通，从而将电动机电路接通，其电流路径为：蓄电池正极→起动机 30 端子及其触点→接触盘→起动机“C”端子及其触点→磁场绕组→电枢绕组→搭铁→蓄电池负极。

当驾驶员松开点火钥匙，点火开关自动从启动挡回到点火挡瞬间，启动挡断开，接触盘仍将 30 端子和“C”端子接通，吸引线圈和保持线圈的电流路径为：蓄电池正极→起动机 30 端子及其触点→接触盘→起动机“C”端子及其触点→吸引线圈→起动机 50 端子→保持线圈→搭铁→蓄电池负极。由右手螺旋定则可知，此时两线圈产生的磁力线方向相反，电磁力相互削弱，在复位弹簧的弹力作用下，活动铁芯复位，推杆上的接触盘也复位，切断 30 端子和“C”端子，从而切断电动机电路。与此同时，拨叉也绕支点转动，其下端带动滚柱式单向离合器向左移动，使驱动齿轮与飞轮齿圈分离，启动工作结束。

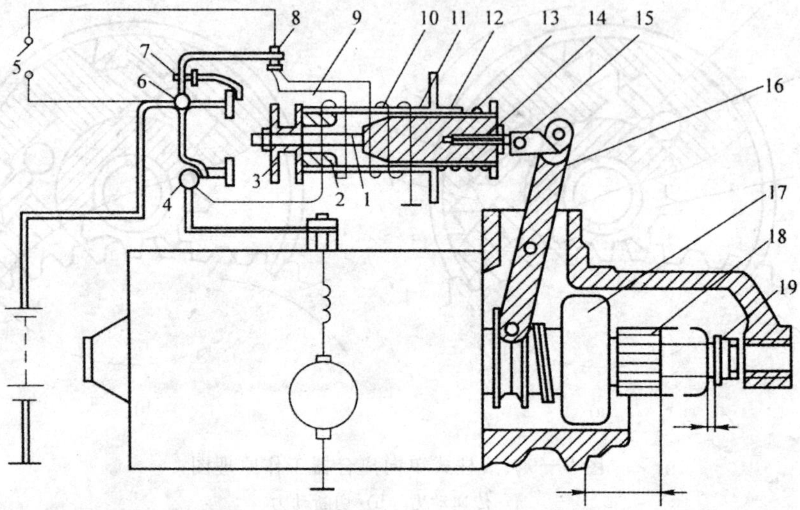

图 2—10　桑塔纳轿车起动机控制装置结构

1—推杆　2—固定铁芯　3—开关触盘　4—起动机“C”端子　5—点火开关
6—起动机“30”端子　7—起动机“15a”端子　8—起动机“50”端子　9—吸引线圈
10—保持线圈　11—铜套　12—活动铁芯　13—复位弹簧　14—调节螺钉　15—挂钩
16—移动叉　17—单向离合器　18—驱动齿轮　19—止推垫圈

三、起动机的检修

1. 起动机的拆装

QD1229 型起动机的分解如图 2—11 所示。

拆卸起动机时，应首先拆下蓄电池搭铁线，然后再拆下起动机的各连接线。

(1) 从车上拆下起动机。

1) 拆下蓄电池负极电缆。

2) 举升汽车。

3) 拆下起动机控制连接导线。

4) 拆下启动电缆。

5) 从发动机上拆下起动机。

(2) 拆下电磁开关与电动机的连接线。

(3) 拆下电磁开关。

(4) 拆下轴承盖的 2 个螺钉，取下轴承盖、锁片、O 形密封圈。

(5) 拆下穿心螺栓，取下电刷端盖、驱动端盖、拨叉等。

（6）从电刷座上拆下电刷架，取出电刷、弹簧。

（7）分离定子与转子（电枢）。

（8）敲开止动挡圈压片，拆下卡环，取出止推垫圈、驱动小齿轮与单向离合器。

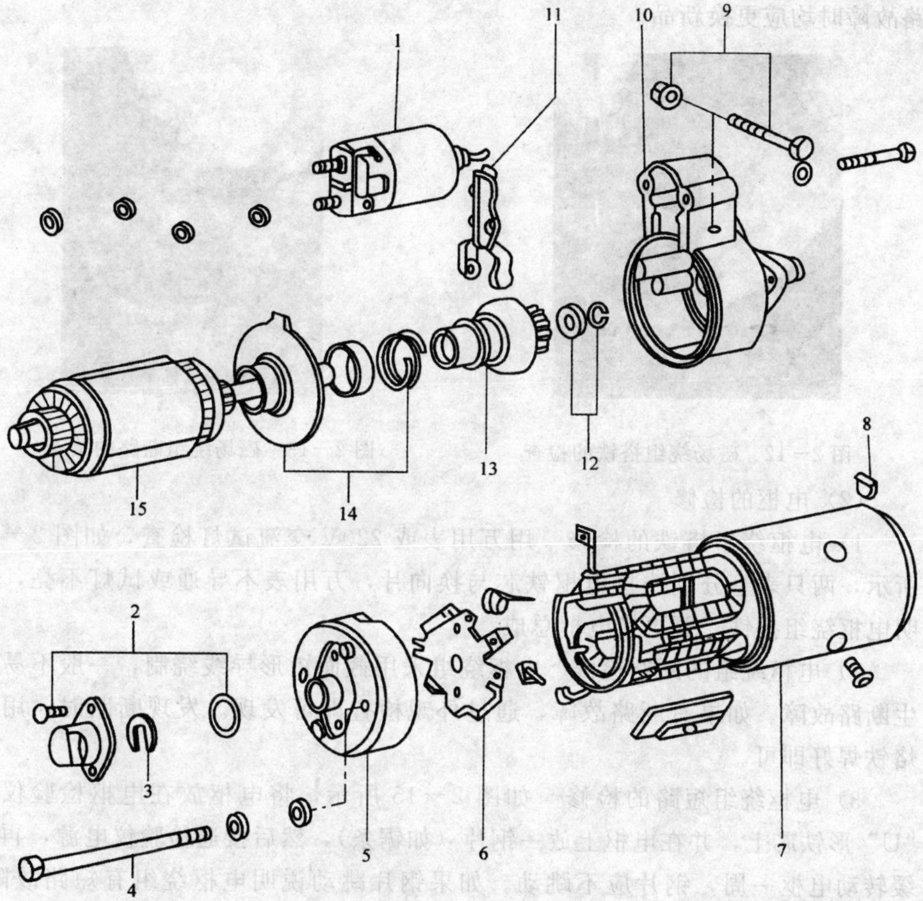

图 2－11　QD1229 型起动机分解图

1－电磁开关　2－轴承盖和 O 形密封圈　3－锁片　4－穿心螺栓　5－电刷端盖　6－电刷架　7－电动机壳体　8－橡胶密封圈　9－拨叉支点螺栓和螺母　10－驱动端盖　11－拨叉　12－止推垫圈和卡环　13－单向离合器　14－中间轴承　15－电枢

2. 起动机的检修

（1）磁场绕组的检修

1）磁场绕组搭铁的检修　如图 2－12 所示，用万用表检测磁场接柱与外壳间的电阻，阻值应为无穷大；否则说明磁场绕组搭铁，应更换新品。

2）磁场绕组短路及断路检修　如图 2－13 所示，用万用表检测磁场接柱与绕组碳刷间的电阻，两次阻值应相同且接近零。若两次阻值不相同，但接近零，说明有短路故障；若阻值无穷大，则说明有断路故障。出现短路或断路故障时均应更换新品。

图 2－12　磁场绕组搭铁的检查

图 2－13　磁场绕组断路的检查

（2）电枢的检修

1）电枢绕组搭铁的检修　用万用表或 220V 交流试灯检查，如图 2－14 所示，两只表笔分别连接电枢铁芯与换向片，万用表不导通或试灯不亮，说明电枢绕组搭铁，要更换电枢总成。

2）电枢绕组的断路检修　电枢绕组采用截面矩形导线绕制，一般不易发生断路故障。如果有断路故障，通过外观检查即可发现。发现断路时，用电烙铁焊好即可。

3）电枢绕组短路的检修　如图 2－15 所示，将电枢放在电枢检验仪的“U”形铁芯上，并在电枢上放一钢片（如锯条），然后接通检验仪电源，再缓缓转动电枢一周，钢片应不跳动。如果钢片跳动说明电枢绕组有短路故障，应更换电枢总成。

4）电枢轴的跳动检查　如图 2－16 所示，电枢轴的跳动量应≤0.08mm，否则应校正电枢轴或更换电枢总成。

5）换向器的检修

①换向器表面的检修　如表面有脏污，可用棉纱蘸少量汽油擦拭干净；若表面不平或有轻微烧蚀，可用“00”号砂纸打磨，如图 2－17 所示；若表面严重烧蚀或有沟槽，可选择尽可能小的加工余量车削。当换向片的厚度小

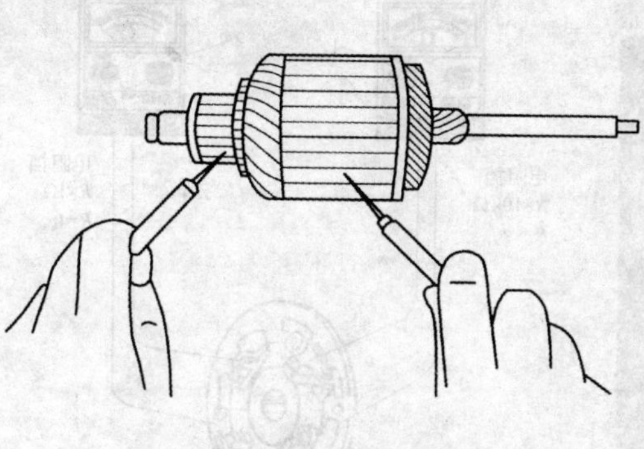

图 2－14　电枢绕组搭铁的检查

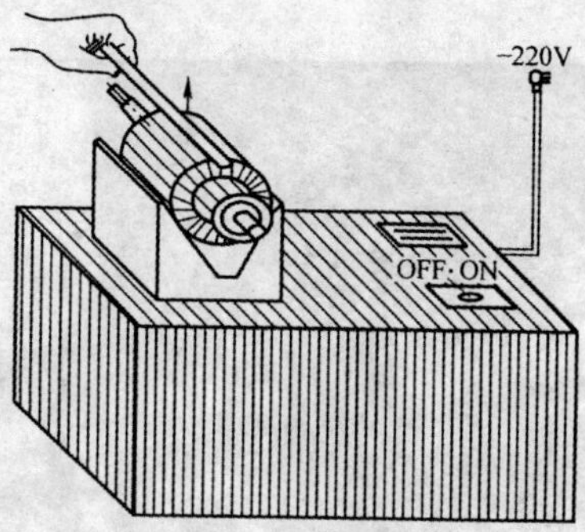

图 2－15　电枢绕组短路的检查

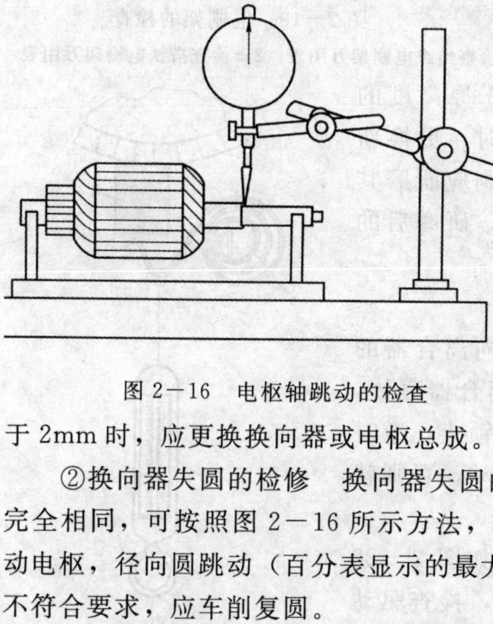

图 2－16　电枢轴跳动的检查

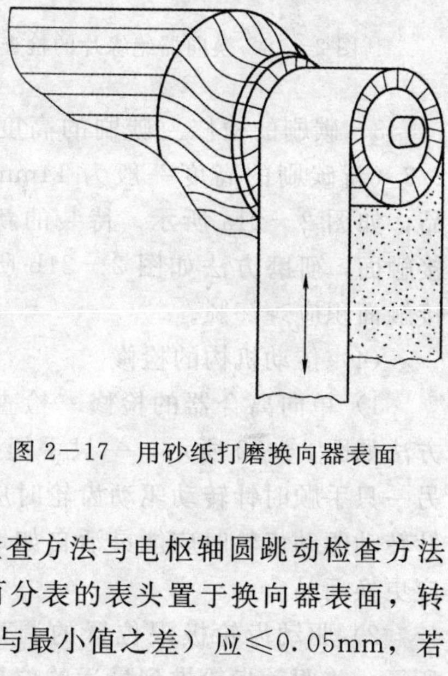

图 2－17　用砂纸打磨换向器表面

于 2mm 时，应更换换向器或电枢总成。

②换向器失圆的检修　换向器失圆的检查方法与电枢轴圆跳动检查方法完全相同，可按照图 2－16 所示方法，将百分表的表头置于换向器表面，转动电枢，径向圆跳动（百分表显示的最大值与最小值之差）应≤0.05mm，若不符合要求，应车削复圆。

③换向器绝缘（云母）片的检修　如图 2－18 所示，绝缘（云母）片的深度一般为 0.5～0.8mm，最浅处也应≥0.2mm。

（3）电刷组件的检修

1）电刷架的检修　如图 2－19 所示，用万用表检查电刷架的绝缘情况。

2）电刷弹簧的检修　如图 2－20 所示，用弹簧秤检测电刷弹簧的压力，不同型号起动机的弹簧压力不同，一般为 11.7～14.7N，若不符合要求，应更换碳刷弹簧。

图 2—18　换向器绝缘片的检查

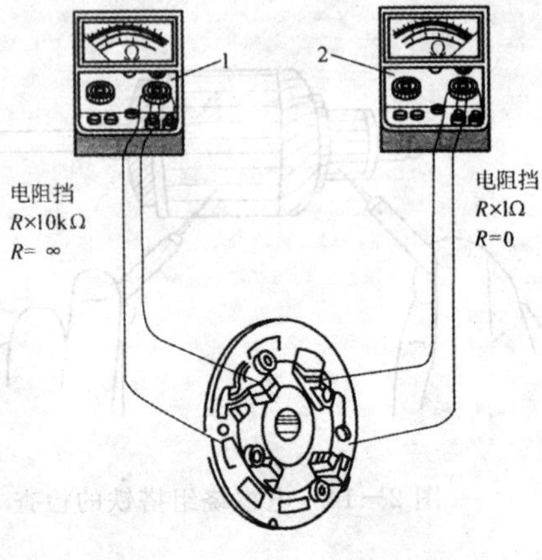

图 2—19　电刷架的检查

1—检查绝缘电刷架万用表　2—检查搭铁电刷架万用表

3）碳刷的检修。碳刷的高度低于原高度的 2/3（新碳刷的高度一般为 14mm）时，更换新品，如图 2—21a 所示。待装的新碳刷应研磨其接触面，研磨方法如图 2—21b 所示，研磨后的接触面积应＞75％。

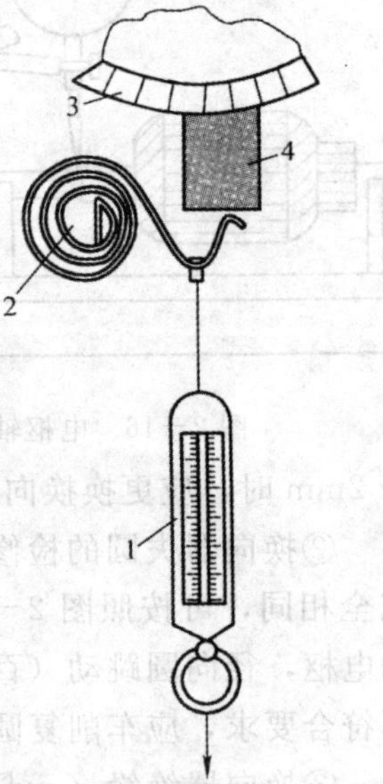

图 2—20　电刷弹簧的检查

1—弹簧秤　2—电刷弹簧

3—换向器　4—电刷

（4）传动机构的检修

1）单向离合器的检修　检查单向离合器的方法如图 2—22 所示，一只手捏住离合器壳体，另一只手顺时针转动驱动齿轮时应被锁止，逆时针转动驱动齿轮时应能灵活自如地转动，否则就应更换新品。

2）驱动齿轮极限位置的调整　如图 2—23 所示，将驱动齿轮推到最远的位置上，检查驱动齿轮与驱动端盖内端面的间隙，应在 0.3～2.5mm 之间。若不符合要求，应调整电磁开关的滑动阀上的调整螺母或增减电磁开关与驱动端端盖之间的垫圈。

（5）控制装置（电磁开关）的检修（见图 2—24）。

1）吸引线圈的检修　用万用表 $R\times1$ 挡测量电磁开关 50 端子与“C”端子之间的电阻，阻值应为 0.3～0.5Ω，若测量值小于标准值或为无穷大，说

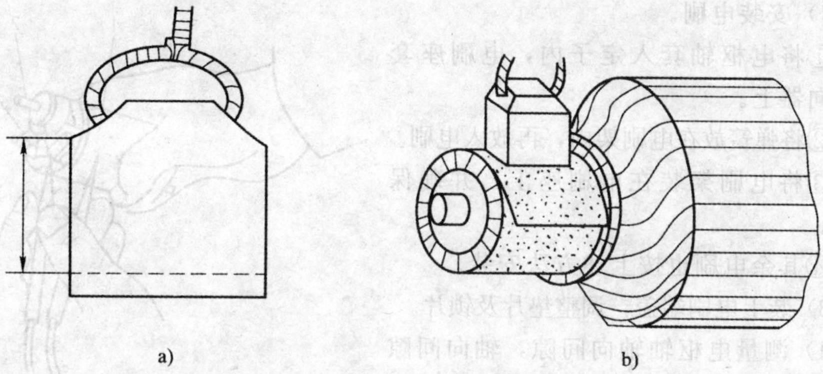

图 2－21　电刷高度与接触面的研磨

a）新碳刷的高度　b）碳刷的研磨

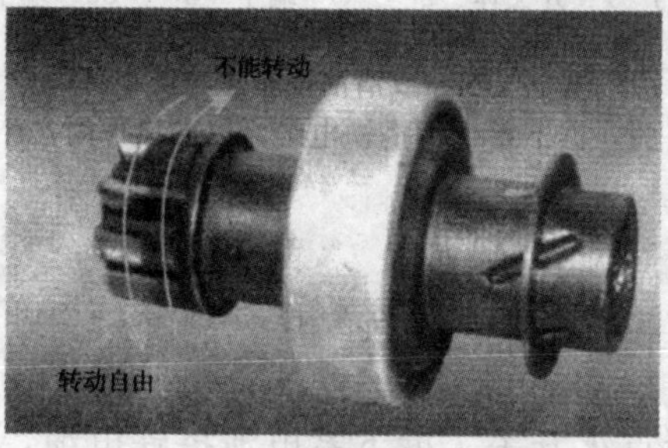

图 2－22　单向离合器的检修

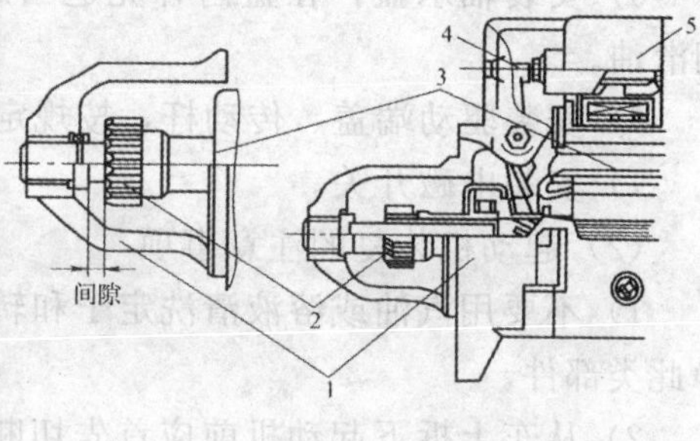

图 2－23　驱动齿轮极限位置的调整

1－驱动端盖　2－驱动齿轮　3－电枢

4－调整螺母　5－电磁开关

明吸引线圈有故障，应予更换。

2）保持线圈的检修　用万用表 $R\times1$ 挡测量电磁开关 50 端子与外壳间的电阻，阻值应为 1.0～1.2Ω，若测量值小于标准值或为无穷大，说明保持线圈有故障，应予更换。

3. 起动机的装复

（1）桑塔纳 2000GSi QD1229 型起动机的装复顺序：

1）安装驱动齿轮和单向离合器。

①将驱动齿轮和单向离合器套入电枢轴。

②套入止推垫圈（注意方向）。

③使用 14mm 套筒扳手装入卡环。

④将止推垫圈压在卡环上。

2）安装电刷。

①将电枢轴套入定子内，电刷座套在换向器上。

②将弹簧放在电刷架内，再放入电刷。

③将电刷架装在电刷座上，并确保卡牢。

④其余电刷也按上述方法安装。

3）装上电刷端盖，调整垫片及锁片。

4）测量电枢轴轴向间隙，轴向间隙应符合标准值。若间隙与标准值不符，可用调整垫片厚度的方法加以调整。

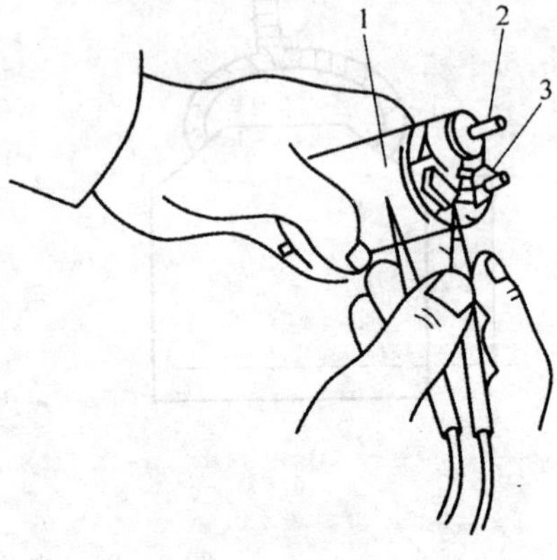

图 2—24　电磁开关的检查

1—开关体　2—“C”端子　3—“50”端子

5）安装轴承盖，在盖内补充适当的润滑油。

6）安装驱动端盖、传动杆，按规定力矩拧紧穿心螺栓。

7）安装电磁开关。

（2）起动机装复的注意事项

1）不要用汽油或溶液清洗定子和转子。可用压缩空气吹净或清洁擦布擦净此类部件。

2）从车上拆下起动机前应首先切断点火开关，拆下蓄电池搭铁电缆，以防操作时产生电火花，避免损坏电子元器件。

3）若起动机与发动机之间装有薄金属垫片，在装配时应按原样装回。

四、起动机的性能测试

装复后的起动机一般要进行空载和全制动两项性能测试。

1. 空载试验

测量起动机的空载电流和空载转速并与标准值比较，以判断起动机内部有无电路和机械故障。其试验方法是：将被测试起动机夹在台虎钳上，按如图 2—25 所示接线。接通起动机电路（每次试验不得超过 1min，以免起动机过热），起动机应转速均匀、电刷下无火花。记录电流表、电压表的读数，并用转速表测量起动机转速，其值应符合规定。若电流大于标准值，而转速低于标准值，表明起动机装配过紧或电枢绕组和励磁绕组内有短路或搭铁故障。若电流和转速都小于标准值，则表示起动机线路中有接触不良的地方，如电刷弹簧压力不足，换向器与电刷接触不良等。常用车型起动机的主要技术参数见表 2－1。

表 2－1　常用车型起动机主要技术参数

型号	额定值		空载特征			全制动特征			适用车型
	电压(V)	功率(kW)	电压(V)	电流(A)≤	转速(r/min)≥	电压(V)	电流(A)≤	转矩(N·m)≥	
QD124	12	14.7	12	90	4 700	8	650	29.4	EQ1090
QD124H	12	14.7	12	90	5 000	8	650	29.4	CA1091
QD1215	12	2	12	90	5 500	6	700	24	CA1092
QD1229 QD1225	12	0.95	最大负载时	260	1500		480	13	桑塔纳
QDY1211	12	1.1							帕萨特
DW1.4 永磁式起动机	12		空载特征			冷启动试验			北京切诺基
			11.5	75	2900	9.6	160		

2. **全制动试验**

全制动试验应在空载试验的基础上进行，空载试验不符合规定的起动机不必进行全制动试验。全制动试验的目的是测量起动机在完全制动时所消耗的电流（即制动电流）和制动力矩，以判断起动机主电路是否正常，并检查单向离合器是否打滑，其试验方法如下：将起动机夹持在实验台上，使杠杆的一端夹住起动机驱动齿轮的 3 个齿，如图 2－25 所示，电路连接与空载试验完全相同，如图 2－26 所示。按下开关 S，起动机通电，此时起动机处于制动状态。观察单向离合器是否打滑，并迅速记下电压表、电流表的读数。

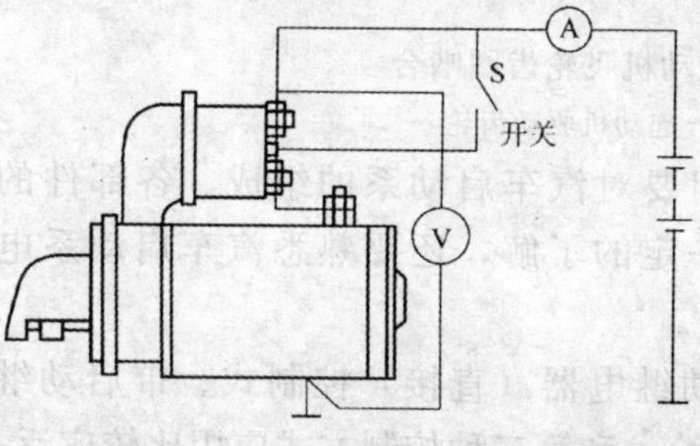

图 2－25　起动机空载试验电路

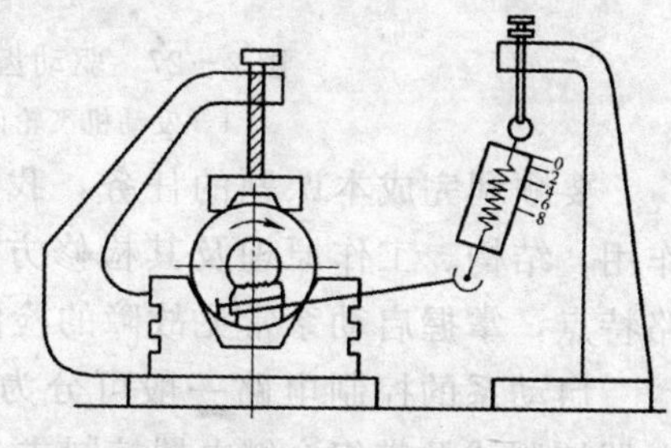

图 2－26　起动机全制动试验

将所得参数与其标准值进行比较，若制动力矩小于标准值而电流大于标准值，则表明磁场绕组或电枢绕组中有短路和搭铁故障；若力矩和电流均小于标准值，则表明线路中接触电阻过大；若驱动齿轮锁止而电枢轴仍缓慢转动，则说明单向离合器打滑。

在做全制动试验时应注意：每次通电时间应≤5s，以免损坏起动机和蓄电池；试验时操作人员应避开弹簧秤夹具，以防止发生人身安全事故。

第二节　启动系电路

如图 2－27 所示，一辆 EQ1090E 型货车启动后，放松点火开关，起动机的驱动齿轮与发动机飞轮齿圈仍然啮合，导致起动机一直处于高速运转状态。上述情况是汽车启动系的常见故障之一，启动系还有很多的常见故障。那么出现这些故障后，应该怎样排除呢？

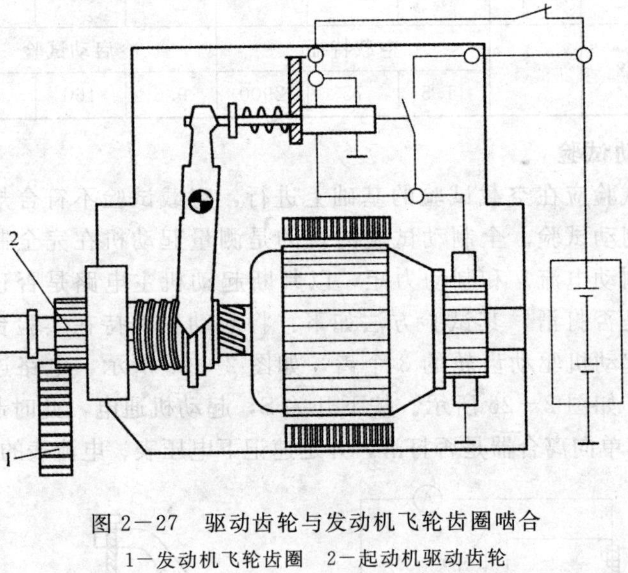

图 2－27　驱动齿轮与发动机飞轮齿圈啮合

1－发动机飞轮齿圈　2－起动机驱动齿轮

要顺利完成本课题的任务，我们不但要对汽车启动系的组成、各部件的作用、结构、工作原理及其检修方法有一定的了解，还要熟悉汽车启动系电路特点，掌握启动系常见故障的检修方法。

启动系的控制电路一般可分为无启动继电器（直接）控制式、带启动继电器控制式及带组合继电器控制式 3 种，第一和第三种控制方式应用比较广泛。

一、无启动继电器式启动控制电路

无启动继电器直接控制式启动控制电路具有结构简单、工作可靠的特点。

桑塔纳轿车 QD1225 型起动机采用的就是无启动继电器的启动控制电路，如图 2—28 所示。点火开关 30 端子接电源，由红黑双色导线从点火开关 50 端子接到中央线路板 B8 插孔，通过中央线路板内部电路接到其 C18 插孔，再接到起动机电磁开关 50 端子。用黑色导线连接蓄电池正极与起动机 30 端子。

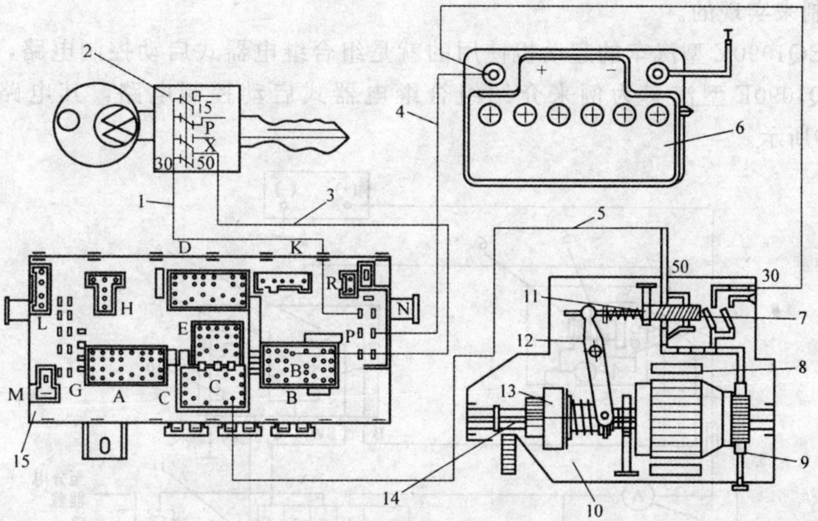

图 2—28　桑塔纳系列轿车启动系统线路图

1、4、5—红色导线　2—点火开关　3—红黑双色导线　6—蓄电池　7—电磁开关　8—磁极　9—电枢　10—起动机总成　11 复位弹簧　12—拨叉　13—单向离合器　14—驱动齿轮　15—中央线路板

QD1225 型起动机的工作过程如下：

点火开关旋到第 2 挡，其 30 端子与 50 端子接通，起动机的电磁开关通电，起动机进入工作状态。其电流路径为：蓄电池“+”→中央线路板 P 端子→中央线路板内部电路→中央线路板 P 端子→红色导线→点火开关 30 端子→点火开关 50 端子→红黑双色导线→中央线路板 B8 端子→中央线路板内部电路→中央线路板 C18 端子→起动机 50 端子→电磁开关（吸引线圈、保持线圈）→搭铁→蓄电池“−”。吸引线圈和保持线圈通电流后产生同向的磁场，接通起动机的主电路，电动机开始工作，此时电流路径为：蓄电池“+”→起动机电磁开关 30 端子→电磁开关接触盘→直流电动机→搭铁→蓄电池“−”。

二、带组合继电器式启动控制电路

组合继电器的作用是在发动机运转的情况下防止起动机被误接入使用。

当发动机启动后，若驾驶员未及时释放启动开关，就会造成单向离合器的磨损和蓄电池电能的消耗。而在发动机工作时，若不慎将启动开关再次接通，会造成起动机驱动齿轮与发动机齿圈撞击，加速齿轮的损坏。

现代汽车的保护电路都是依靠交流发电机的中性点电压以及相应的继电器控制来实现的。

EQ1090E型汽车的起动机使用的就是组合继电器式启动控制电路，下面以EQ1090E型汽车为例来介绍组合继电器式启动控制电路，其电路如图2—29所示。

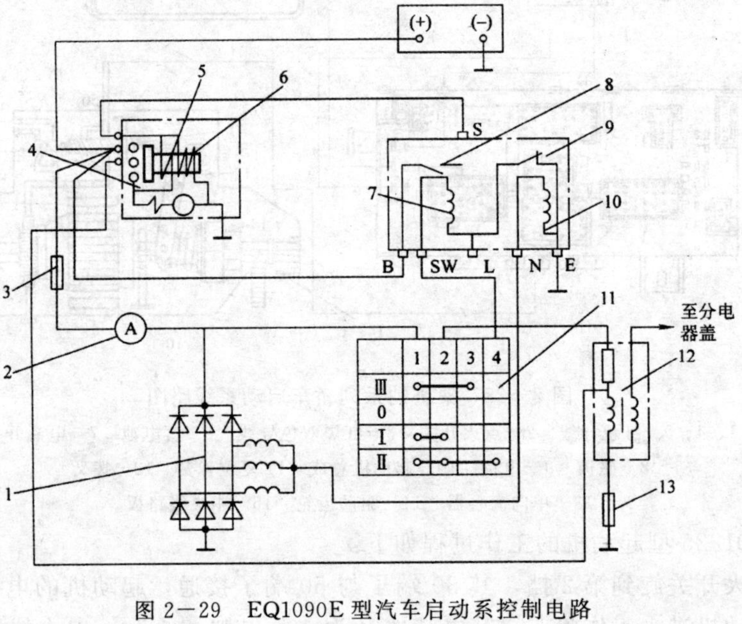

图2—29　EQ1090E型汽车启动系控制电路

1—发电机　2—电流表　3—熔断器　4—起动机　5—吸引线圈　6—保持线圈　7—启动继电器线圈　8—启动继电器触点　9—保护继电器触点　10—保护继电器线圈　11—点火开关　12—点火线圈　13—熔断器

其工作过程如下：

(1) 当点火开关置于启动挡时，启动继电器线圈通电，电流回路为蓄电池“+”→熔断器→电流表→点火开关启动触点→启动继电器线圈→保护继电器常闭触点→搭铁→蓄电池“—”。

启动继电器线圈通电后启动继电器的常开触点闭合，于是起动机电磁开关电路接通，起动机进入启动状态。

(2) 发动机启动后，松开点火开关，钥匙自动返回点火挡，启动继电器触点打开，切断了起动机电磁开关电路。电磁开关复位，起动机停止工作。

(3) 发动机启动后，如果点火开关没能及时返回到点火挡，这时组合继电器中的保护继电器线圈，由于承受交流发电机中性点的电压而动作，自动切断了启动继电器线圈的电路，触点断开，使起动机电磁开关断电，起动机便自动停止工作。同时，由于触点断开，充电指示灯的搭铁电路也随之失电，充电指示灯熄灭。

(4) 在发动机运行时，如果误将点火开关置于启动挡，由于在此控制电路中，保护继电器的线圈总有交流发电机中性点电压，故其常闭触点处于断开状态，启动继电器线圈不能通电，起动机电磁开关不能动作，于是避免了发动机在运行中起动机的驱动齿轮进入与飞轮齿圈的啮合而产生的冲击，起到了保护作用。

有的汽车启动继电器线圈通过防盗系统搭铁而具备了防盗功能，其原理是：当发动机启动时，只有防盗系统发出启动信号后，继电器线圈才能搭铁，如果防盗系统没有收到启动信号，则继电器线圈中无电流，起动机不能工作。

一、启动系常见故障的诊断与排除

汽车的启动系包括蓄电池、起动机、继电器、连接导线等，其故障主要有电气和机械两个方面。现在主要以桑塔纳和 EQ1090E 型汽车为例，介绍启动系常见故障的现象、原因、诊断及排除方法。

1. 起动机不能停转（如任务引入中所述）

(1) 故障现象

车辆启动后，放松点火开关，起动机仍与飞轮结合在一起转动不停。

(2) 故障原因

1) 点火开关不回位。

2) 电磁开关触点烧结在一起，不能分离。

3) 电磁开关活动触点回位弹簧过软或折断。

4) 单向离合器在转子轴上卡滞，使驱动齿轮不能退出啮合状态。

(3) 故障诊断与排除

出现此故障时，应迅速拆除蓄电池搭铁线，然后进行检修，以防起动机被烧坏。

1) 检查启动挡放松点火开关后，能否自动跳回第二挡，不符合要求时，应换用新件。

2) 用万用表 $R\times1$ 挡检查电磁开关蓄电池接柱与激磁线圈接柱间的电阻

值，判断其活动触点能否分离（非启动状态，其电阻值应为无穷大）。不能分离时，应换用新件。

3）单向离合器在转子轴上轴向运动不灵活时，应查明原因，予以排除。

2. **起动机不转动**

（1）接通启动开关起动机不转的原因

1）蓄电池严重亏电。

2）蓄电池正、负极柱上的电缆接头松动或接触不良。

3）起动机开关触点严重烧蚀或两触点高度调整不当而导致触点表面不在同一平面内，使触盘不能将两个触点接通。

4）换向器严重烧蚀而导致电刷与换向器接触不良。

5）电刷弹簧压力过小或电刷在电刷架中卡死。

6）电刷引线断路或绝缘电刷（即正电刷）搭铁。

7）磁场绕组或电枢绕组有断路、短路或搭铁故障。

8）电枢轴的铜衬套磨损过甚，使电枢轴偏心而导致电枢铁芯"扫膛"（即电枢铁芯与磁极发生摩擦或碰撞）。

（2）接通启动开关起动机不转的检修方法

接通启动开关起动机不转时，可按如图2—30所示故障诊断与排除程序进行排除。首先应检查蓄电池存电情况和导线特别是蓄电池搭铁线和火线的连接情况，然后再检查起动机和开关。故障的检查与判断流程如下.

1）接通汽车前照灯或扬声器，若灯发亮或扬声器响，说明蓄电池存电较足，故障不在蓄电池；若灯不亮或扬声器不响，说明蓄电池或电源线路有故障，应检查蓄电池搭铁线和火线的连接有无松动以及蓄电池存电是否充足。

2）若灯亮或扬声器响，说明故障发生在起动机、开关或控制电路。可用旋具将起动机"30"端子与"C"端子接通，使起动机空转。若起动机不转，则电动机有故障；若起动机空转正常，说明电磁开关或控制电路有故障。

3）诊断电动机故障时，可根据旋具搭接"30"端子与"C"端子时产生火花的强弱来辨别。若搭接时无火花，说明磁场绕组、电枢绕组或电刷引线等有断路故障；若搭接时有强烈火花而起动机不转，说明起动机内部有短路或搭铁故障，须拆下起动机进一步检修。

4）诊断是电磁开关还是控制电路故障时，可用导线将蓄电池正极与电磁开关"50"端子接通（时间不超过3～5s），如果接通时起动机不转，说明电磁开关故障，应拆下检修或更换电磁开关；如果接通时起动机转动，说明"50"端子至蓄电池正极之间线路断路或点火开关有故障。

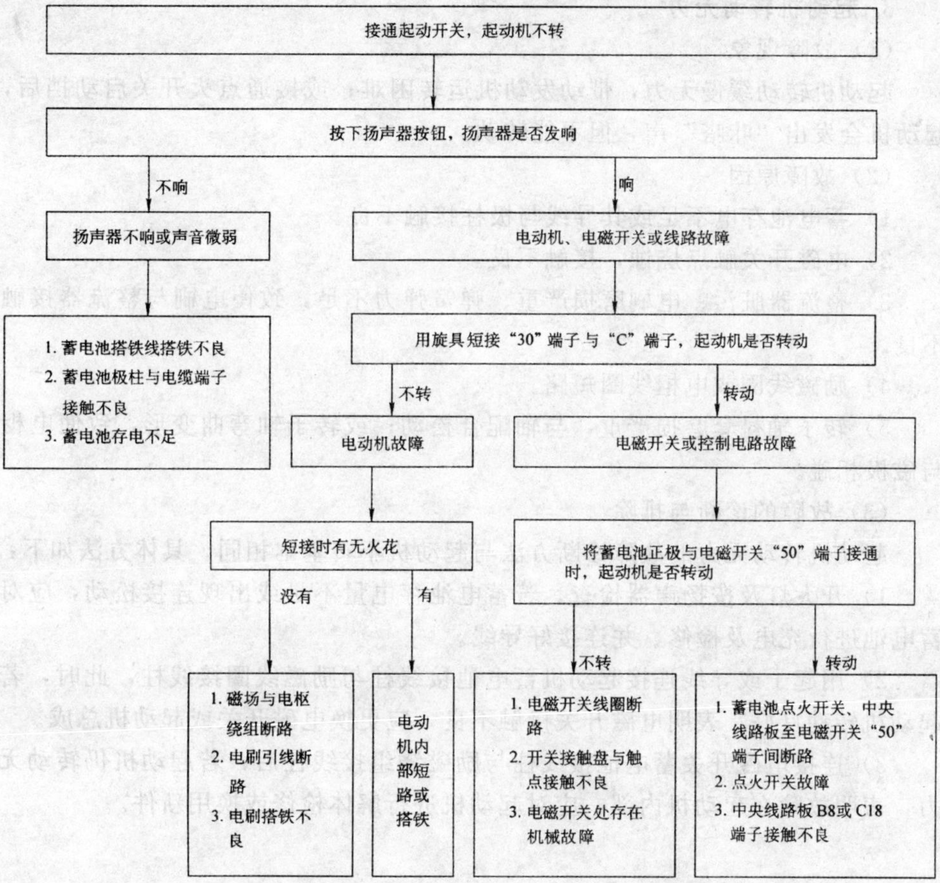

图 2—30 起动机不转故障诊断流程图

5）排除电磁开关“50”端子至蓄电池正极之间线路或点火开关故障时，可用 12V/2W 试灯并参考图 2—28 所示逐段进行诊断排除。将试灯一端搭铁，另一端接点火开关“30”端子，如果试灯不亮，说明蓄电池正极至点火开关间的线路断路，一般是中央线路板单端子插座 P 处插头松脱；如果试灯发亮，说明该段线路良好，需继续检查。

6）将试灯一端接点火开关“50”端子，点火钥匙转到启动位置，如果试灯不亮，说明点火开关故障，应予更换；如果试灯发亮，说明点火开关良好，故障发生在点火开关“50”端子至中央线路板 B8 端子之间的红黑色导线，或起动机“50”端子至中央线路板 C18 端子之间的红黑色导线或中央线路板，逐段检查即可排除。

3. **起动机转动无力**

(1) 故障现象

起动机转动缓慢无力，带动发动机运转困难；或接通点火开关启动挡后，起动机会发出“咔嗒”声，但不能转动。

(2) 故障原因

1) 蓄电池存电不足或其导线与极柱接触不良。

2) 电磁开关触点烧蚀，接触不良。

3) 整流器脏污、电刷磨损严重、弹簧弹力不足，致使电刷与整流器接触不良。

4) 励磁线圈或电枢线圈短路。

5) 转子轴衬套磨损严重，与轴配合松动；或转子轴弯曲变形，致使电枢与磁极相碰。

(3) 故障的诊断与排除

起动机转动无力的故障诊断方法与起动机不转基本相同。具体方法如下：

1) 开大灯及按扬声器检查，若蓄电池存电量不足或出现连接松动，应对蓄电池进行充电及检修，并连接好导线。

2) 用起子或导线连接起动机蓄电池接线柱与励磁线圈接线柱，此时，若起动机转动良好，表明电磁开关接触不良，应更换电磁开关或起动机总成。

3) 连接电磁开关蓄电池接线柱与励磁绕组接线柱后，若起动机仍转动无力，表明故障在起动机内部，应对起动机进行解体检修或换用新件。

第三章　汽车点火系统

第一节　传统点火系部件

火花塞是点火系的部件之一，当其因积炭造成电极烧蚀后（见图 3－1）可能将不能产生电火花，进而导致某缸不能正常工作，汽车动力下降，发动机发抖。火花塞出现故障后，需要分析判断故障原因，根据实际情况进行检修。传统点火系由许多部件组成，如点火线圈、分电气、高压线、附加电阻等，当这些部件出现故障时，如何快速、准确地检修呢？

图 3－1　火花塞电极烧蚀

要准确、科学地检修汽车传统点火系统的主要部件，必须熟悉汽车传统点火系统的组成、作用和工作原理，掌握传统点火系主要部件的结构和工作原理，然后才能在检测、分析判断的基础上，对故障部件进行检修。

一、传统点火系统的组成与工作原理

汽油发动机中，汽缸内的混合气是由高压电火花点燃的，高压电火花是靠点火系统产生的。点火系统的作用是按照汽油发动机工作要求，适时点燃汽缸内的工作混合气，混合气在燃烧后能产生强大的动力推动活塞运动，使发动机完成做功过程。适时在汽缸的燃烧室内产生电火花的装置，称为点火系统。

传统点火系统首先将蓄电池或发电机供给的低压电能，借点助火线圈和分电气将它转变为高压电，再由分电气经高压线送到发动机汽缸燃烧室中的火花塞上，在其两电极间产生电火花。

1. **组成**

传统点火系的组成如图 3－2 所示。

(1) 电源

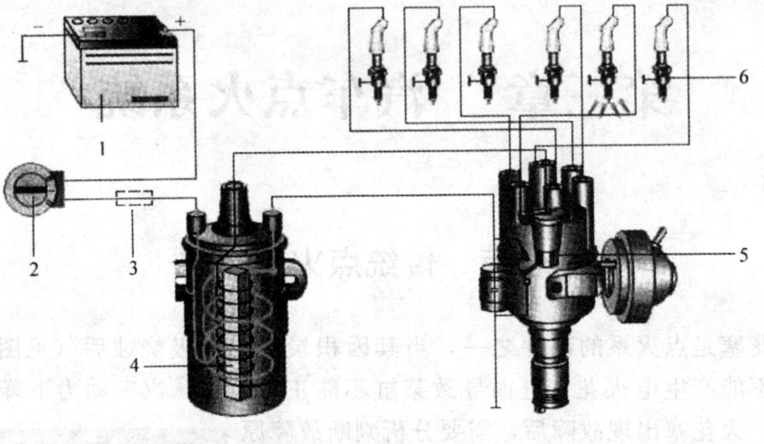

图 3—2 传统点火系的组成

1—蓄电池 2—点火开关 3—附加电阻 4—点火线圈 5—分电气 6—火花塞

电源由蓄电池和发电机组成。启动时点火系由蓄电池提供低压电能；启动后，当发电机电压高于蓄电池电压时，点火系由发电机提供低压电能。

(2) 点火线圈

点火线圈（见图 3—3）的作用是将电源提供的低压电转变为 15～20kV 的高压电，其基本结构是在由硅钢片叠成的铁芯上绕有一个初级线圈和一个次级线圈。

(3) 分电气

分电气由断电气、配电气、电容器和点火提前调节机构组成，如图 3—4 所示。通过断电气接通与切断点火线圈的初级绕组电路，由配电气将点火线圈产生的高压电，按发动机的工作顺序输送至各缸火花塞。为减小断电气触点的火花，延长触点的使用寿命和提高次级电压，在其触点并联装有电容器。为使发动机在转速、负荷和汽油辛烷值随时变化的情况下能始终获得最佳点火提前角，装有点火提前调节机构。

(4) 火花塞

火花塞（见图 3—5）的作用是将高压电引入汽缸燃烧室并产生电火花点燃工作混合气。

(5) 点火开关

点火开关的作用是控制点火系低压电路的通断，控制发动机的启动和熄火。

(6) 附加电阻

附加电阻的作用是稳定初级电流，改善点火性能和启动性能。

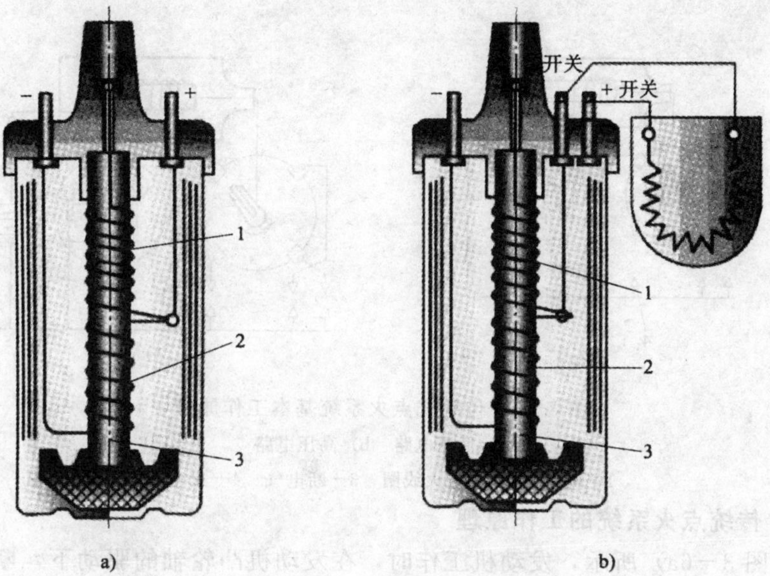

图 3－3　开磁路式点火线圈

a）两接线柱式点火线圈　b）三接线柱式点火线圈

1－次级线圈　2－初级线圈　3－铁芯

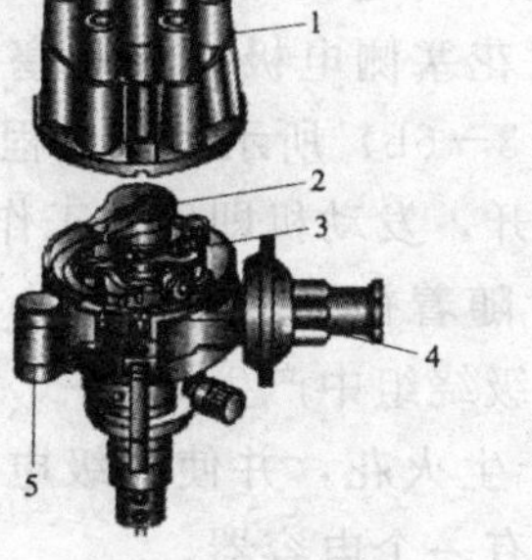

图 3－4　分电气的结构

1－分电气盖　2－分火头　3－断电气

4－点火提前调节机构　5－电容器

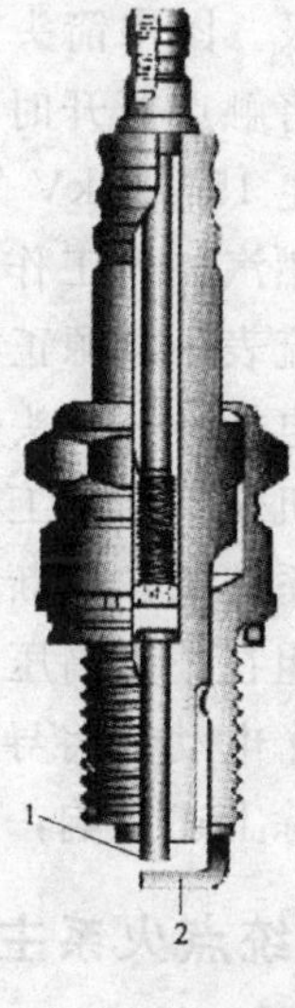

图 3－5　火花塞结构

1－中心电极　2－侧电极

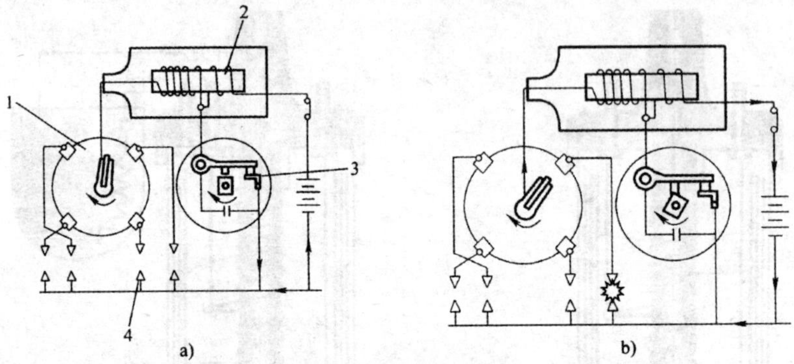

图 3－6 传统式点火系统基本工作原理

a）低压电路 b）高压电路

1－配电气 2－点火线圈 3－断电气 4－火花塞

2. **传统点火系统的工作原理**

如图 3－6a）所示，发动机工作时，在发动机凸轮轴的驱动下，断电气凸轮及分电气轴随之旋转。断电气凸轮转动时，断电气触点交替地闭合和打开。当断电气触点闭合时，点火线圈初级绕组中便有电流流过，其低压电路的电流路径是：电源正极→电流表→点火开关→点火线圈→断电气→对触点→接地→电源负极。图中箭头方向为电流流向。

当凸轮将触点打开时，初级电路断路，初级电流及磁场迅速消失，在次级线圈中产生 15～20kV 的感应电动势，它足以击穿火花塞的电极间隙，产生电火花，点燃汽缸内工作混合气。其高压电路的电流路径是：点火线圈→点火开关→电流表→电源正极→电源负极→火花塞侧电极→火花塞中心电极→配电气的旁电极→分火头→点火线圈，如图 3－6b）所示。该过程周而复始地进行，发动机便不断地工作。将点火开关断开，发动机即停止工作。

在点火系统工作，断电气触点打开时，随着初级电流的减小，磁场的变化，次级绕组在产生高压电的同时，会在初级绕组中产生 0.2～0.3kV 的自感电动势，这个电动势将导致在触点间隙处产生火花，并使次级电压降低。因此，为了消除上述影响，在触点的两端并联有一个电容器。

二、传统点火系主要部件的结构与工作原理

1. **点火线圈与附加电阻**

点火线圈由初级绕组、次级绕组和铁芯等组成。按磁路的结构形式不同，点火线圈可分为开磁路式点火线圈和闭磁路式点火线圈两种。

(1) 开磁路式点火线圈

如图 3－7 所示，开磁路式点火线圈又可分为二接线柱式（不带附加电阻）和三接柱式。

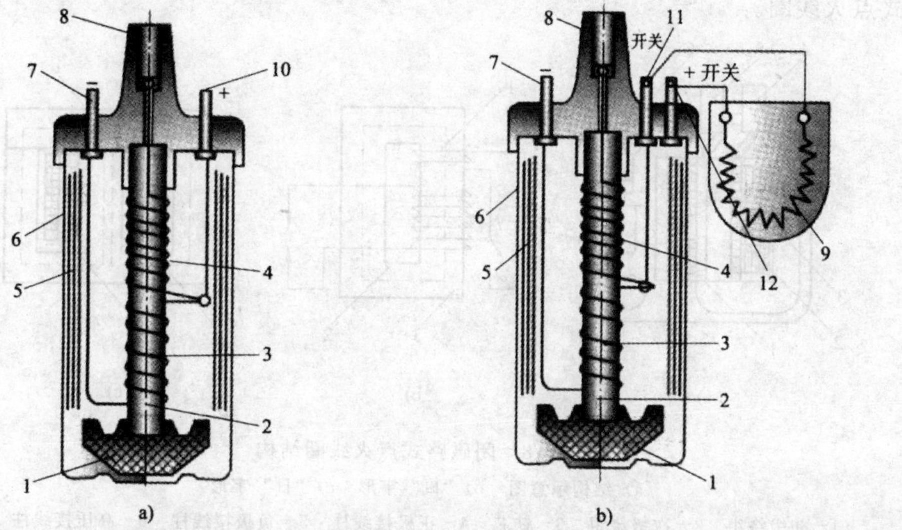

图 3－7　开磁路式点火线圈

a) 二接线柱式（不带附加电阻）　b) 三接柱式

1－瓷座　2－铁芯　3－初级绕组　4－次级绕组　5－导磁钢套　6－外壳　7－"－"接线柱　8－高压接线柱　9－附加电阻　10－"＋"接线柱　11－"开关"接线柱　12－"点火开关"接线柱或"＋开关"接线柱

点火线圈的中心是用硅钢片叠成的铁芯，在铁芯外面套有绝缘的纸质套管，纸质套管上绕有直径为 0.06～0.10mm，总数为 11000～23000 匝的次级绕组以及直径为 0.5～1.0mm，总数为 230～370 匝的初级绕组，初级绕组采用高强漆包线，绕在次级绕组的外面，以利于散热。绕组和外壳之间装有导磁钢套，底部有瓷质绝缘支座，上部有绝缘盖，外壳内充满沥青或变压器油等绝缘物，以加强绝缘并防止潮气侵入。

三接线柱式与二接柱式点火线圈的区别在于三接柱式带有附加电阻，而二接线柱式不带附加电阻。三接线柱式点火线圈的绝缘盖上有"－""开关""＋开关"三个接线柱，分别接断电气、起动机附加电阻短路接线柱、点火开关"IG"接线柱或"15"接线柱。附加电阻接在标有"开关"和"＋开关"的两接线柱上，与点火线圈的初级绕组串联。

(2) 闭磁路式点火线圈

闭磁路式点火线圈的结构如图 3－8 所示。有“口”字形和“日”字形之分。与开磁路式点火线圈不同的是铁芯内绕有初级绕组，而次级绕组绕在初级绕组外面。绕组在铁芯中的磁通，通过铁芯形成闭合磁路，故称为闭磁路式点火线圈。

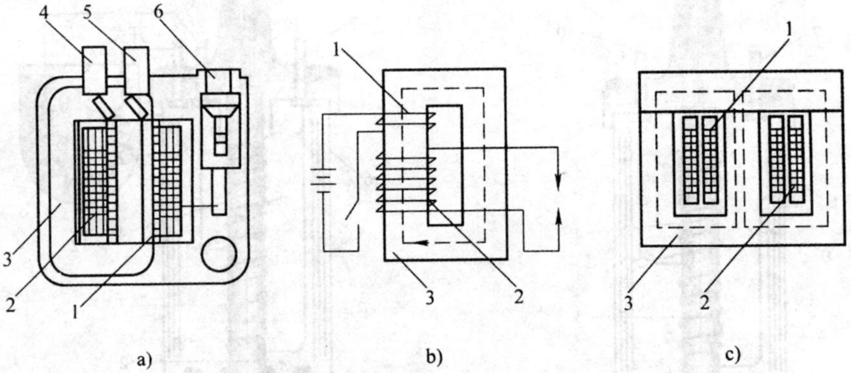

图 3－8　闭磁路式点火线圈结构

a）结构示意图　b）“口”字形　c）“日”字形

1－初级绕组　2－次级绕组　3－铁芯　4－正极接线柱　5－负极接线柱　6－高压接线柱

此外，与开磁路式点火线圈相比，闭磁路式点火线圈具有漏磁少、转换效率高、体积小、质量轻、铁芯裸露易于散热等优点，目前已在电子点火系中广泛采用。

（3）附加电阻

附加电阻是一种正温度系数的热敏电阻，一般用低碳钢丝、镍铬丝或纯镍丝制成，具有受热时电阻值迅速增大，而冷却时电阻值迅速降低的特性。启动时将附加电阻短路，可增大点火线圈初级电路的电流，增强启动时火花塞的跳火能量。

2. 分电气

传统分电气由断电气、配电气、电容器和点火提前机构等组成。

（1）断电气

断电气由固定在断电气底板上的断电气触点和断电气凸轮组成。断电气的触点一般由钨合金制成，一个触点及支架固定在底板上且直接接地，并可借助转动固定触点支架的偏心螺钉调整触点间隙；另一个触点为活动触点，在触点臂回位弹簧的作用下，向固定触点靠近，如图 3－9 所示。

（2）配电气

配电气（见图 3—10）安装在断电气的上方，它由胶木制的分电气盖和分火头组成。分电气盖的中央有一高压线插孔（内装中心电极及带弹簧的碳柱，压在分火头的导电片上）。分电气盖的四周均匀分布着与发动机汽缸数相等的旁电极，可通过分缸高压线与各汽缸火花塞相连。分火头装在断电气凸轮的顶端，随凸轮一起旋转。当断电气触点断开时，分火头上的导电片总是正对某一旁电极，此时来自点火线圈的高压电经中心高压线引入到分火头上，跳过分火头与旁电极之间较小的气隙到旁电极，再由分缸高压线引入各缸火花塞上跳火，点燃汽缸内的可燃混合汽而使发动机做功。

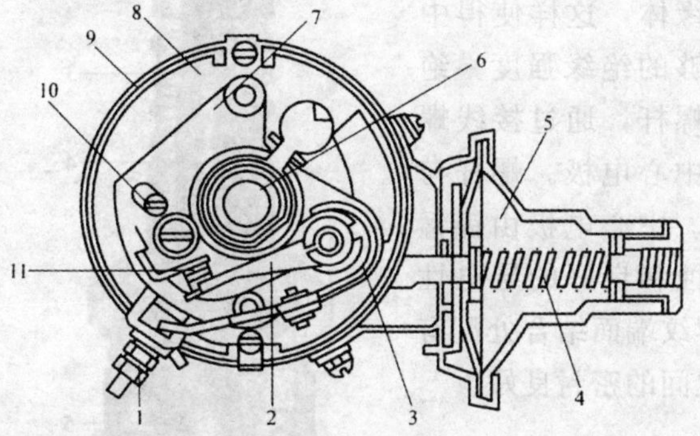

图 3—9　分电气的结构

1—接线柱　2—活动触点　3—弹簧片　4—弹簧　5—真空式点火提前调节机构　6—凸轮　7—活动底板　8—固定底板　9—外壳　10—偏心螺钉　11—固定触点

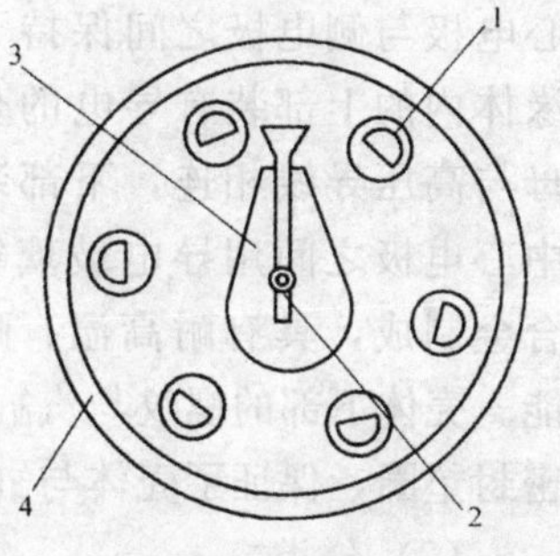

图 3—10　配电气的结构

1—旁电极　2—中心电极及带弹簧的碳柱　3—分火头　4—分电气盖

(3) 点火提前调节机构

点火时刻是用点火提前角来表示的。压缩行程中，从点火开始至活塞运行到上止点时曲轴所转过的角度，称为点火提前角。

点火提前角的选择对发动机的功率、稳定性及排污有较大的影响。最佳点火提前角应根据发动机转速、混合气的浓度及混合质量、燃油品质等诸多因素来确定。一般把发动机发出最大功率或油耗最小的点火提前角，称为最佳点火提前角。当转速一定时，随着负荷的加大，点火提前角应适当减小；发动机负荷减少时，点火提前角应当加大。当负荷一定时，点火提前角应随转速提高适当增大；当使用高辛烷值汽油时，因其抗爆性好，所以点火提前角也应适当增大。

分电气的点火提前机构一般设有两套：一套是能随发动机转速的变化而自动调节点火提前角的离心式点火提前机构，另一套是按发动机负荷不同而自动调节点火提前角的真空式点火提前机构。

3. **火花塞**

火花塞的工作条件极其恶劣，它要受到高压、高温以及燃烧产物的强烈腐蚀。因此，要求火花塞必须具有足够的机械强度、能够承受冲击性高压电的作用、能承受剧烈的温度变化且具有良好的热特性，并要求火花塞的材料能抵抗燃气的腐蚀。

（1）火花塞的结构

火花塞的结构如图 3－11 所示。在钢制壳体的内部固定有高氧化铝陶瓷绝缘体，这样使得中心电极与侧电极之间保持了足够的绝缘强度。绝缘体内的上部装有导电的金属螺杆，通过接线螺母与高压导线相连，下部装有中心电极。螺杆与中心电极之间用导电玻璃密封。中心电极由镍锰合金制成，具有耐高温、耐腐蚀和良好的导电性能。壳体下部的螺纹与汽缸盖螺纹端面结合处配有密封垫圈，保证了壳体与缸盖之间的密封良好。

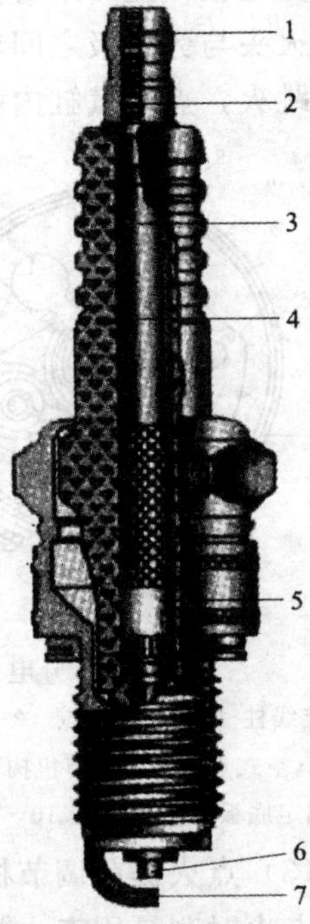

图 3－11　火花塞结构

1－螺母　2－连接螺纹　3－螺杆　4－绝缘体　5－导电密封玻璃　6－中心电极　7－侧电极

（2）分类

根据火花塞裙部绝缘体的长度可以将火花塞分为热型、中型、冷型 3 类，如图 3－12 所示。

火花塞裙部温度的高低对发动机的工作影响很大。当火花塞裙部温度为 500℃～700℃时，火花塞工作条件最好，不易产生积炭，这一温度称为自净温度。当裙部温度高于自净温度时，炽热的火花塞裙部会在正常点火之前直接点燃混合气，引起早燃；当裙部温度低于自净温度时，又易于使油雾聚积、火花塞积炭而不能自净，导致高压电泄漏，使火花塞点火困难。

因此，必须根据发动机汽缸工作温度及火花塞的热特性来选用火花塞。对于低压缩比、低转速、小功率的发动机，因其燃烧室工作温度较低，应选用裙部尺寸长（裙部长度为 16mm、20mm）、受热面积大的“热型”火花塞；对于高压缩比、高转速、大功率的发动机，因燃烧室工作温度较高，应选用裙部尺寸短（裙部长度为 8mm、11mm）、受热面积小的“冷型”火花塞。这一点应引起注意，不可混用，否则会引起火花积炭和发动机爆燃。

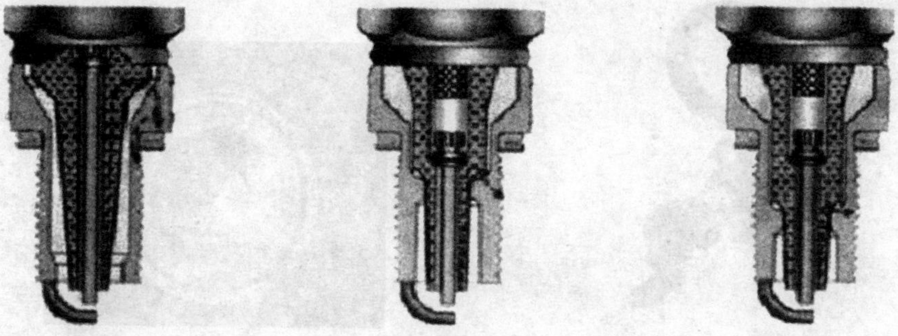

图 3－12　火花塞的分类

a）热型　b）中型　c）冷型

（3）电极间隙

电极间隙（见图 3－13 所示）指的是中心电极与侧电极之间的间隙。电极间隙过小，火花微弱，并且容易因产生积炭而漏电；电极间隙过大，所需的击穿电压增高，发动机不易启动，且在高速时易发生“缺火”。一般的电极间隙为 0.6～0.8mm，部分汽车发动机火花塞的电极为 1.0～1.2mm，增大间隙可以改善发动机的排气净化效果。

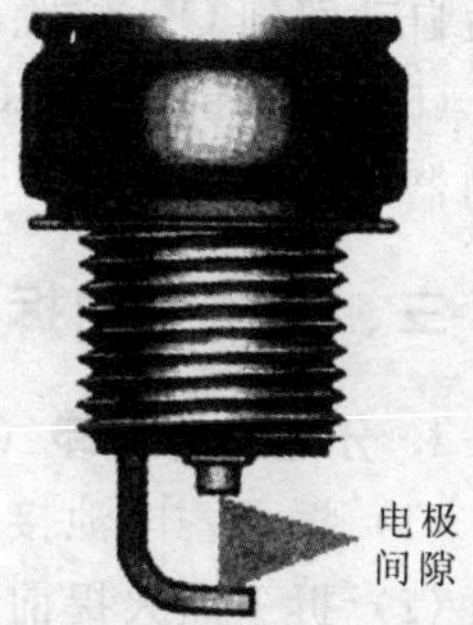

图 3－13　火花塞的间隙

4. **点火开关**

点火开关（见图 3－14）　主要用来接通和切断点火电路，同时还可以用来控制起动机、发电机励磁、收放机、空调、刮水器、点烟器、仪表、信号灯、进气预热和其他电气设备电路。

点火开关的操纵端均做成锁的形式。通常分仪表台安装式和转向柱安装式两种。轿车点火锁常配有主、副钥匙及钥匙编码标签。主钥匙通常与汽车油箱盖锁、汽车门锁、行李箱锁通用；副钥匙仅与门锁通用；用户钥匙丢失后，可凭编码标签向厂方索配。转向柱式点火开关常用挡位如图 3－15 所示。

（1）LOCK 位置为断电转向器联锁机构锁止位置。将钥匙插入点火开关后，旋转钥匙由 LOCK 位置转到 ACC 位置，左右轻轻转动方向盘，就可解除转向器联锁机构锁扣。

（2）旋转钥匙至 ACC 位置，可接通收放机和点烟器电路。

（3）旋转钥匙至 ON 位置，可接通仪表和点火系统、暖风装置、刮水器、

图 3—14　点火开关　　　　图 3—15　点火开关常用挡位图

转向灯电路。

（4）旋转钥匙至 START 位置（有弹性），可接通起动机电路，启动发动机后自动回到 ON 位置。

（5）旋转钥匙至 LOCK 位置，可将钥匙拔出，转向器联锁机构跳出，将转向器锁止以防盗窃。

三、分电气的拆装（以 CA1091 型汽车分电气为例）

1. 分电气的拆卸（从车上拆下，见图 3—16 所示）

（1）拆下蓄电池接地线。

（2）拆下点火提前调节机构的真空连接管和导线。

（3）拆下高压线。

（4）拆下分电气凸缘固定螺栓，从分电气座上拆下分电气总成。

2. 分电气的分解（见图 3—17）

（1）扳开分电气盖两卡扣，拆下分电气盖。

（2）拆下电容器（对于传统点火系统）。

（3）拔下分火头。

（4）拆下断电气底板固定螺钉，取下断电气底板及低压接线柱绝缘支架；用螺钉旋具拆下分电气顶端固定螺钉，取下断电气凸轮。

（5）拆下离心式点火提前调节机构的粗、细弹簧。

（6）拆下离心重块。

3. 组装

组装的顺序与分解时的顺序相反。

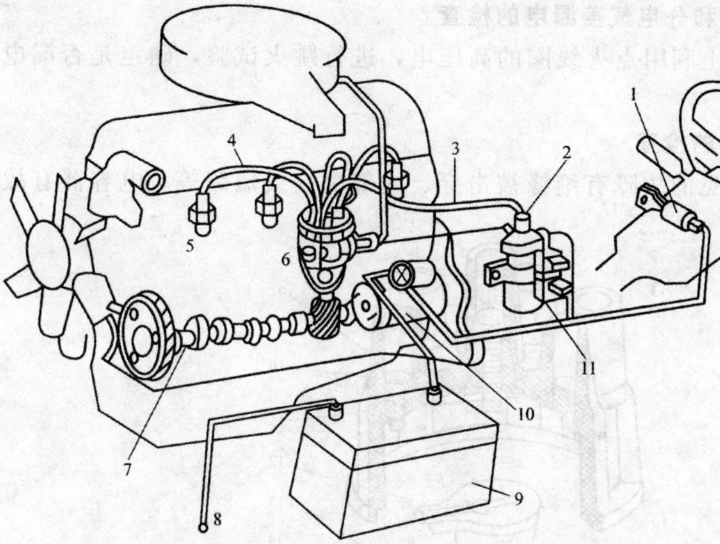

图 3－16　CA1091 型汽车点火系的组成

1－点火开关　2－点火线圈　3－中央高压线　4－分缸线　5－火花塞

6－分电气　7－凸轮轴　8－接地　9－蓄电池　10－起动机　11－附加电阻

四、分电气的检修

1. 断电气触点接触状态的检修

查看断电气触点状态，如触点有油污，将其擦净，如触点有轻微烧蚀，可用 0 号细砂纸磨平，若烧蚀严重需换新触点。触点的中心应重合，偏差不得超过 0.5mm，如不符应校正，如图 3－18 所示。

2. 触点间隙的检查

检查触点间隙，如图 3－19 所示。用塞尺进行检查，间隙应在 0.35～0.45mm 范围内，若不符合规定，可放松紧固螺钉，拧转调整螺钉进行调整。

3. 触点臂弹簧张力的检查

触点闭合时，将弹簧秤的挂钩钩在活动触点臂的一端，沿着触点的轴向拉动弹簧秤，如图 3－20 所示。当触点刚刚分开时，弹簧秤的读数应为 4.9～6.9N；若张力过小，则需更换。

4. 分电气轴与衬套之间间隙的检查

分电气轴与衬套的正常配合间隙应为 0.02～0.04mm，最大不得超过 0.07mm。

5. **分火头和分电气盖漏电的检查**

可在汽车上利用点火线圈的高压电，进行跳火试验，确定是否漏电，若漏电应更换。

6. **电容器的检查**

电容器常见的故障有绝缘被击穿、内部引出线短路等。电容器有故障时需更换新品。

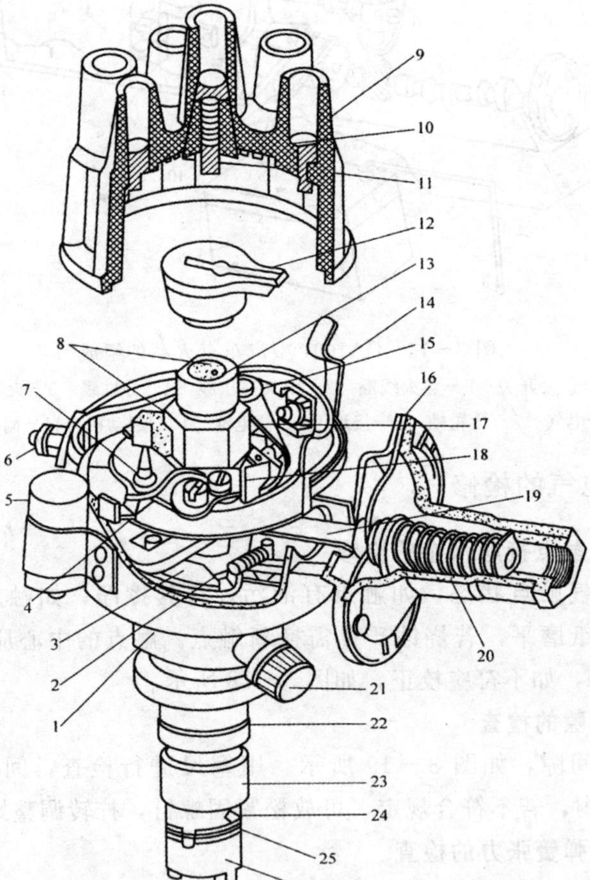

图 3－17　CA1091 型汽车分电气结构图

1－外壳　2－复位弹簧　3－离心块　4－接地线　5－电容器　6－接线柱　7、15、25－卡簧　8－油毡　9－分电气盖　10、20－弹簧　11－碳柱　12－分火头　13－断电凸轮　14－弹簧夹　16－真空膜片气室　17－活动触点　18－固定触点　19－拉杆　21－加油螺母　22－密封圈　23－上联轴节　24－销钉　26－下联轴节

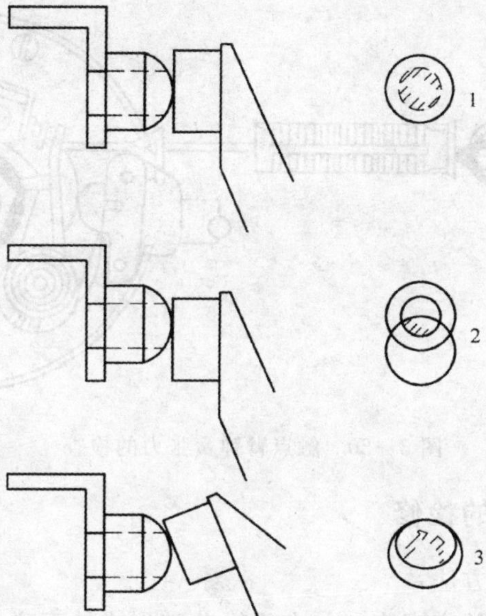

图 3－18 触点接触状态的检查

1－接触面平整（对正） 2－接触面偏心 3－接触面不平整

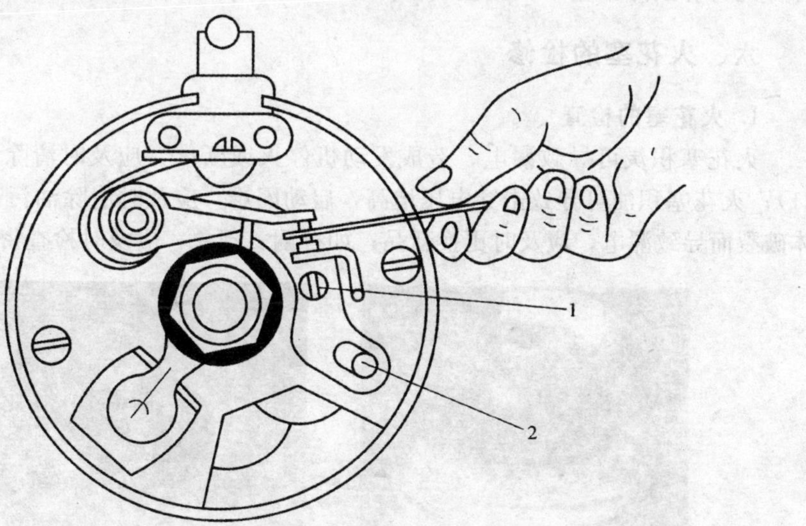

图 3－19 触点间隙的检查

1－紧固螺钉 2－调整螺钉

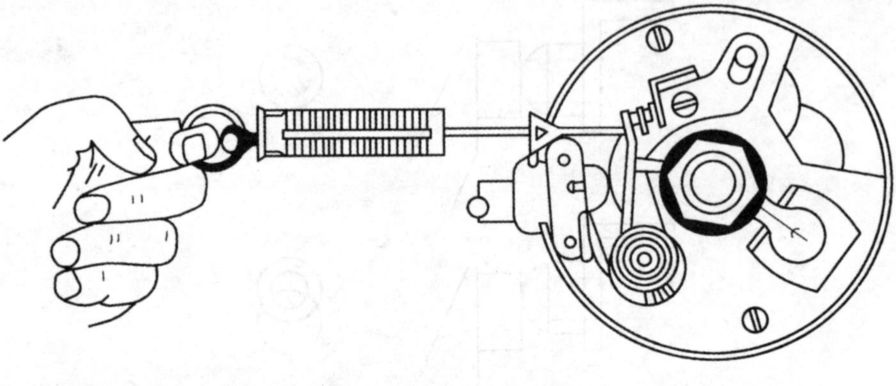

图 3－20　触点臂弹簧张力的检查

五、点火线圈的检修

点火线圈的检修方法：

（1）点火线圈的外表观察。如有绝缘盖破裂或外壳碰裂现象应更换。

（2）用万用表测量点火线圈的初级绕组、次级绕组及附加电阻的电阻值，应符合维修手册中“点火线圈的型号、结构参数及适用车型”的规定，若不符合说明有故障，应予以更换。

六、火花塞的检修

1. 火花塞的检查

火花塞积炭可导致漏电，造成发动机停火或断火，应及时清除（见图 3－21）；火花塞积油可导致击穿电压增高，启动困难，应及时清除油污；若因绝缘体破裂而导致漏电，应及时更换新品；如有漏气现象，应及时检查密封。

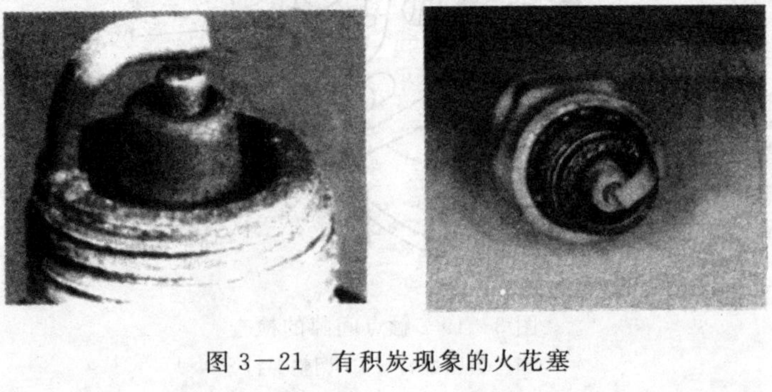

图 3－21　有积炭现象的火花塞

清洁火花塞的主要内容有：清理螺纹积垢、清洗火花塞表面和清除火花塞积炭等。

2. 火花塞间隙的检查与调整

火花塞间隙一般为0.7～0.9mm。检查、调整前应先了解被检查车火花塞的有关数据。测量时应用钢丝式专用量规，不得使用普通塞尺。

第二节　传统点火系的检测与调整

一辆传统点火系的汽车在启动时明显感到阻力大，曲轴转动困难，怠速时有严重爆震声，有时有敲缸声，在怠速时运转不平稳，容易熄火。出现上述现象的原因是点火系出现了故障，此时必须对点火系进行检测、调整，那么，如何进行检测调整，以及如何使用示波器对常见的点火波形畸形进行故障诊断呢？同时为了尽可能避免传统点火系出现故障，在平时又应该对传统点火系如何进行维护呢？

要对点火系进行检测、调整，必须对点火正时以及点火波形有明确的认知，理解点火正时的概念，熟悉检测仪器，能够读懂并理解点火波形。在此基础之上，才可以对传统点火系进行检测和调整，使用示波器对常见的点火波形畸形进行故障诊断，对点火系进行维护。

一、点火正时的认知

1. 点火正时的概念

往发动机上安装分电气或更换燃油品种时，要靠人工调整和确定初始的点火提前角，这一工作被称为点火正时。

点火正时是发动机工作的基本要求。点火正时失准，将会导致发动机工作不正常，出现众多故障，使发动机动力下降，油耗升高，甚至造成零部件损坏等后果。在汽车维护时必须检查调整点火正时。

点火过早会造成发动机爆震、过热、油耗增加、功率下降。

点火过迟会造成功率下降、发动机过热、排气管放炮冒黑烟。

2. 点火正时灯

用闪光法制成的点火正时灯，是利用闪光与一缸点火同步的原理测出发动机点火提前角的，点火正时灯一般由正时灯（氖灯或氙灯）、传感器、中间处理环节和指示装置等组成。该种仪器，国外于20世纪40年代开始应用，国内于20世纪70年代已有厂家生产，目前在汽车维修企业应用比较广泛，如图 3—22 所示。

点火正时灯是一种频率闪光灯，每闪光一次，表示一缸的火花塞发火一次，因此闪光与一缸点火同步。当点火正时灯对准发动机一缸压缩终了上止点标记，并按实际跳火时间进行闪光时，可以看到运转中的发动机在闪光的照耀下，其转动部分（飞轮或曲轴皮带盘）上的标记还未到达固定指针，即一缸活塞还未到达压缩终了上止点。此时若调整点火正时灯电位器，使闪光时机推迟至转动部分上的标记正好对准固定指针之时，那么，推迟闪光的时间就是点火提前的时间。

二、对点火波形的认知

1. 点火示波器简介

点火示波器可显示电压随时间变化的波形，是一种多用途的检测设备。示波器显示信号的速度比一般电子检测设备快得多，是唯一能即时显示瞬态波形的仪器，如图 3—23 所示。

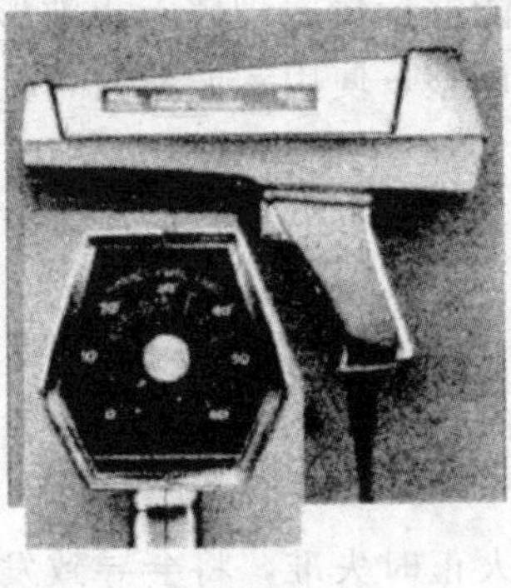

图 3—22　点火正时灯

图 3—23　汽车专用点火示波器

使用汽车专用的点火示波器可以查看点火系统的工作波形，并根据点火的波形判断点火系统的故障。当点火示波器连接在运转的汽油机点火系电路上时，示波器屏幕上将显示出点火系中电压随时间变化的曲线，即点火波形。示波器屏幕显示的波形，在垂直方向上表示电压，在水平方向上表示时间，基线的上方为正电压，下方为负电压。

2. 点火波形的形成原理

如图 3—24 所示为传统点火系统的正常点火波形，上面为次级波，下面为初级波。图中 A 为触点开启段，B 为触点闭合段。

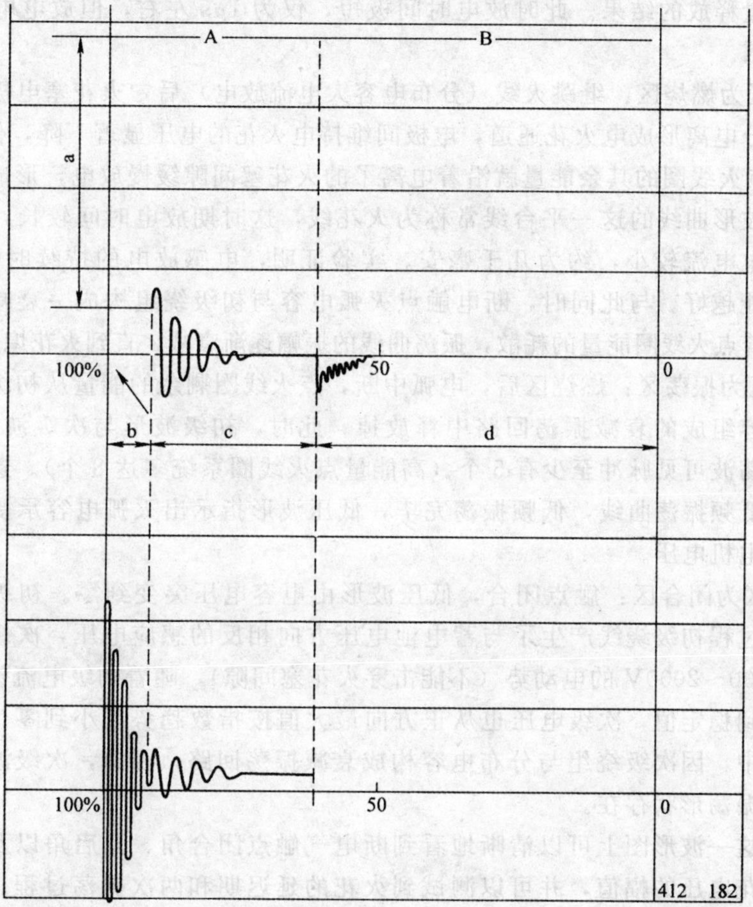

图 3－24　传统点火系点火波形

单缸次级电压点火波形一个周期内可分“两个阶段、四个区”。两个阶段是指触点开启段和触点闭合段，四个区是指跳火区、燃烧区、振荡区和闭合区。每个区有一条相应规律的曲线对应，即跳火线、火花线、振荡线、闭合线（见图 3－24）。

a 区为跳火区：此时断电触点将初级电流切断，线圈铁芯磁通骤然消失，使得初级绕组自感出 200～300V 的电动势。由于次级绕组匝数多，因此感应出 15000～20000V 的高压电。由于正常间隙下的火花塞击穿电压仅为 5000～8000V，因此跳火期次级电压仅上升到 5000～8000V 便不再继续上升。波形曲线中这段垂直升降线，通常称为跳火线。跳火线实质上是次级回路中分布电容能量释放的结果。此时放电时间极短，仅为 1μs 左右，但放电电流可达几十安培。

b 区为燃烧区：继跳火线（分布电容大电流放电）后，火花塞电极间混合气已充分电离形成电火花通道，电极间维持电火花的电压显著下降，仅需 1～2kV，点火线圈的其余能量就沿着电离了的火花塞间隙缓慢放电，形成电感放电期。波形曲线的这一平台线常称为火花线，这时期放电时间较长，仅几毫秒，放电电流较小，约为几千毫安。实验证明，电感放电的持续时间越长，点火性能越好。与此同时，断电触点灭弧电容与初级绕组构成一衰减振荡回路，随着点火线圈能量的耗散，振荡曲线的振幅逐渐衰减，直到火花熄灭为止。

c 区为振荡区：燃烧区后，电弧中断，点火线圈剩余的能量从初级绕组与灭弧电容组成的衰减振荡回路中释放掉。此时，初级波形与次级波形相似，减幅振荡波可见脉冲至少有 5 个（高能量点火线圈系统多达 8 个）。这些振荡曲线属低频振荡曲线，低频振荡完毕，低压波形指示出灭弧电容承受的蓄电池或发电机电压。

d 区为闭合区：触点闭合，低压波形由电容电压突变到零。初级形成电流，此过程初级绕线产生了与蓄电池电压方向相反的感应电压，次级绕组感应出 1500～2000V 的电动势（不能击穿火花塞间隙），随着初级电流按指数规律上升到稳定值，次级电压也从正方向最大值按指数趋势减小到零。在此变化过程中，因次级绕组与分布电容构成衰减振荡回路，因此，次级波形变化区段有振荡形状存在。

从这一波形图上可以清晰地看到断电气触点闭合角、开启角以及击穿电压和火花电压的幅值，并可以测试到火花的延迟期和两次振荡过程。对于无故障点火系统，触点闭合角为全周期的 45%～50%（四缸机）或 63%～70%（六缸机）或 64%～71%（八缸机），击穿电压超过 15kV，火花电压 9kV 左右，火花时间大于 0.8ms。当这些数值或波形异常时，就意味着故障的出现或系统需要调整。

3. 点火波形的各种组合

当汽缸点火波形采集完成后，检测分析仪采控系统计算机软件将捕获的点火波形进行不同类别的排列与组合，以供检测人员快捷而准确地判断故障的成因。

(1) 平列波

按点火次序将各缸点火波形首尾相连排成一字形，称为平列波，如图 3—25

所示为一四缸发动机的平列波形，其作用主要用以分析次级电压的故障，各缸次级击穿电压是否均衡，火花电压是否有差异，在平列波形图上一目了然。

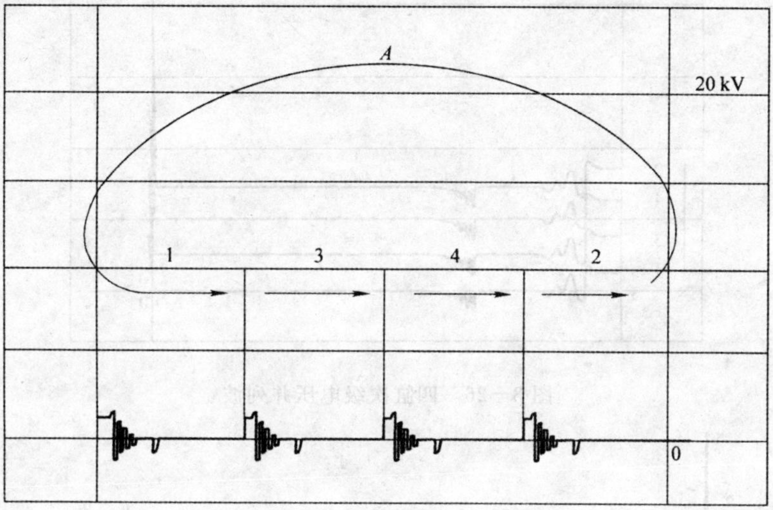

图 3－25 四缸次级电压平列波

(2) 并列波

如将各缸的点火波形始点对齐由下向上按点火次序排列就形成并列波，如图 3－26 所示为一个四缸发动机的初级电压并列波形。通过这一波形图可以看到各缸直列波的全貌，分析各缸闭合角和开启角以及火花塞的工作状态十分方便。如使用 TDC 传感器或频闪灯将上止点信号标于一缸电压波形上，则可以检测到点火提前角。

(3) 重叠波

将各缸的点火波形起始点对齐，全部重叠在一个水平位置上称为重叠波，如图 3－27 所示。如果触点式点火系统的分电气凸轮磨损不均匀或凸轮轴磨损严重，将会造成波形重叠不良，一般重叠角不能超过周期的 5%。

一、点火正时的检测及调整

1. 首先确认或调整断电气触点间隙应符合要求

具体方法是：拆下分电气盖及分电气座固定螺钉，转动分电气外壳使断电气触点处于最大张开位置，用塑料塞尺（若用钢塞尺，应将点火开关处于 OFF 位置）检查断电气触点间隙，应为 0.35～0.45mm，如不符合要求，松开紧固螺钉，转动调整螺钉进行调整，符合要求后再将紧固螺钉拧紧。

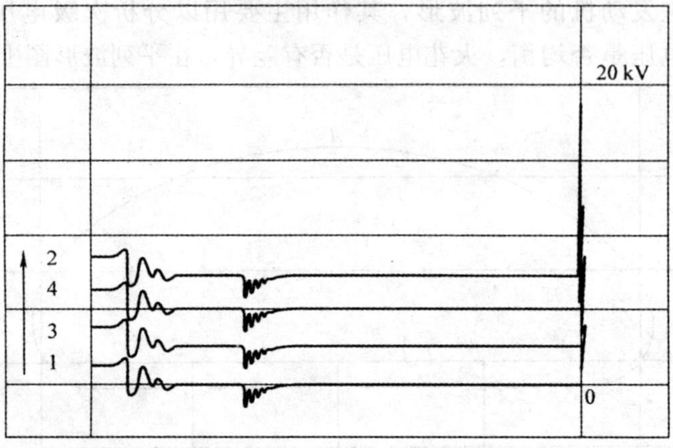

图 3－26　四缸次级电压并列波

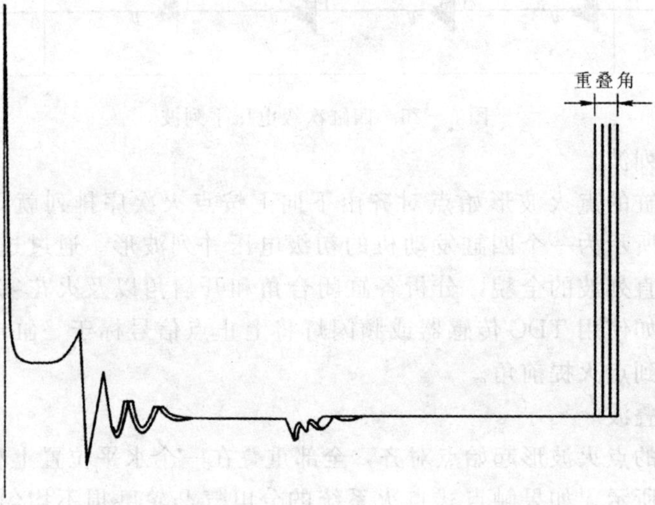

图 3－27　四缸次级电压重叠波

2. 确认第一缸压缩上止点位置

确认第一缸是否处于压缩上止点位置的方法很多，很多资料上均有介绍。例如，对准曲轴带轮或飞轮上的正时记号，再看分火头的指向即可确认第一缸压缩是否处于压缩上止点位置。如图 3－28 所示为发动机曲轴皮带盘处的点火正时标记。

3. 确认断电气触点打开时刻

拆下分电气盖及分电气座固定螺钉，打开点火开关（在 ON 位置），顺着分火头旋转方向转动分电气外壳，使断电气触点处于闭合状态（初级电路被接通），将中心高压线的分电气一端拔下对准接地，并与接地保持 3～4mm 间隙（跳火法），此时，逆着分火头旋转方向慢慢地转动分电气外壳，直到中心高压线刚刚跳火时刻，即为断电气触点打开时刻。固定好分电气座，安装好分电气盖，按点火次序连接好各缸高压线。

4. 检查点火正时

（1）无点火正时灯时，采用人工经验法

启动发动机，在发动机达到正常工作温度（冷却液温度 70～80℃）且怠速旋转时，突然加速。如转速不能迅速提高，感到“发闷”，或在排气管中有“突突”声，则为点火过迟；如出现金属敲击声，则为点火过早。在任务引入中的故障现象是点火过早的典型表现。点火过早时，应顺着分火头旋转方向转动分电气壳体，可调迟；过迟时，则逆向转动分电气壳体，可调早。

（2）使用点火正时灯

1）正确连接点火正时灯　如图 3－29 所示，正极接线夹连接到蓄电池正极，负极接线夹连接到蓄电池负极，再将传感器插接在一缸火花塞与高压线之间。

图 3－28　点火正时标记

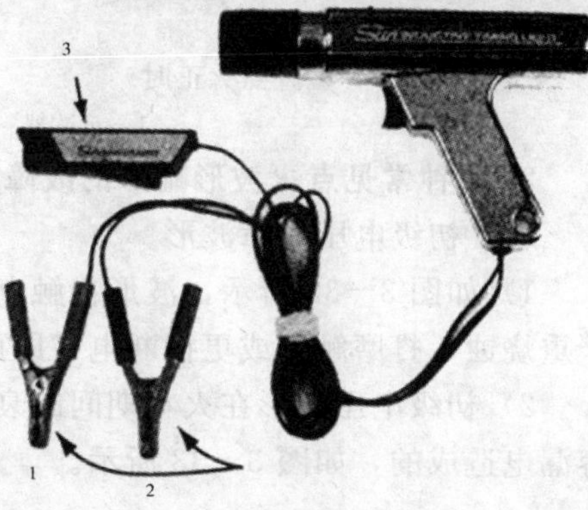

图 3－29　连接正时灯

1－正极接线夹　2－负极接线夹　3－传感器

2）事先擦拭飞轮或曲轴皮带盘上一缸压缩终了上止点标记，最好用粉笔或油漆将标记描白。置发动机于怠速下稳定运转，打开正时灯并对准飞轮壳或机体前端面上的固定指针。调正时灯电位器，使飞轮或曲轴皮带盘上的标记逐渐与固定指针对齐，此时表头的读数即为发动机怠速运转时的点火提前角，如图 3－30 所示。用同样的方法可分别测出不同工况时的点火提前角。

测出的点火提前角若符合规定，说明初始点火提前角调整正确，同时说明离心式调节器和真空式调节器工作正常。

二、示波器的使用及常见点火波形畸形的故障诊断

1. 示波器的使用

在进行测试时，先按如图 3－31 所示将示波器的信号线和电源线接好，打开示波器电源，调整示波器的上下、左右旋钮，使屏幕上的光点位于屏幕的中央，然后启动发动机，使发动机的转速保持在 1500 r/min。调整各旋钮，使各汽缸直列波形显示在坐标刻度内。

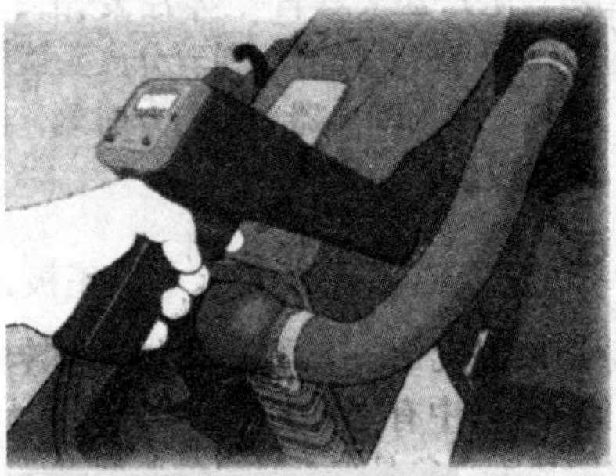

图 3－30　检查点火正时

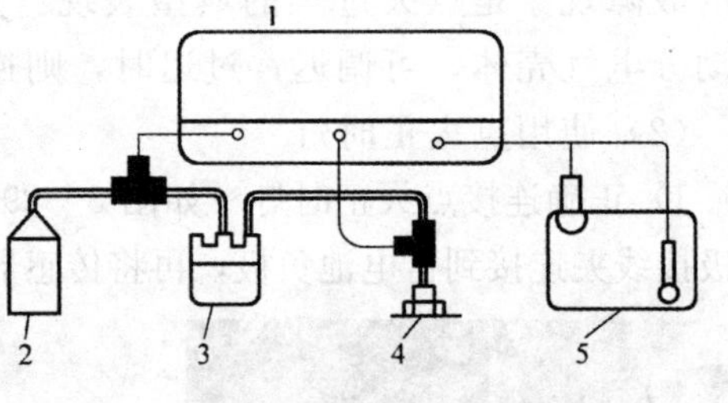

图 3－31　示波器与点火系的接线

1－示波器　2－点火线圈　3－分电气　4－火花塞　5－蓄电池

2. 几种常见点火波形畸形的故障诊断

（1）初级电压故障波形

1）如图 3－32 所示，波形在触点开启点出现了大量杂波，这表明触点已严重烧蚀，打磨触点或更换断电气即可清除故障。

2）初级电压波形在火花期间的衰减周期数明显减少，幅值也变低，是电容漏电造成的，如图 3－33 所示。

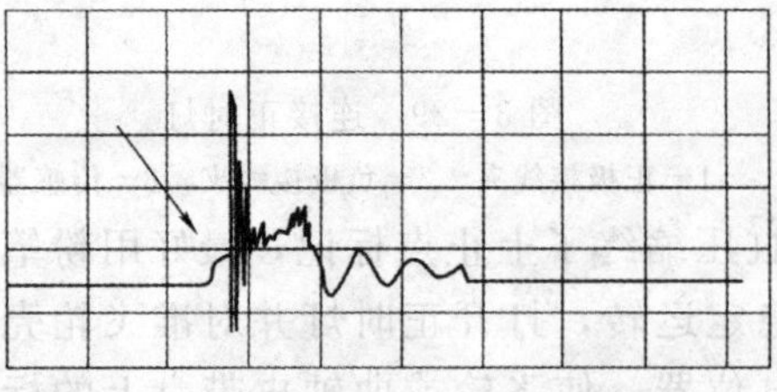

图 3－32　触点烧蚀的波形

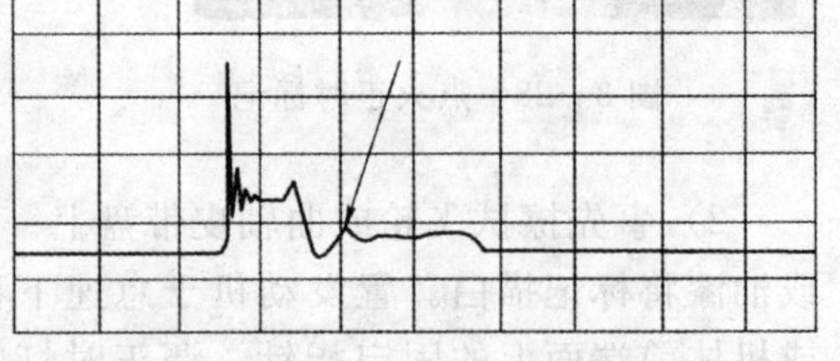

图 3－33　电容漏电波形

3）触点闭合阶段波形有意外的跳动，造成这种现象的原因是触点因弹簧

力不足而出现不规则的跳动，如图 3－34 所示。

4）如果触点接地不良就会引起低压波水平部分出现大面积杂波，如图 3－35 所示。

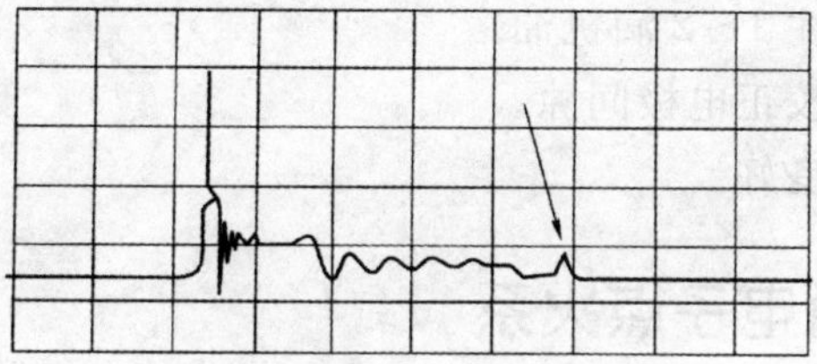

图 3－34　触点弹力不足波形

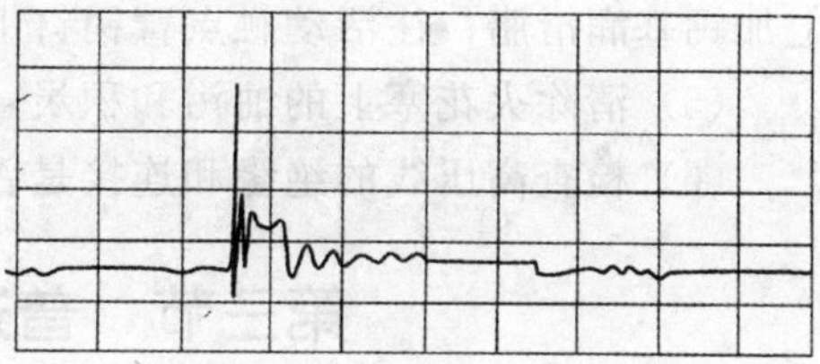

图 3－35　触点接地不良波形

（2）次级电压故障波形

1）正常情况下各缸击穿电压约为 10～20kV，各缸差别应不超过 2kV。为了初步检测高压线路，简单易行的方法是首先逐个将各缸火花塞接地，例如，第 3 缸火花塞短路的平列波如图 3－36 所示。正常情况下第 3 缸击穿电压应不小于 5kV，否则说明该缸高压系统接地或绝缘不良。

2）如果将第 3 缸的高压线取下使之开路，正常情况下该缸击穿电压应超过 10kV，如图 3－37 所示，如果明显高于这一值，则表明高压系统元件如高压线、点火线圈有开路现象，有时低压系统电容器严重漏电也会出现这一情况。

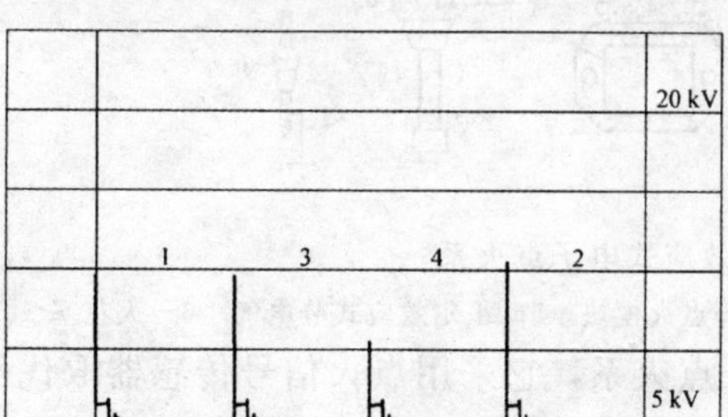

图 3－36　第三缸火花塞接地的平列波

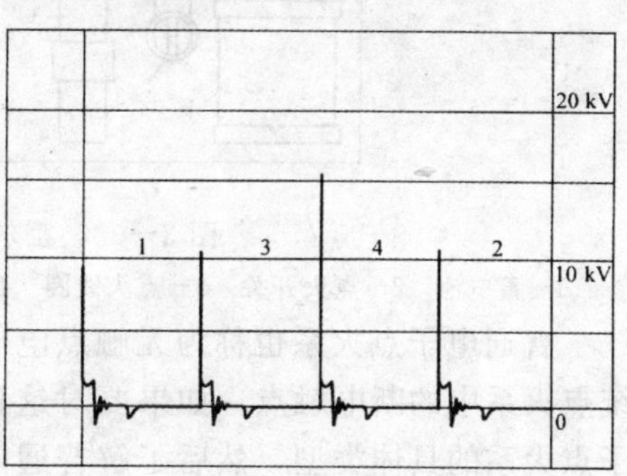

图 3－37　第三缸高压开路的平列波

三、传统点火系的维护

传统点火系的维护作业内容和规定里程因车型不同而异。一般，汽车在行驶 5000～8000km 后，应对传统点火系进行如下维护作业：

（1）清除分电气盖和分电气壳体内外表面灰尘和油污。

（2）检查低压电路的连接情况。

(3) 检查断电气触点的接触情况以及间隙是否正常。

(4) 润滑分电气各活动部位。具体方法是：旋进油杯半圈至1圈，以润滑分电气轴；拔下分火头，往毡心上注1～2滴机油；在润滑凸轮面上的毡块上加钙基润滑脂；往活动触点臂销钉上注1～2滴机油。

(5) 清除火花塞上的油污和积炭，校正电极间隙。

(6) 检查高压线的绝缘和连接是否良好。

第三节 普通电子点火系

一辆采用了霍尔效应式电子点火系（见图3－38）的桑塔纳轿车在行驶中突然发动机熄火，进行跳火试验，发现高压无火，可以初步确定是点火系的故障。该车的点火系是普通电子点火系，对于这种类型的电子点火系我们该如何判断故障原因，确定具体故障部位，并对故障部件进行检修呢？

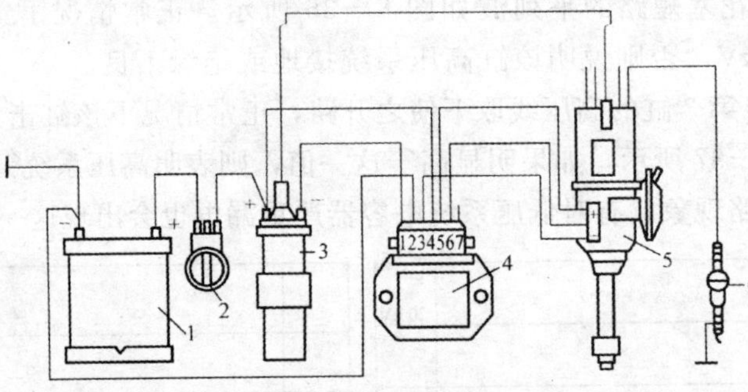

图3－38 霍尔效应式电子点火系

1－蓄电池 2－点火开关 3－点火线圈 4－点火模块 5－霍尔效应式分电气 6－火花塞

普通电子点火系也称为无触点电子点火系，它采用点火信号传感器取代传统点火系中的断电触点。如果要对这种电子点火系进行检修，首先要确认该电子点火系的具体类型，然后了解普通电子点火系的组成及特点。常见的点火信号传感器虽然分为磁感应式、霍尔效应式和光电式3种，但这3种类型的无触点电子点火系都是普通电子点火系，它们的检修思路都是一样的，所以只要熟悉这3种类型信号传感器的结构和工作原理，掌握其中的一种类型（如霍尔效应式无触点电子点火系）点火系的检修，就可以掌握普通电子点火系的检修。

一、电子点火系的类型

现在汽车上电子点火系统的种类较多，常见的分类方法如下：

1. 按点火能量的储存方式分为电感储能式和电容储能式两类。

2. 按触发方式可分为磁感应式、霍尔式、光电式和震荡式 4 种。现在最常用的是磁感应式和霍尔式两种电子点火系。

3. 按照发展进程可以分为 3 个不同时代的产品

第一代电子点火系保留了真空、离心点火提前装置及分火头式配电装置，用点火信号传感器取代了传统点火系中的断电触点，增加了一个电子点火模块。第一代电子点火系由于取消了断电触点，习惯上称为“无触点电子点火系”，有的也叫“普通电子点火系”。

第二代电子点火系在无触点点火系的基础上，保留了分火头配电装置，用无运动关系的电子控制单元（ECU）取代了离心、真空点火提前装置，在电子控制单元中储存了发动机任一工况下的最佳点火提前角数据，故称“无机械提前电子点火系”，也称为“数字式电子点火系”。

第三代电子点火系在无机械提前装置基础上，取消了分火头式配电装置，直接用数个点火线圈或二极管分配高压电控制火花塞跳火，这种电子点火系称为“无机械配电气点火系”或“电子配电点火系”。一般来说我们把上述第二代、第三代电子点火系也称为“微机控制电子点火系”。

二、普通电子点火系（无触点电子点火系）的基本组成及特点

1. 基本组成

普通电子点火系统一般由电源、分电气（包括信号传感器）、点火控制器或者点火模块、点火线圈、火花塞和配电部分等组成，如图 3－39 所示。

2. 特点

普通电子点火系完全取消了断电气的触点，利用电子开关代替断电气的触点，周期地接通或切断点火系统的初级电路；利用信号传感器代替断电气的凸轮，用先进的非接触式信号触发方式取代了接触式机械触发方式。

三、磁感应式电子点火系统

1. 信号传感器的结构

磁感应式信号传感器安装在分电气内，其结构如图 3－40、图 3－41 所示。信号传感器主要由分电气轴、爪形转子、传感线圈、爪形定子、塑性永磁片、导磁板和底板等组成。

2. 工作原理

信号转子上制有与发动机汽缸数相同的凸齿，当转子转动时，凸齿交替在铁芯旁扫过，使二者的气隙不断变化，于是穿过线圈铁芯的磁通也不断变

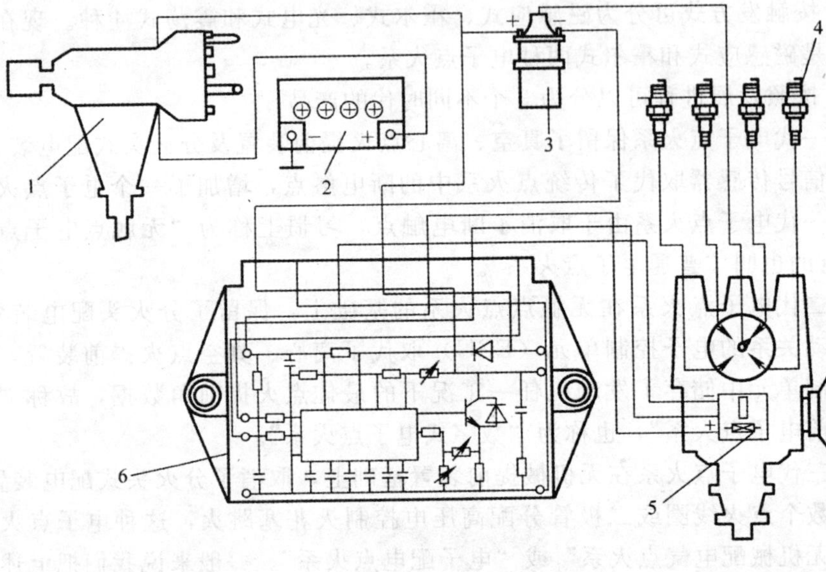

图 3－39　普通电子点火系统的基本组成

1－点火开关　2－电源　3－点火线圈　4－火花塞　5－点火信号传感器　6－点火控制器

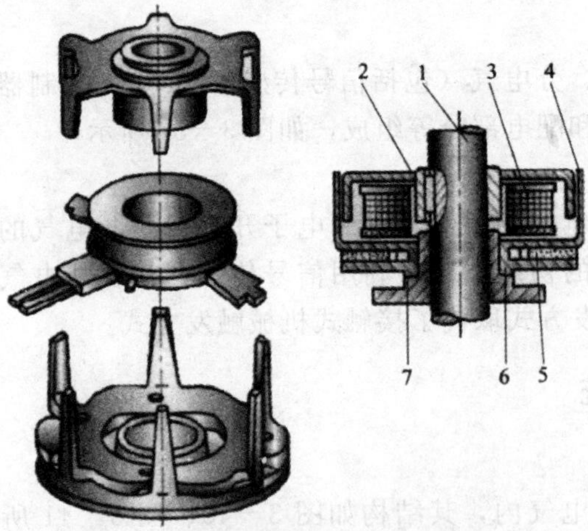

图 3－40　磁感应式信号传感器的结构

1－转子轴　2－爪形转子　3－传感线圈　4－爪形定子　5－塑性永磁片　6－导磁板　7－底板

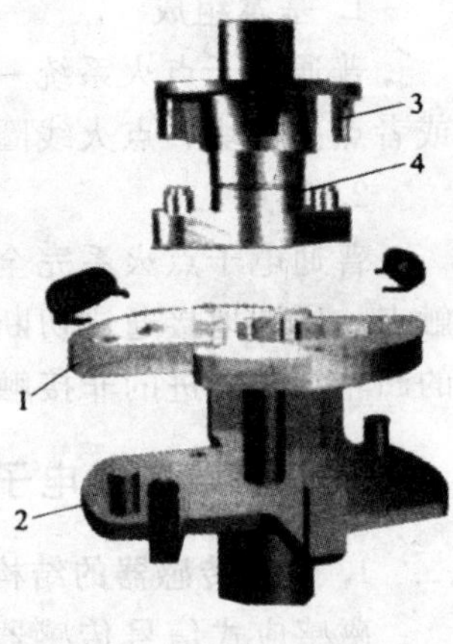

图 3－41　磁感应式分电气的结构

1－离心块　2－托板　3－爪形转子　4－转子轴

化。这种周期性的变化使得线圈中产生交变的感应电动势，将此电动势传输到点火器，据此控制点火系统工作，使火花塞跳火，如图 3－42 所示。

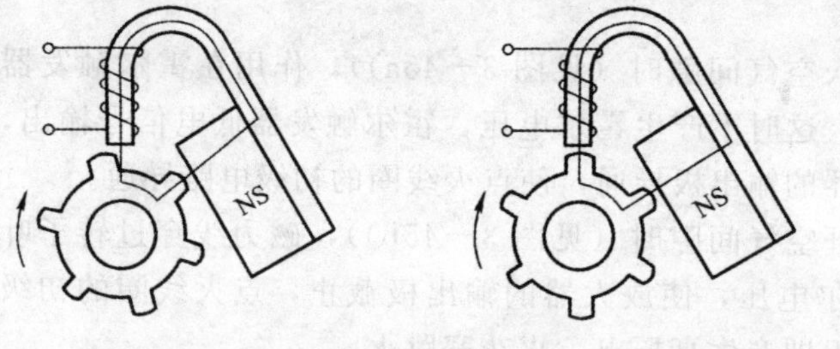

图 3－42　磁感应式信号传感器工作原理

四、霍尔效应式电子点火系

1. 信号传感器的结构

霍尔效应式信号传感器也安装在分电气内，其结构如图 3－43 和图 3－44 所示。

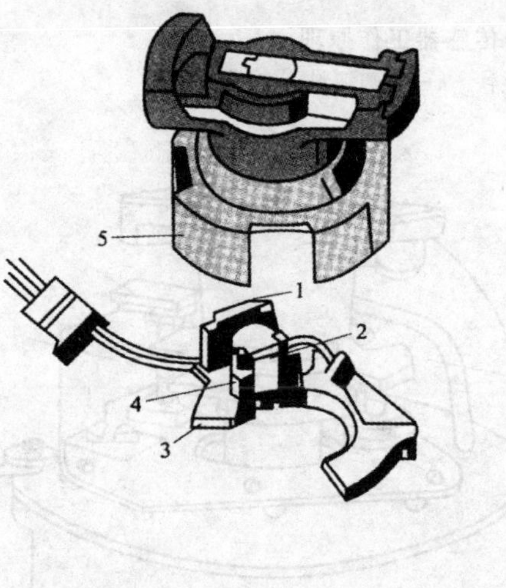

图 3－43　霍尔效应式信号传感器的结构

1－霍尔集成电路　2－导磁钢片　3－铸塑填料　4－永久磁铁　5－触发叶片

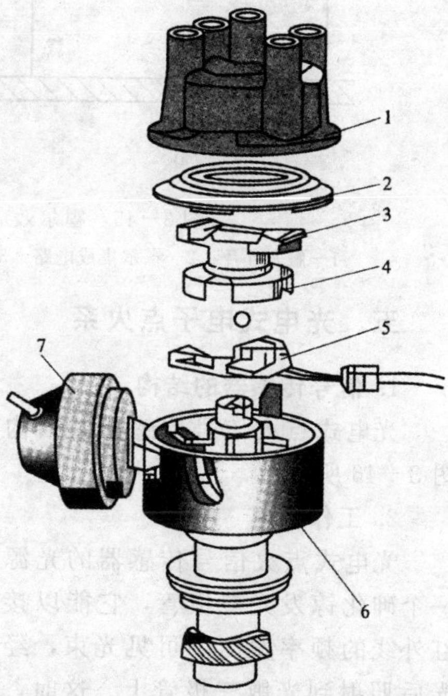

图 3－44　霍尔效应式分电气的结构

1－分电气盖　2－防护罩　3－分火头　4－触发叶轮　5－霍尔元件　6－壳体　7－真空提前装置

2. **工作原理**

(1) 当转子的叶片进入空气间隙时（见图 3－45a)），作用在霍尔触发器上的磁场被转子叶片旁路，这时不产生霍尔电压，霍尔触发器低电信号输出，点火器内的集成电路放大器的输出极导通，使点火线圈的初级电路导通。

(2) 当转子的叶片离开空气间隙时（见图 3－45b)），磁力线穿过转子叶片的缺口，这时便产生霍尔电压，使放大器的输出极截止，点火线圈的初级电路随之被切断，次级绕组即产生高压电，火花寨跳火。

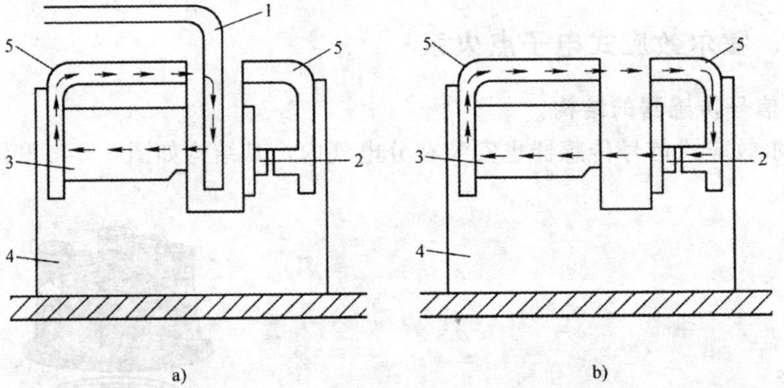

图 3－45　霍尔效应式信号传感器工作原理

1－触发叶片　2－霍尔集成电路　3－永久磁铁　4－铸塑填料　5－导磁钢片

五、光电式电子点火系

1. **信号传感器的结构**

光电式点火信号传感器的结构如图 3－46 所示。

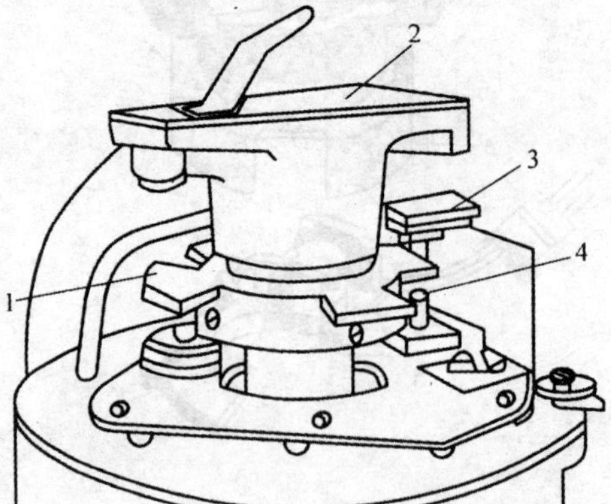

图 3－46　光电式点火信号传感器

1－遮光盘　2－分火头　3－光源　4－光接收器

2. **工作原理**

光电式点火信号传感器的光源是一个砷化镓发光二极管，它能以接近红外线的频率发出不可见光束，经聚光后照射到光敏三极管上。这时，光敏三极管便产生电压，向点火器发出信号，使点火线圈的初级电路接通。当遮光盘遮住光束时，初级电路切断，次级线圈感应出高压电，火花塞产生火花。

六、普通电子点火系的检修

以桑塔纳轿车（霍尔效应式电子点火系）为例，进行普通电子点火系的检修。

1. 校正点火时间

(1) 转动曲轴，使第一缸活塞到达压缩上止点位置。此时，飞轮上的标记应与变速器壳体上的标记对齐，凸轮轴正时齿轮上的标记应与气门室罩盖底面平齐，或者凸轮轴正时齿轮上的“OT”标记对准齿形皮带防护罩上的标记，机油泵驱动轴端的扁形缺口与曲轴中心线平行，如图 3－47 所示。

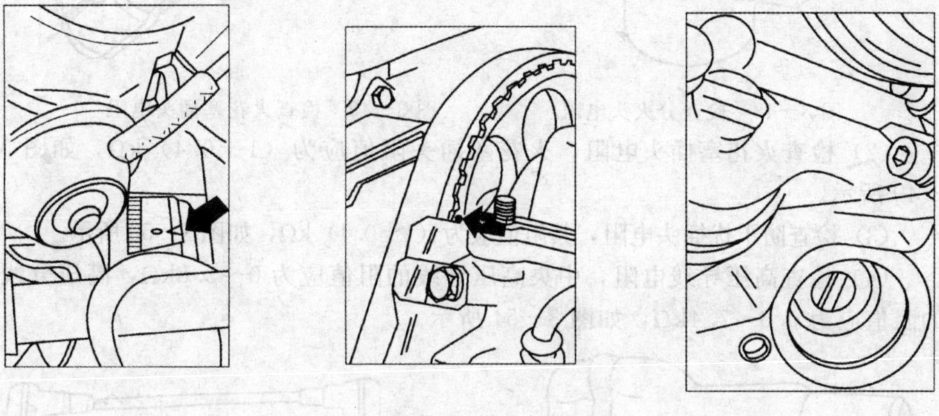

图 3－47　桑塔纳 JV 型发动机正时记号

(2) 将分电气插入安装孔中，并确保分电气下轴与联轴节完全啮合。逆时针转分电气外壳使转子叶片刚刚离开霍尔元件气隙，固定分电气外壳，正常情况下，分电气外壳上厂方所打的记号应与缸体上的记号对正。

(3) 记住分火头朝向，盖上分电气盖，以分火头所指的旁插孔为第一缸，按 1－3－4－2 顺时针的顺序插好分缸线，并把中央高压线及霍尔点火信号传感器插接器插好。

(4) 启动发动机，检验效果。在发动机转速为 (850±50) r/min，水温正常时，拔下并堵塞分电气真空管，其点火提前角应为 6°±1°。如不符合要求，可转动分电气外壳，使之达到规定值。校正后，应紧固分电气压板螺钉，装好分电气真空管。

2. 点火系高压回路部件的检查

用万用表测量高压回路部件的电阻，若部件的电阻不在规定范围之内，应换用新件。

(1) 检查分火头电阻，分火头阻值应为 (1±0.4) kΩ，如图 3—48 所示。

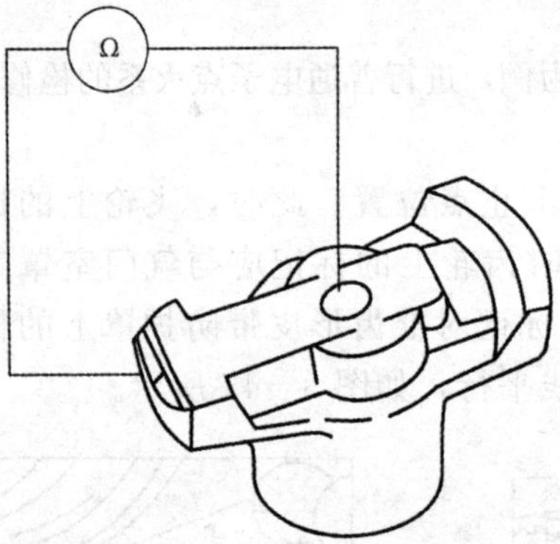

图 3—48 检查分火头电阻

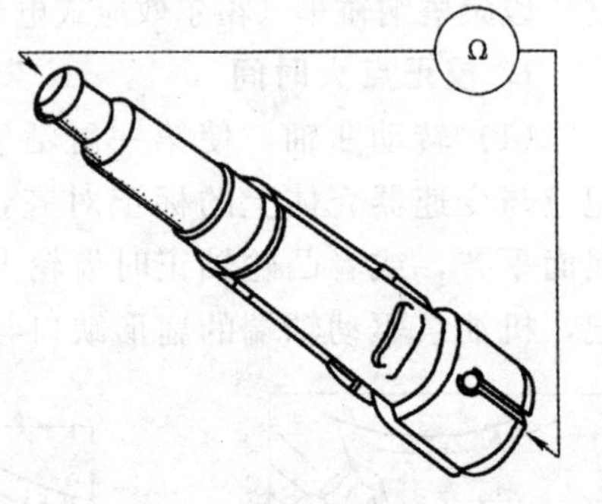

图 3—49 检查火花塞插头电阻

(2) 检查火花塞插头电阻，火花塞插头阻值应为 (1±0.4) kΩ，如图 3—49 所示。

(3) 检查防干扰插头电阻，其阻值应为 (1±0.4) kΩ，如图 3—50 所示。

(4) 检查高压导线电阻，中央高压导线的阻值应为 0～2.8kΩ，高压分线的阻值应为 0.6～7.4kΩ，如图 3—51 所示。

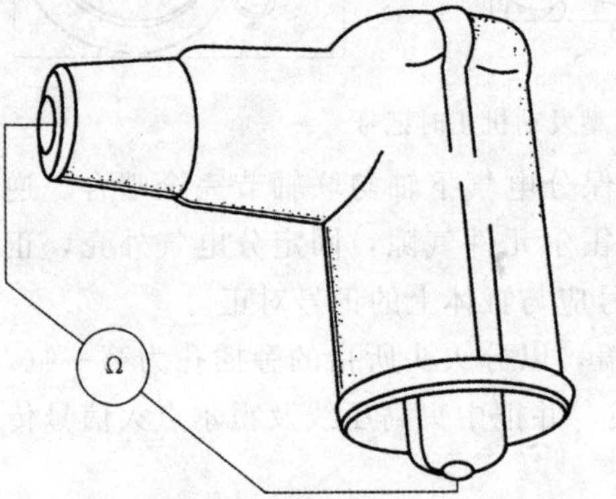

图 3—50 检查防干扰插头电阻

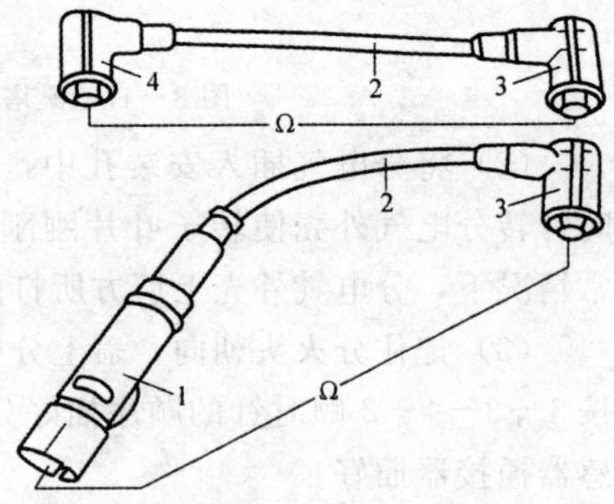

图 3—51 检查高压导线电阻

1—火花塞 2—高压导线 3—接分电气 4—接点火线圈

3. 点火线圈的检查

用万用表欧姆挡测量点火线圈的电阻，如图 3—52 和图 3—53 所示，初级绕组的阻值应为 0.52～0.76kΩ；次级绕组的阻值应为 2.4～3.5kΩ。若测量的阻值不符合规定，则需更换点火线圈。另外，应保证点火线圈绝缘盖板清洁、干燥，防止漏电。

4. **电子点火控制模块接线端子电压的检查**

电子点火控制模块各端子的线路连接如图 3－54 所示，结合图 3－55 所示电路，用万用表的直流电压挡测量该电子点火控制模块各端子的电压，从而可判断出电子点火控制模块、霍尔传感器及有关线路的故障。

(1) 检查 1 号端子电压

接通点火开关，当无点火信号输入时，1 号端子电压应为 12V。若点火线圈正极接线柱有 12V 电压，而 1 号端子上电压低或无电压，则说明初级线圈或点火控制模块 1 号端子与点火线圈负极接线柱之间或线路的插头处有故障。

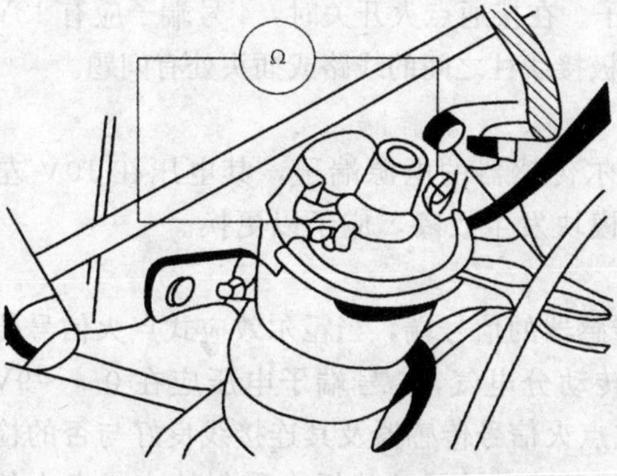

图 3－52　初级绕组阻值的测量

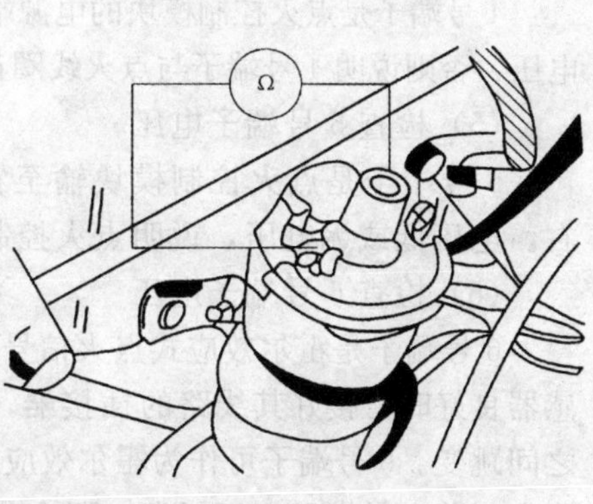

图 3－53　次级绕组阻值的测量

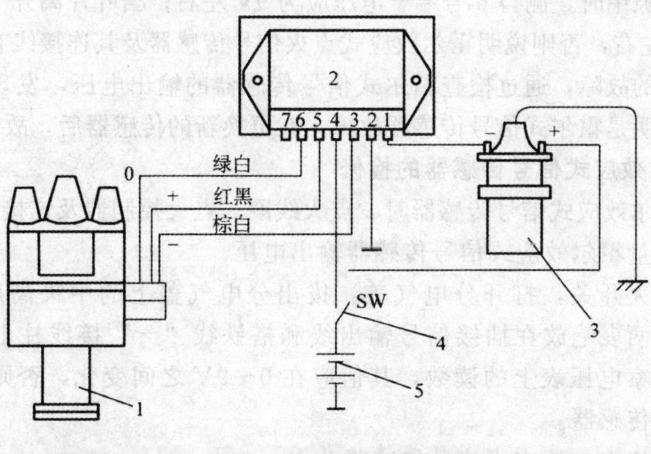

图 3－54　电子点火控制模块各端子的线路连接

1—分电气　2—点火控制模块　3—点火线圈　4—点火开关　5—低压电源

若点火控制模块 4 号端子工作电压正常，当输入霍尔信号时，1 号端子电压应在 0～12V 之间跳变。若该端子电压在信号输入时，电压没有变化，则说明点火控制模块已损坏，应予以更换。

（2）检查 2 号端子电压

点火控制模块内部电路通过 2 号端子搭铁，因此该处对地电压应不超过 0.5V。

（3）检查 3 号端子电压

3 号端子是点火控制模块的“－”端，它与 2 号端子相通，对地电压也不应大于 0.5V。

（4）检查 4 号端子电压

4 号端子是点火控制模块的电源端子。在接通点火开关时，4 号端子应有 12V 电压，否则说明 4 号端子与点火线圈正极接线柱之间的线路或插头处有问题。

（5）检查 5 号端子电压

5 号端子是点火控制模块输至霍尔传感器的电源端子，其电压在 10V 左右。电压低或无电压，说明点火控制模块发生故障，应予以更换。

（6）检查 6 号端子电压

6 号端子是霍尔效应式点火信号传感器的信号端，当霍尔效应式点火信号传感器良好时，接好其线路的插接器，转动分电气，6 号端子电压应在 0.4～9V 之间跳变。6 号端子可作为霍尔效应式点火信号传感器及其连接线良好与否的检测点，若 5 号端子电压正常，那么分电气导磁转子叶片插入霍尔效应式点火信号传感器气隙中时，测得 6 号端子电压应为 9V 左右；当叶片离开气隙时，电压应为 0.4V 左右，否则说明霍尔效应式点火信号传感器及其连接线有故障。对于任务引入中的故障，通过检查霍尔式信号传感器的输出电压，发现无电压信号输出，这表明是霍尔式信号传感器故障，在更换新的传感器后，故障排除。

5. 霍尔效应式信号传感器的检修

检查霍尔效应式信号传感器时，点火线圈、点火控制器及连接导线要正常。

（1）测量霍尔效应式信号传感器输出电压

断开点火开关，打开分电气盖，拔出分电气盖上的中央高压线并搭铁，将电压表的两表笔放在插接信号输出线和搭铁线“－”接线柱上，转动发动机，同时观察电压表上的读数，其值应在 0～9V 之间变化，否则应更换霍尔效应式信号传感器。

（2）模拟霍尔效应式信号传感器动作

关掉点火开关，打开分电气盖，转动曲轴，使分电气触发叶片不在气隙中。拔出分电气盖上的中央高压线，使其端部离汽缸体保持 5～7mm。接通点火开关，用小旋具在霍尔效应式信号传感器的气隙中轻轻地插入和拔出，模拟触发叶片在气隙中的动作，如图 3—55 所示。若此时高压线端部跳火，说明霍尔效应式信号传感器、点火控制器、点火线圈及连接导线性能良好。若不跳火，在点火线圈、点火控制器及连接导线良好的前提下，说明霍尔效应式信号传感器有故障，应更换。

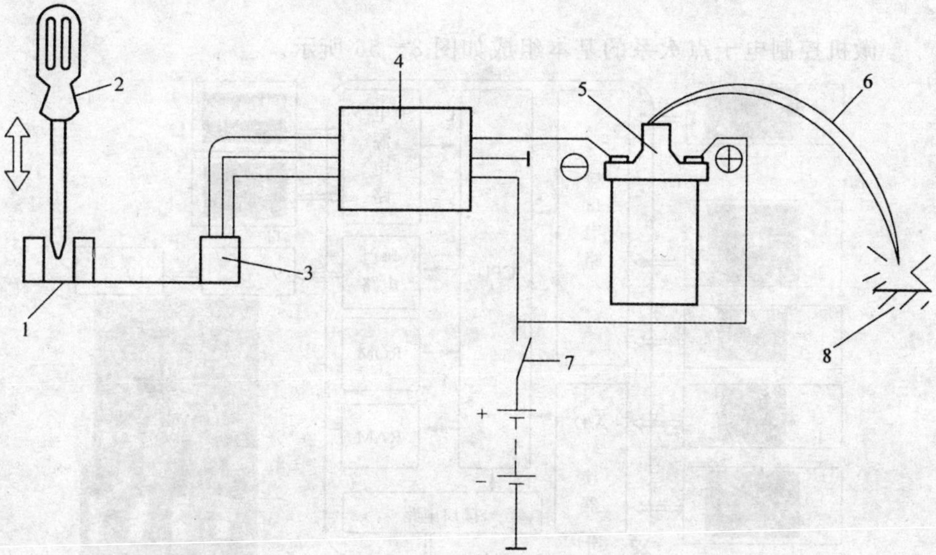

图 3—55　检查霍尔效应式信号传感器

1—分电气霍尔触发开关　2—小旋具　3—霍尔效应式信号传感器插接件　4—点火控制器　5—点火线圈　6—高压导线　7—点火开关　8—发动机缸体

第四节　微机控制电子点火系

一辆桑塔纳 2000GSi 型汽车的故障现象是发动机不能启动，且无着火征兆，该辆汽车 AJR 发动机采用的是微机控制电子点火系，经过初步检查发现高压无火，据此可以判断是点火系的故障。那么对于这种类型的点火系的故障该如何进行检修呢？

要准确合理地检修微机控制电子点火系的故障，必须要熟悉微机控制电子点火系的基本组成以及其各组成部件的作用。由于微机控制电子点火系与普通电子点火系的最大区别就是对点火提前角的控制，所以还要熟悉最佳点火提前角的确定及点火提前角的控制方式。微机控制电子点火系有无机械提前电子点火系（有分电气）和无机械配电气点火系（无分电气）两种，由于它们的检修思路基本相同，所以只要熟悉这两种点火系的组成后，掌握其中的一种类型（例如：桑塔纳 2000GSi AJR 发动机的点火系）点火系的检修，就可以掌握微机控制电子点火系的检修方法了。

一、微机控制电子点火系的基本组成

微机控制电子点火系的基本组成如图 3－56 所示。

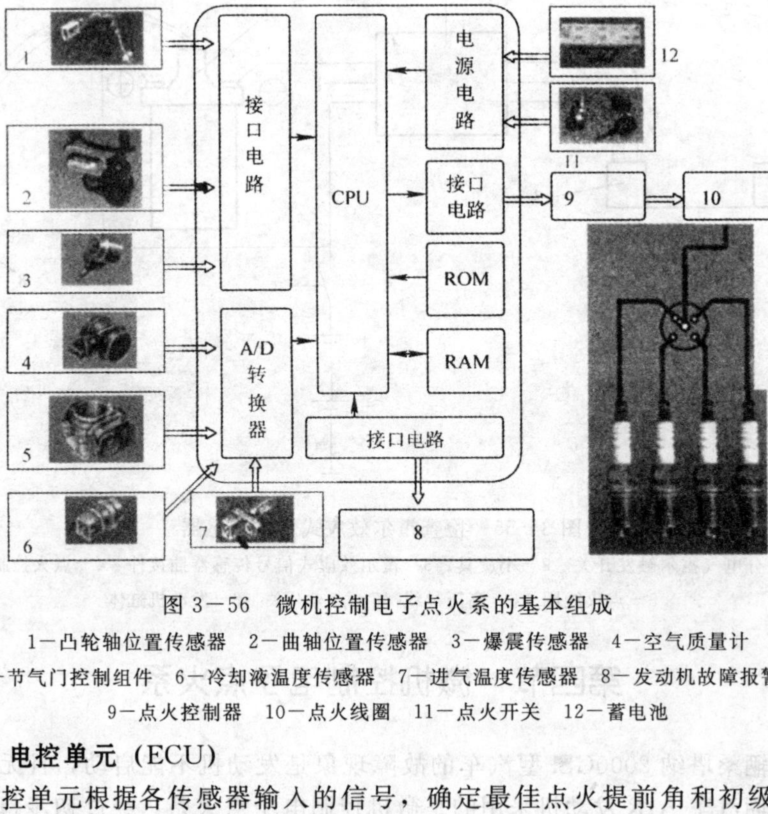

图 3－56　微机控制电子点火系的基本组成

1－凸轮轴位置传感器　2－曲轴位置传感器　3－爆震传感器　4－空气质量计
5－节气门控制组件　6－冷却液温度传感器　7－进气温度传感器　8－发动机故障报警灯
9－点火控制器　10－点火线圈　11－点火开关　12－蓄电池

1. 电控单元（ECU）

电控单元根据各传感器输入的信号，确定最佳点火提前角和初级电路导通角，实现对点火提前角和闭合角的控制，并将点火控制信号输送给点火控制器，通过点火控制器快速、准确地控制点火线圈的工作。

2. 点火控制器

点火控制器是微机点火控制系统的功率输出级，它按电控单元输出的指令工作，并对点火信号进行放大，驱动点火线圈工作。各种发动机的点火控制器的内部结构也不一样，有的只有大功率三极管，单纯起开关作用，有的除起开关作用外，还有电流控制、闭合角控制、判别缸位、点火监视等功能，有的发动机不单设点火控制器，而是将大功率三极管组合在电控单元中，由电控单元直接控制点火线圈中的初级电流的通断。

3. **传感器**

传感器是将电信号或非电信号经整理转变为电信号的装置，发动机传感器通过检测发动机运转工况，为电控单元提供曲轴转速、曲轴位置、节气门开度、负荷大小、冷却液温度、进气温度和流量、启动开关状态、蓄电池电压、废气中氧的含量等有关发动机运行工况和使用条件的各种信息。

（1）曲轴转角与转速传感器

电控点火系统中，发动机转速信号是微机用来读取或计算基本点火提前角的最主要依据，而曲轴转角信号则用来计算具体的点火时刻。

（2）曲轴基准位置传感器（点火基准传感器）

该传感器可在曲轴转至某一特殊的位置，如一缸上止点或上止点前某一特定的角度时，输出一个脉冲信号，微机将这一脉冲信号作为计算点火提前角的曲轴位置基准点，并与曲轴转角信号一起计算曲轴任一时刻所处的具体位置。

（3）进气压力传感器

对于D型电控燃油喷射系统的发动机，此传感器用来检测发动机的负荷，并将其转换为电信号输入微机，微机以此作为确定点火提前角的基本信号。

（4）空气流量传感器

在L型电控燃油喷射系统中，空气流量传感器用来测量进入汽缸的空气量，作为发动机的负荷信号，同时也作为点火提前角的基本信号。

（5）进气温度传感器

用来测量发动机的进气温度，微机可根据此信号对点火提前角进行修正。

（6）冷却液温度传感器

将冷却液温度信号送入微机，微机根据此信号对点火提前角进行修正，并控制启动和暖机期间的点火提前角。

（7）节气门位置传感器

此传感器将节气门的位置信号转变为电信号，微机通过这个信号来判定节气门所处的位置及发动机的工况，依此修正点火提前角。

（8）爆震传感器

爆震传感器用来检测发动机是否发生爆震。一般每台发动机安装一到两只。如图3—57、图3—57所示。

（9）各种开关输入信号

1）启动开关信号　在发动机接通时，通知微机发动机处于启动状态，并

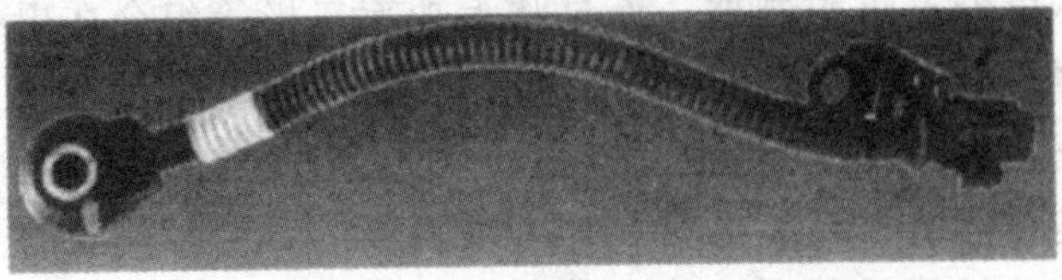

图 3－56　带电缆爆震传感器

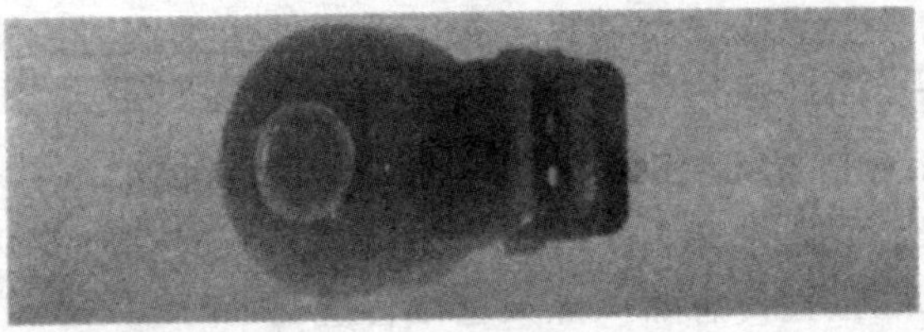

图 3－57　不带电缆爆震传感器

以此控制启动时的点火提前角。

2）空调开关信号　发动机在怠速工况下使用空调时，微机在提高发动机转速的同时，也对点火提前角进行修正。

3）空挡开关信号　在配置自动变速器的车辆上，此信号可以使微机获得变速器位于空挡的信息，对点火提前角进行必要的修正。

上述传感器一般都与电控燃油喷射系统的各种传感器共用，以确定最佳的喷油量和最佳点火提前角，其结构与工作原理可以参看电控发动机相关的资料。

4. 其他

微机控制点火系除了上述主要组成部件外，还有点火线圈、火花塞等，其作用与传统点火系中的组件基本相同。

二、最佳点火提前角的确定及点火提前角的控制方式

1. 最佳点火提前角的确定

微机控制点火系统中，最佳点火提前角通常包括初始点火提前角、基本点火提前角和修正点火提前角 3 部分。

（1）初始点火提前角

初始点火提前角由发动机的结构及曲轴位置传感器的安装位置决定，是未经电控单元修正的点火提前角，通常为固定值，其大小随车型或发动机形式而异，此点火提前角一般用作发动机启动时的点火提前角。

（2）基本点火提前角

基本点火提前角是由电子控制器根据发动机的转速和负荷所确定的点火提前角，是发动机运行过程中最为主要的点火提前角，发动机在正常运行期间，ECU 根据实际的发动机转速和负荷信号，在存储器数据表中选出相应的数据作为基本点火提前角。

(3) 修正点火提前角

修正点火提前角是指由电控单元根据发动机的冷却液温度、进气温度、电源电压等信号，对点火提前角进行修正的角度。它主要包括暖机修正、过热修正、空燃比反馈修正、怠速稳定性修正和爆震修正等。

2. 点火提前角的控制方式

点火提前角的控制通常有开环控制和闭环控制两种方式，如图 3－58 所示。

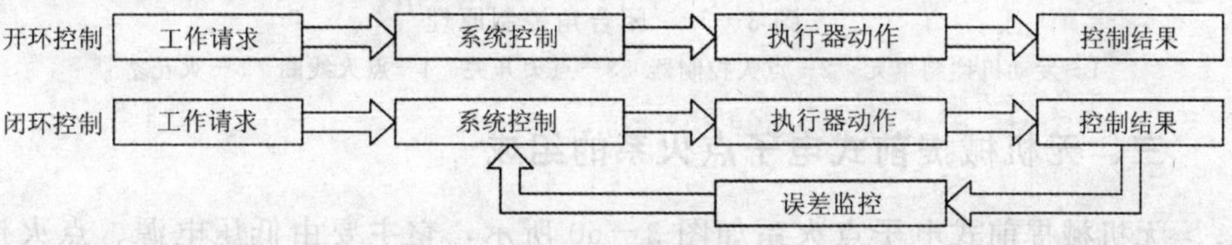

图 3－58　开环、闭环控制方式框

(1) 开环控制方式

即电子控制器根据有关传感器提供的发动机工况信息从电控单元内部存储器（ROM）中读取出相应的基本提前角。

(2) 闭环控制方式

闭环控制方式可以在控制点火提前角的同时，不断地检测发动机的有关工况，如发动机是否发生爆震、怠速是否稳定等。

爆震控制最主要的传感器是爆震传感器，它用于检测发动机是否发生爆震。

发动机工作期间（多在低速大负荷工况时）如发生爆震，且爆震强度达到一定值时，电子控制单元便能接收到提前信号，并根据爆震强度的大小给点火电子组件发出推迟点火的信号，直到爆震消失。爆震消失后，电子控制单元便将点火提前角逐渐调整至最佳点火角，或以一定角度使点火提前，直到再次发生爆震时为止。

(3) 通电时间的控制

点火线圈初级绕组的通电时间被称为闭合角，它主要影响点火线圈储存的能量大小，而点火线圈通电时间和储存能量取决于发动机转速和蓄电池的供电电压，其控制原理如图 3－59 所示。

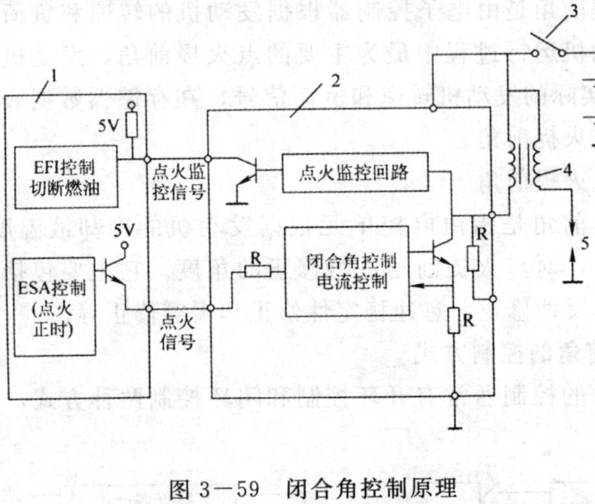

图 3－59　闭合角控制原理

1－发动机控制单元　2－点火控制器　3－点火开关　4－点火线圈　5－火花塞

三、无机械提前式电子点火系的组成

无机械提前式电子点火系如图 3－60 所示，它主要由低压电源、点火控制器、电控单元（ECU）、分电气、点火线圈、火花塞、配电部分和各种传感器等组成。

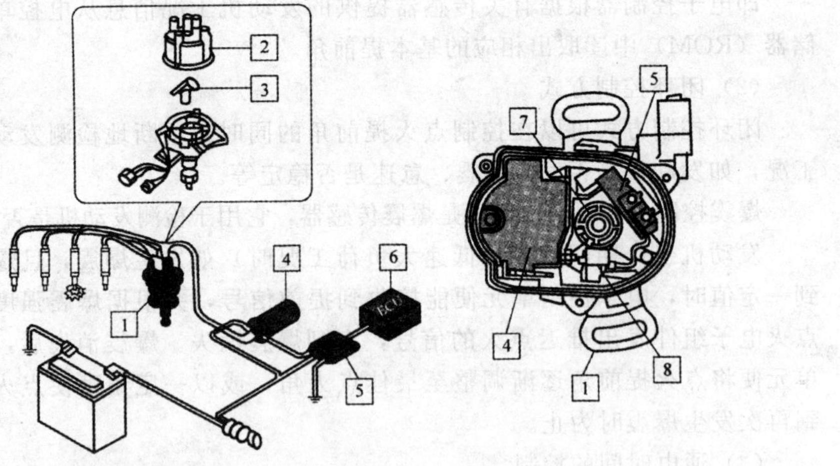

图 3－60　无机械提前式电子点火系

1－分电气　2－分电气盖　3－转子　4－点火线圈　5－点火器

6－发动机 ECU（电子控制单元）　7－信号转子　8－感应线圈

四、无机械配电气式点火系的组成

无机械配电气式点火系也叫做直接点火系统，它还可分为两种类型，如图3－61所示。

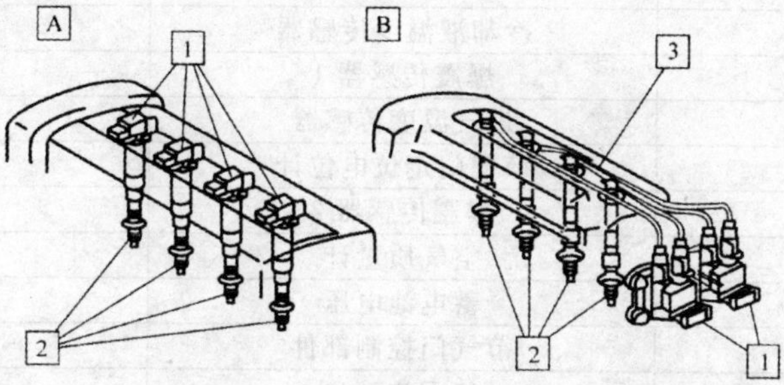

图3－61　无机械配电气式点火系

1－点火线圈（带点火器）　2－火花塞　3－高压线

A型　在每个汽缸中装备一个带点火器的点火线圈。

B型　在每2个汽缸中装备一个带点火器的点火线圈。此类型点火系统用高压线向汽缸供应电流。

五、无分电气微机控制点火系统的检修

现以桑塔纳GSi轿车为例，分析无分电气微机控制的点火系统故障诊断与检修。

1. 自诊断

（1）自诊断测试

桑塔纳2000GSi轿车AJR发动机的喷射和点火装置具有自诊断功能，其故障代码的提取及故障类型的显示是靠外围诊断设备V. A. G1552或V. A. G1551故障诊断仪来完成的。测试时，打开诊断插口盖板，将故障诊断仪用V. A. G1551/3电缆连接到车上位于变速器换挡杆前的诊断插座上，它将根据输入的指令完成许多功能，具体操作使用参见使用说明书。

V. A. G1552故障诊断仪不但可以进行自诊断测试、提取故障码、显示故障内容，同时还可清除故障存储、对系统进行基本设定、读取测量数据、对控制单元进行编码和对发动机怠速进行调整等许多功能。

（2）故障码

AJR发动机Motronic M3. 8. 2控制系统故障码和Motronic M1. 5. 4控制系统故障码基本一样，见表3－1。

表 3－1　AJR 发动机 Motronic M3. 8. 2 控制系统故障码及元件名称

故障代码	故障代码含义	元件名称代号
00513	发动机转速传感器	G28
00515	霍尔效应传感器	G40
00518	节气门电位计	G69
00522	冷却液温度传感器	G62
00524	爆震传感器 1	G61
00527	进气温度传感器	G72
00530	节气门定位电位计	G88
00540	爆震传感器 2	G66
00553	空气质量计	G70
00668	蓄电池电压	
01165	节气门控制部件	J338
01247	ACF 电磁阀	N80
01249	第一缸喷油嘴	N30
01250	第二缸喷油嘴	N31
01251	第三缸喷油嘴	N32
01252	第四缸喷油嘴	N33

2. **桑塔纳 2000GSi 轿车点火系的检修**

如发动机不能启动，在确定为点火系统故障时，应对点火系作全面检查。检查时，一般按由易到难的次序，沿点火线路进行分段检查。

(1) 检查点火线圈线路接头

检查各部分线路接头有无松动、断路、短路现象。

(2) 检查点火线圈搭铁电路。拔下点火线圈插头（见图 3－62），用发光二极管（由 1 个发光二极管和串联的 300Ω 电阻组成）连接蓄电池正极和插头 4 号端子，发光二极管应亮。否则，应检查 4 号端子与搭铁点之间的线路是否断路，点火线圈的插头端子如图 3－63 所示。

(3) 检查点火线圈供电电压

拔下点火线圈插头（见图 3－64），用发光二极管连接插头 2 号端子与发动机搭铁点，发光二极管应发亮。否则应检查插头 2 号端子与电源线 15 脚之间的线路是否接触不良或断路。

(4) 检查点火线圈工作情况

拔下 4 个喷油器的导线插头和点火线圈上的插头（见图 3－64）。接通点火开关，用发光二极管连接插头 1 号或 3 号端子和发动机搭铁点，运转发动机数秒，发光二极管应发亮。否则应检查点火线圈插头 1 号、3 号端子与 ECU 的 71 脚、78 脚之间的线路有无断路或短路。如果线路无故障，可更换

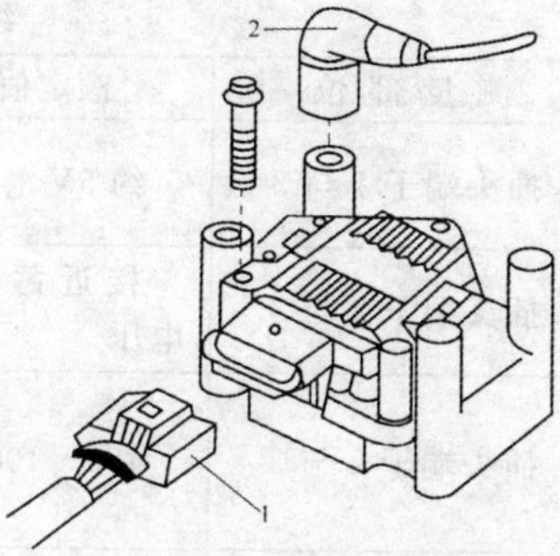

图 3－62　点火线圈总成

1－连接插头　2－第三缸点火线

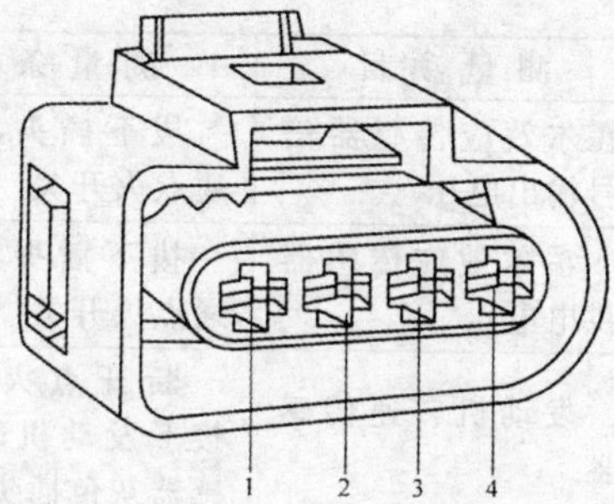

图 3－63　点火线圈插头

1－1 号插头端子　2－2 号插头端子

3－3 号插头端子　4－4 号插头端子

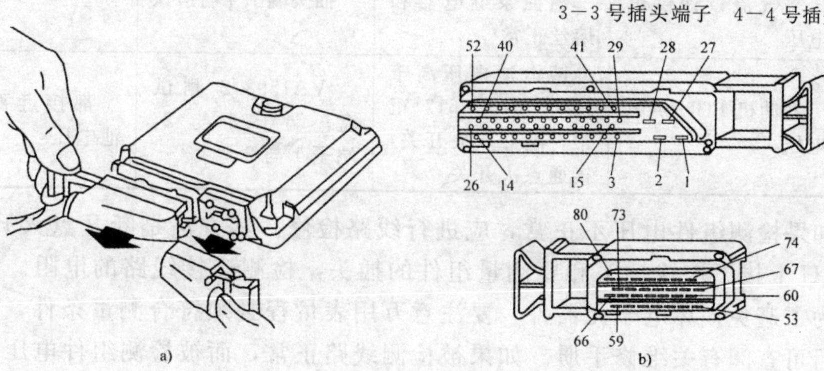

图 3－64　电控单元插接器插头号

一个 ECU 再进行检查。

(5) 传感器等点火系组件的检测

当传感器组件发生故障时，应在蓄电池电压、燃油泵继电器和熔丝正常的情况下进行检测（用高阻抗数字万用表）。其检测组件、插头端子及检测步骤见表 3－2。

表 3－2　点火系组件的检测

步骤	测量项目	测量条件	测量部位	额定值
1	节气门电位计	断开点火开关，拔下插头，再接通点火开关	插头端子 5 与 7	约 5V
2	节气门定位电位计	断开点火开关，拔下插头，再接通点火开关	插头端子 4 与 7	约 5V

续表

步骤	测量项目	测量条件	测量部位	额定值
3	霍尔效应传感器信号输出电压	拔下插头，再接通点火开关	插头端子1与3	约5V
4	霍尔效应传感器供电电压	拔下插头，再接通点火开关	插头端子2与3	接近蓄电池电压
5	发动机转速传感器	断开点火开关，拔下发动机转速传感器灰色插头	插头端子2与3	480～1000Ω
6	爆震传感器输出信号电压	发动机运转	插头端子1与2	0.3～1.4V
7	空气流量计供电电压	燃油泵继电器和熔丝正常	插头端子4与搭铁点	约5V
8	发动机ECU供电电压	蓄电池电压高于11V，熔丝517正常，断开点火开关，接通点火开关	VA1598/2测试盒；端子3与2，端子1与2	都接近蓄电池电压

如果检测组件电压不正常，应进行线路检修。其方法是断开点火开关，从ECU上拔下接线插头和要测量组件的插头，检测连接线路的电阻。检测时，为了避免损坏电子元器件，要注意万用表量程必须符合测量条件，其测量项目可查阅有关维修手册。如果被检测线路正常，而被检测组件电压或电阻值不正常，则故障在被检测组件或ECU。

3. 无分电气式电子点火系的使用

AJR发动机的点火顺序为1—3—4—2，点火提前角由发动机控制单元ECU确定，不能调整。在使用时应注意：

(1) 点火线圈次级电压输出能力非常高，当发动机运转时，不要触摸或拔下高压线。

(2) 拔下或插上喷油器插头、点火系的插头或测试导线以及清洁发动机、拆装蓄电池之前，要关闭点火开关。

(3) 用起动机带动发动机旋转时，应拔下点火线圈插头和所有喷油器插头。

(4) 绝不允许点火线圈在开路的情况下工作，要避免“吊火”或错接高压线，否则将极易损坏点火线圈和电子点火模块中的大功率三极管。

(5) 安装电子点火装置时，接线必须正确，同时要求搭铁可靠，电源极性不可接错。

第四章　汽车照明系统

如图 4—1 所示，一辆上海帕萨特汽车右近光灯不亮，急需修理。作为汽车维修人员，应该进行哪些相关的操作，才能彻底排除故障呢？汽车照明系常见的故障有灯泡不亮、灯泡发光昏暗和灯泡过亮等，出现这些情况，要采取切实可行的修理措施进行修复，确保汽车安全行驶。

汽车照明系统主要用于夜间（雨雾天）照明道路、标示车宽度、车内照明、仪表照明和夜间检修等。如果在夜间，照明系统突然出现故障将严重影响行车安全。要排除照明系故障，首先必须对照明系的组成、结构有一个全面的了解，同时根据汽车电路原理，进一步掌握照明系的电路特点。然后运用已有的知识，综合判断，合理检查，找出故障发生的原因，最终采取规范的修理手段，排除故障。

图 4—1　右近光灯泡烧坏的上海帕萨特

一、汽车照明系统的组成及控制电路

1. 汽车照明系统的组成

汽车照明系统由电源、照明装置和控制部分组成。照明装置包括外部灯、内部灯和工作照明灯，控制部分包括各种灯光开关继电器等。

外部灯包括前照灯、雾灯、牌照灯等，内部灯包括仪表灯、顶灯、阅读灯等，工作照明灯包括行李厢灯、发动机罩灯等。各照明装置及其特征见表 4—1。

表 4－1　照明装置名称及特征

名称	位　置	功率（W）	用　途	光色
前照灯	汽车头部两侧	远光灯：40～60 近光灯：20～35	夜间行驶时，照亮车前的道路及物体；用远近光的变换，在超车时告知前方车辆避让	白色
雾灯	汽车头部和尾部	前雾灯：45 后雾灯：21 或 6	前雾灯：在雾天、雨雪天或尘埃弥漫等情况下，用来改善车前道路的照明后雾灯：用来警示尾随车辆保持必要的安全距离	前雾灯：黄色 后雾灯：红色
牌照灯	汽车尾部牌照上方或左右两侧	5～10	用于夜间照亮汽车牌照（光束不应外射，保证在 25m 外能认清牌照上的号码）	白色
顶灯	驾驶室顶部	5～15	用作驾驶室内照明及监视车门关闭是否可靠	白色
阅读灯	乘客座位前部或顶部	—	供乘员阅读时使用	白色
行李厢灯	汽车行李厢内	5	当开启行李厢盖时，该灯自动点亮，照亮行李厢空间	白色
踏步灯	大中型客车乘客门内的踏步上	3～5	用于夜间乘客安全上下	白色
仪表照明灯	仪表板面上	2	用来照明仪表指针及刻度板	白色
工作灯	发动机罩下	8～20	方便检修发动机	白色

2. 照明系统控制电路

为获得最大照明度，提高工作可靠性，照明灯具配备了灯光开关、变光开关、雾灯开关，现代汽车还加装了后位灯继电器、前照灯继电器和雾灯继电器。照明灯均采用并联电路，在每个灯具支路上还安装了熔断器，以确保某支路出现故障时，不会影响其他支路灯具的工作。

汽车灯光系统采用车身搭铁式单线制线路，为确保灯具的发光强度，现代汽车前照灯及雾灯等灯具的搭铁线搭铁部位逐渐移到了发动机、变速器等金属机体上。下面以北京切诺基汽车照明电路（见图 4－2）为例，分析汽车照明控制电路的特点。

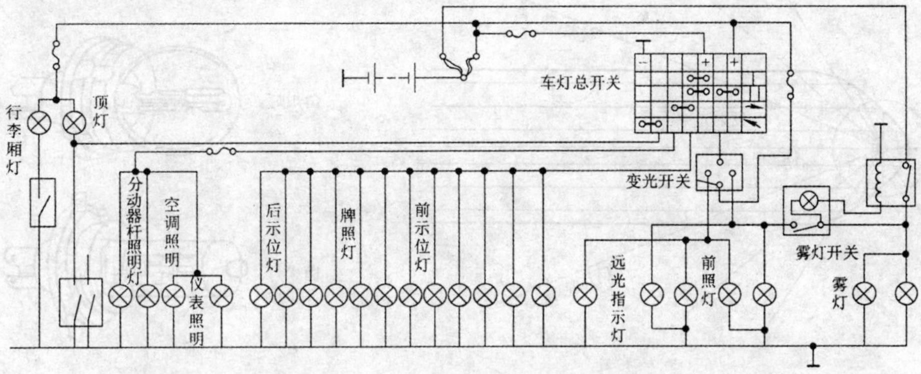

图 4－2　切诺基汽车照明电路

(1) 车灯开关为独立式，位于仪表板左侧。向外拉出开关手柄一挡，示位灯、内部照明灯及牌照灯亮；向外拉出开关手柄二挡，一挡接通的灯仍发亮的同时前照灯发亮。旋转开关手柄，可调节仪表灯亮度。逆时针旋转开关手柄到底，顶灯亮。

(2) 变光开关设在组合开关上，由手柄控制。向上拨动变光开关手柄，可使前照灯远光与近光灯交替通电闪烁，作为超车用灯光信号。变光开关控制前照灯火线支路。

(3) 雾灯不但受雾灯继电器、雾灯开关控制，其电源电路还受车灯开关、变光开关控制。只有在近光灯亮时，雾灯电路才能接通。

(4) 顶灯还兼有监视车门关启的作用，当车门未关严时顶灯发亮以示警告。

二、汽车前照灯

1. 汽车前照灯的组成与分类

(1) 汽车前照灯的组成

前照灯由反射镜、配光镜和灯泡 3 部分组成。

反射镜的作用是最大限度地将灯泡发出的光线聚合成强光束，以增加照射距离。它一般呈抛物面状，内表面镀铬、铝或银，然后抛光，目前多采用真空镀铝。灯丝位于反射镜的焦点处，其大部分光线经反射后，成为平行光束射向远方，其照射距离可达 150m 或更远，如图 4－3 所示。

配光镜又称为散光玻璃，装于反射镜之前，可将反射光束扩散分配，使路段的照明更加均匀。配光镜是由透明玻璃压制而成的棱镜和透镜的组合体。

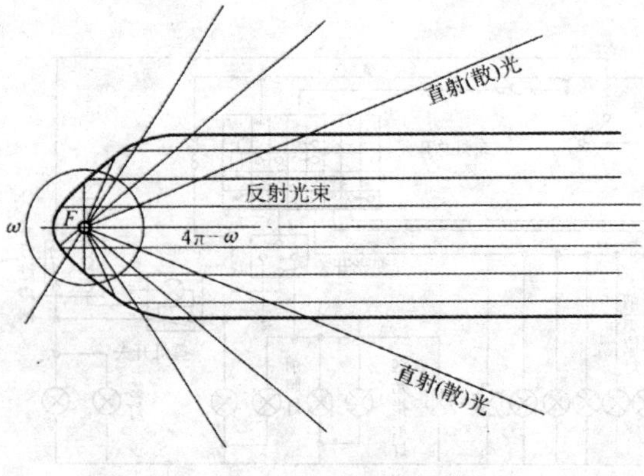

图 4－3　反射镜的聚光示意图

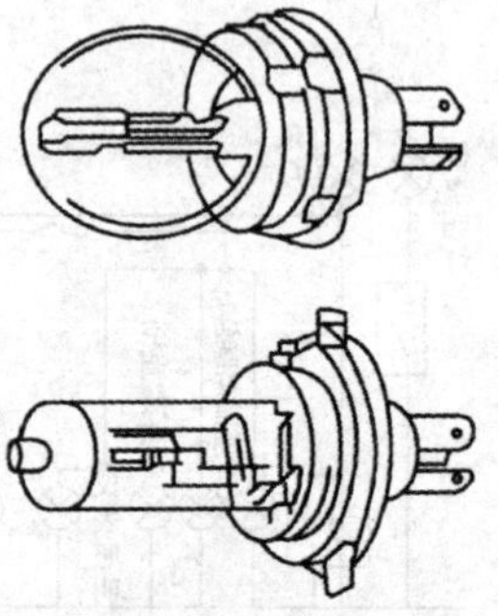

图 4－4　前照灯的灯泡

汽车前照灯的灯泡主要使用两种，即白炽灯泡和卤钨灯泡，两种灯泡的灯丝都是用钨丝制成的。由于钨丝在使用时蒸发损耗，会使灯泡的使用寿命缩短，因此为延长其寿命，通常将玻璃泡中的空气抽出，然后充入其他气体。若充入玻璃泡中的气体为惰性气体，即为白炽灯泡；若充入的是卤族元素（一般为碘或溴）即为卤钨灯泡，如图 4－4 所示。

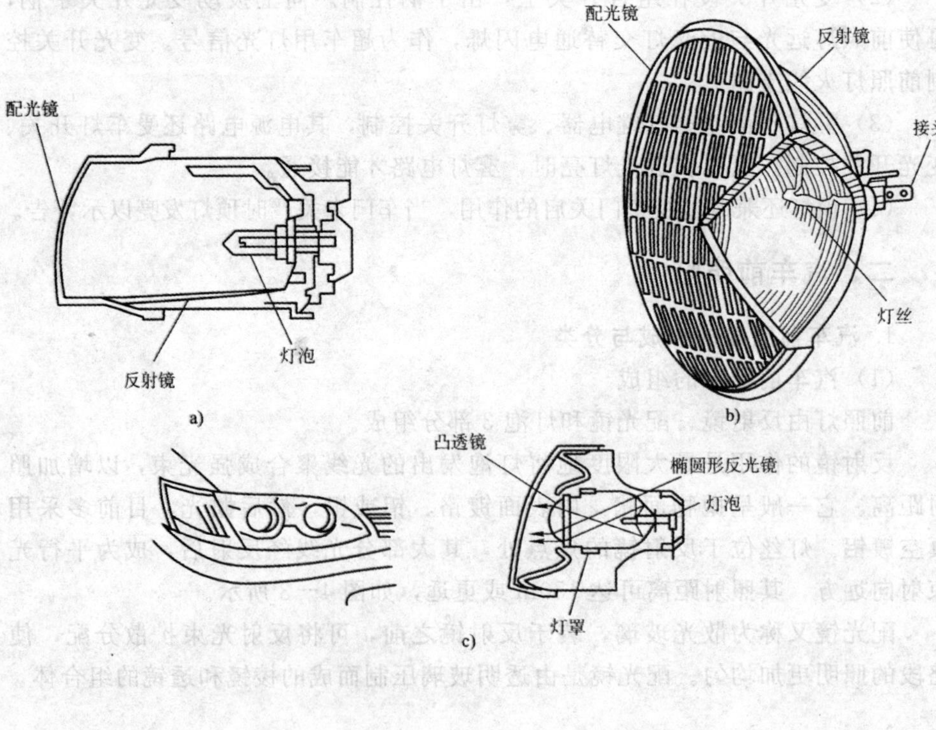

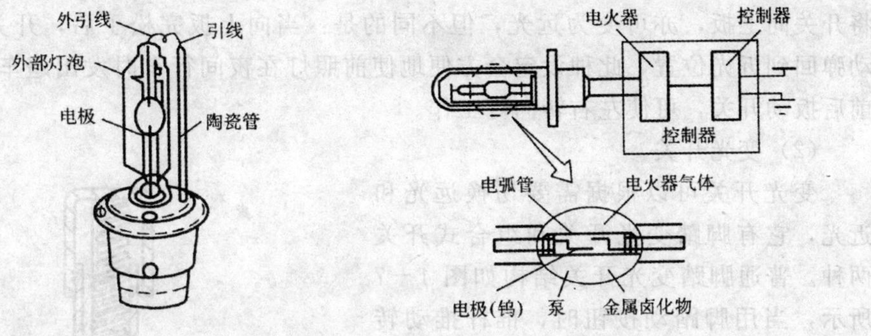

d)

图 4－5 各种类型前照灯及其结构

a）半封闭式前照灯 b）封闭式前照灯 c）投射式前照灯 d）氙灯

（2）汽车前照灯的分类

当代汽车前照灯的类型有半封闭式前照灯、封闭式前照灯、投射式前照灯和氙灯。各种类型前照灯及其结构如图 4－5 所示。

2. 前照灯的控制电路

汽车的前照灯电路主要由灯光开关、变光开关、前照灯继电器及前照灯组成。

（1）灯光开关

灯光开关的形式有拉钮式、旋转式和组合式等多种，当代汽车上使用较多的是将前照灯、尾灯、转向灯及变光开关等制成一体的组合式开关，如图 4－6所示。

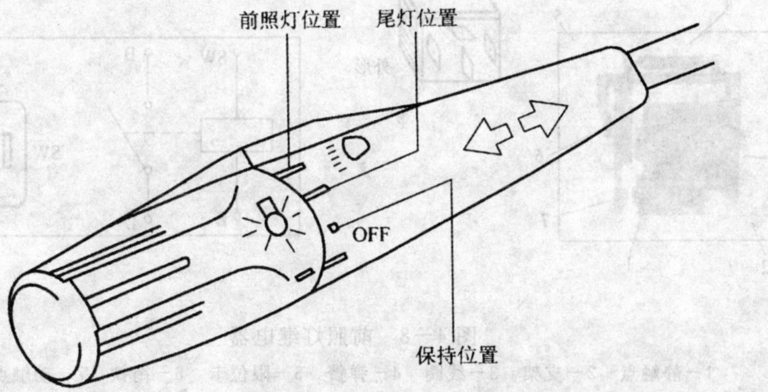

图 4－6 组合式开关

上图中的组合式开关是丰田汽车使用的组合开关，转动开关端部，便可依次接通尾灯（包括位灯）和前照灯，将开关向下压，便由近光变为远光，将开关向上扳，亦可变为远光，但不同的是：当向上扳完松手后，开关会自动弹回到近光位置，此种设定会方便地使前照灯在夜间行车时发出超车信号。前后扳动开关，可使左右转向灯工作。

（2）变光开关

变光开关可以根据需要切换远光和近光，它有脚踏变光开关和组合式开关两种。普通脚踏变光开关结构如图 4－7 所示，当用脚踏动按钮时，推杆推动转轮向一个方向转动 60°，从而交替接通远、近光。目前车辆上多采用组合式变光开关，该开关安装在转向盘下方，以便于驾驶员操作。

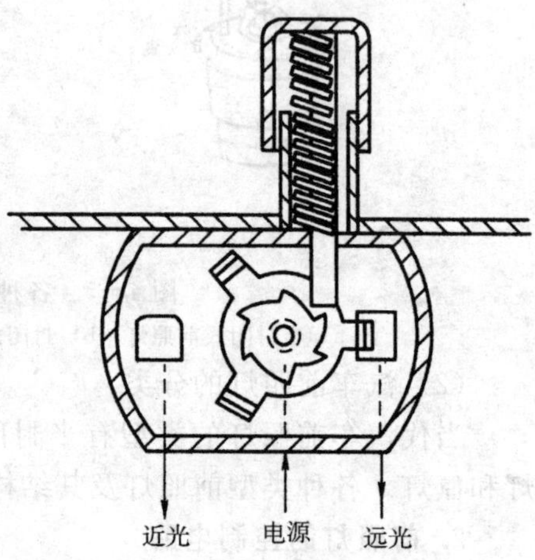

图 4－7　脚踏变光开关

（3）前照灯继电器

前照灯的工作电流较大，特别是四灯制的汽车，如用车灯开关直接控制前照灯，车灯开关易烧坏，因此在灯光电路中设有灯光继电器。

如图 4－8 所示为触点常开式前照灯继电器的结构和引线端子，端子 SW 与前照灯开关相连，端子 E 搭铁，端子 B 与电源相连，端孔与变光开关相连。

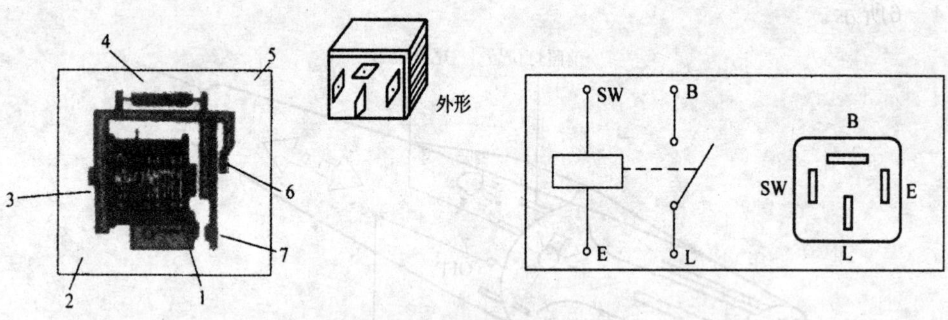

图 4－8　前照灯继电器

1—静触点　2—支架　3—线圈　4—弹簧　5—限位卡　6—衔铁　7—动触点

当接通前照灯开关后，继电器铁心通电，触点闭合，通过变光开关向前照灯供电。因车型不同，继电器控制线路也有控制火线式和控制搭铁线式之分，如图 4－9 所示。

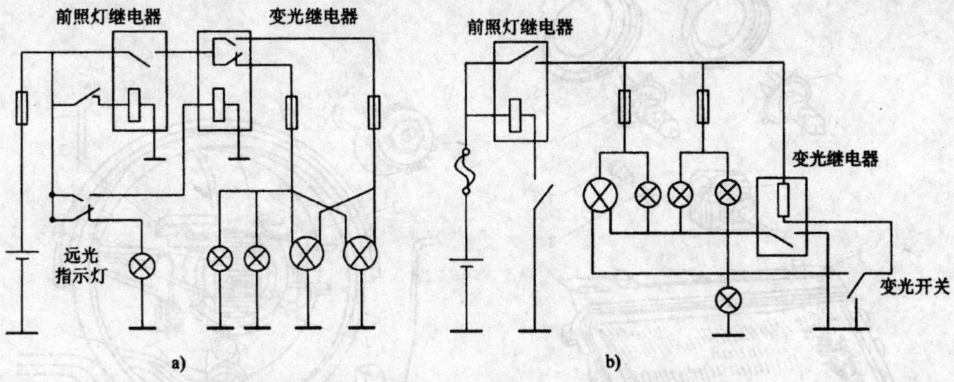

图 4－9　带继电器的前照灯控制电路

a）控制火线式　b）控制搭铁线式

三、汽车前照灯的检修

任务引入中提到的上海帕萨特汽车右近光灯不亮，可能的原因是该车右近光灯电路短路、灯泡烧坏等，确实的故障原因要通过故障诊断得出。

1. **右近光灯不亮的检修（以上海帕萨特汽车为例）**

（1）故障现象

打开上海帕萨特汽车前照灯开关并不断变光，远光灯和左近光灯均正常，只有右近光灯不亮。启动发动机，在怠速、低速和高速情况下观察，故障现象仍然没有变化。

（2）故障诊断

打开前照灯近光开关，拆下右前照灯组合插座，用万用表检查近光灯接线端头，测得电压为 12V，检查组合插接件，接触良好，因此可以断定是近光灯泡烧坏。

启动发动机，用万用表在蓄电池处检查发电机在不同工况下的电压，测得最高电压为 13.8V，排除灯泡因电压过高被烧坏。故障原因可以断定为灯泡达到使用寿命或质量出现问题导致灯泡烧坏，只能更换近光灯灯泡。

（3）检修

更换上海帕萨特右近光灯，如图 4－10 所示。

1）拆下前照灯背面上的大罩盖。

2）拔出近光灯泡的插头，如图 4－11 所示。

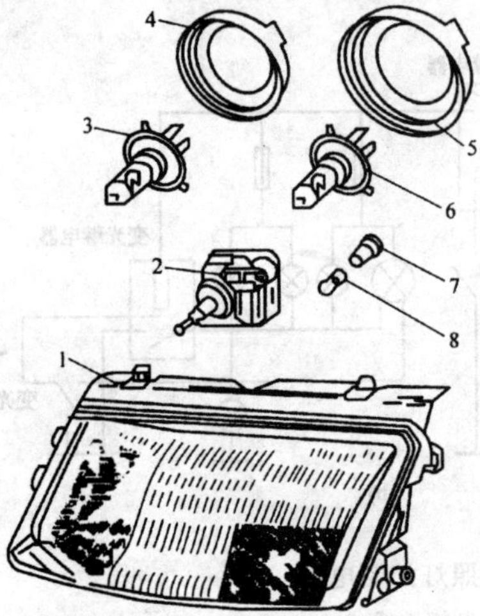

图 4—10　前照灯组件分解图

1—前照灯部件　2—伺服电动机　3—远光灯泡
4—小罩盖　5—大罩盖　6—近光灯泡
7—侧灯灯座　8—侧灯灯泡

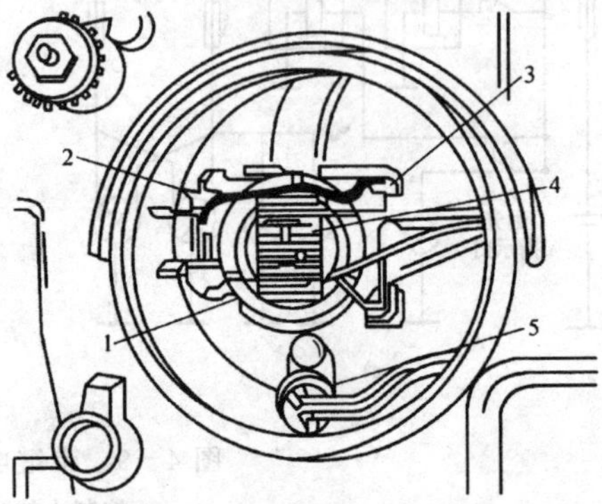

图 4—11　更换近光灯泡

1—近光灯泡　2—止动销　3—弹簧夹
4—插头　5—侧灯灯座

3）在止动销上，旋压弹簧夹（弹簧丝 U 形螺栓），并且把它翻转到侧面。

4）从反射罩中取出近光灯泡。

5）安装新灯泡，使摩擦盘圆片上的止动销在反射罩上的凹槽中。

6）在安装一只新的近光灯泡之后，应检查前照灯的调整角度。

更换灯泡应注意所换灯泡的型号、额定电压、功率及配光光型要与原车一致。安装时手不要接触玻璃泡，以免手指在玻璃泡上留下油腻痕迹，使玻璃泡模糊。

2. 前照灯的检测与调整

（1）对前照灯的要求

前照灯在距离屏幕 10m 处，近光灯光束明暗截止线转角或中心的高度应为（0.6～0.8）H（H 为前照灯基准中心的高度）；在水平方向上，光束向左向右偏均不能超过 100mm。四灯制前照灯其远光单光束要求在屏幕上光束中心离地高度应为（0.85～0.90）H，水平位置要求左灯向左偏不得大于 100mm，向右偏不得大于 170mm；右灯向右向左偏均不得大于 170mm。前照灯远光光束的发光强度（前照灯的发光强度是指光源在给定方向上所能发出的光线强度，单位为坎，单位符号用 cd 表示），两灯制光束的发光强度在 12000cd 以上，四灯制光束的发光强度在 10000cd 以上。

（2）前照灯的检测与调整

1）屏幕调整法

步骤一：将汽车停在水平地面上，并且按规定充足轮胎气压，从汽车上卸下所有负载（只允许一名驾驶员乘坐）。距汽车前照灯 s（m）处竖一个屏幕（注意：不同的车型要求 s 的值也不同，具体参照维修手册，以桑塔纳车为例：$s=10$m，$D=100$mm），在屏幕上画两条垂线（各线通过前照灯的中心）和一条水平线（与前照灯的离地高度等高），如图 4－12 所示。再画一条比 H 低 D（mm）的水平线与两条前照灯的垂直中心线分别相交于 a、b 两点。

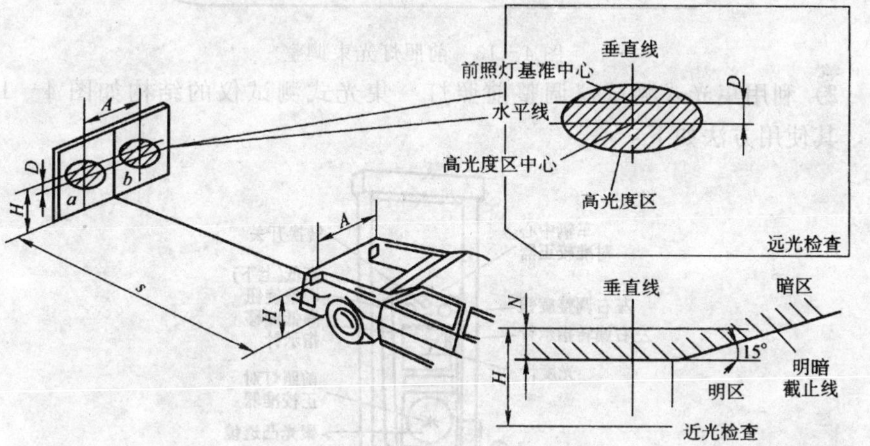

图 4－12　前照灯灯光检查

步骤二：启动发动机，使之以 2000r/min 的速度旋转，即在蓄电池不放电的情况下点亮前照灯远光（有些车按近光调整，参见具体的车型手册）。

步骤三：调整时，应该把一只灯遮住，然后检查另一只灯的光束是否对准 a 点～b 点（同一侧的光照中心）。若不符合要求，则拆下前照灯罩圈。旋出侧面的调整螺钉，对光束作水平方向的调整，或者旋入/旋出上面的调整螺钉，对光束作高低方向的调整（见图 4－13）。调整好一只灯后，可按照同样的方法调整另一只，使其光束中心对准 b 点或 a 点。

步骤四：当远光调好后，应该打开近光灯，检查屏幕上是否有明显的明暗截止线，其高度是否符合规定。一般规定是：前照灯上边缘距地面不大于 1350mm 的车，在距灯 10m 远的屏幕上明暗截止线水平部分应比前照灯基准中心低 H/3 左右，如图 4－12 右下角所示。

前照灯光束调整好后，还应对其照度进行测量，可采用屏幕式测试器或聚焦式测试器进行测试。

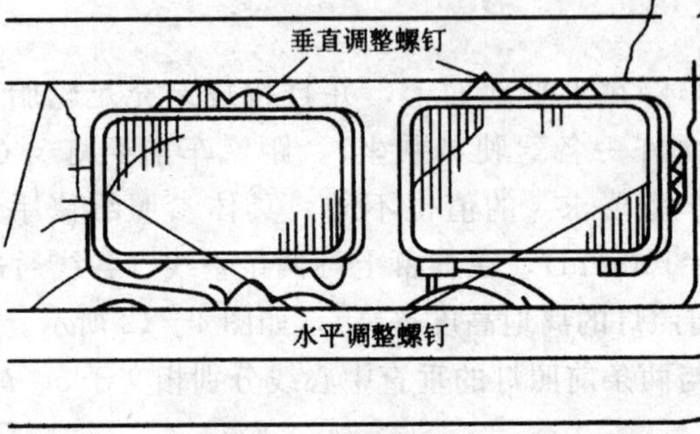

图 4－13　前照灯光束调整

2）利用集光式测试仪调整前照灯　集光式测试仪的结构如图 4－14 所示，其使用方法如下：

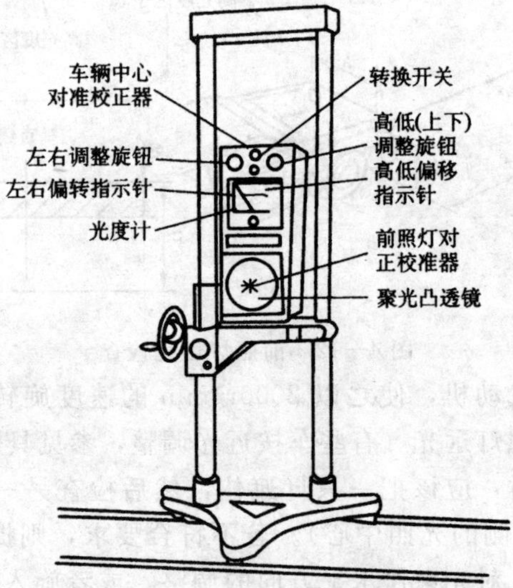

图 4－14　集光式前照灯测试仪

步骤一：测试仪垂直放置，汽车和测试仪的相对位置应保证检验仪聚光凸透镜与前照灯配光镜之间的距离为 1m。

步骤二：调整测试仪，使对正校准器对准被测汽车的纵向中心线，即对中。

步骤三：利用前照灯对正校准器，通过上下、左右调整测试仪，使前照灯中心与测试仪聚光凸透镜中心对中，然后将测试仪固定在支柱上。

步骤四：接通前照灯，将光度一光轴转换开关转到光轴位置上。转动左右、上下调整旋钮，使左右、上下偏移指示计的指针指示中央位置。

步骤五：将光度一光轴转换开关转到光度位置上，光度计开始工作，读取此时光度计指示值和左右、上下调整旋钮转动时的刻度值，即测出了发光强度，光轴的左右、上下偏移量。

步骤六：调节前照灯的左右、上下调节螺钉，使测试仪调整旋钮的刻度恢复到零。

四、汽车照明系常见故障诊断与排除

汽车灯光系统的常见故障部位如图 4—15 所示。

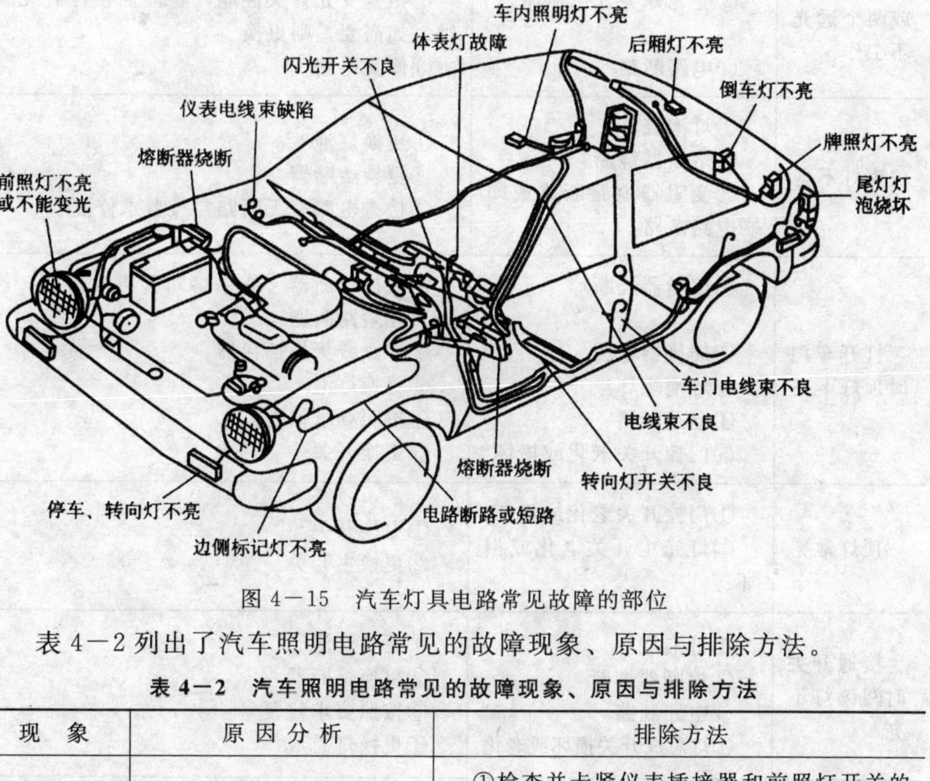

图 4—15　汽车灯具电路常见故障的部位

表 4—2 列出了汽车照明电路常见的故障现象、原因与排除方法。

表 4—2　汽车照明电路常见的故障现象、原因与排除方法

现　象	原因分析	排除方法
前照灯不亮	①电路连接处松脱 ②电路断路 ③灯光开关老化或损坏	①检查并卡紧仪表插接器和前照灯开关的连接处 ②检查灯光开关的供电和输出，按要求修复 ③更换灯光开关
一个前照灯不工作	①电路连接处松脱 ②封闭式灯泡损坏 ③插座端子腐蚀	①可靠地连接好前照灯和搭铁线 ②更换灯泡 ③按要求修复或更换插座端子

续表

现　象	原因分析	排除方法
全部前照灯都不亮，驻车灯和尾灯正常	①电路连接处松脱 ②变光开关老化损坏 ③灯光开关老化或损坏 ④电路断路或搭铁不良	①检查变光开关和灯光开关的连接处 ②检查变光开关性能，验证插接件有无腐蚀。如需要，则更换 ③验证情况，按要求更换灯光开关 ④修复电路
两个近光或两个远光不工作	①电路连接处松脱 ②变光开关老化损坏 ③电路断路	①检查变光开关和灯光开关的连接处 ②检查变光开关性能，验证插接件有无腐蚀。如需要，则更换 ③修复电路
仪表灯不亮	①灯泡烧坏 ②熔断器烧断 ③变阻器电路断路或印刷电路断路	①更换灯泡 ②更换熔断器 ③检查电路有无断路，按要求修复
打开车门时顶灯不亮	①熔断器烧断 ②插接器松脱 ③灯泡烧坏 ④电路断路 ⑤门控开关老化或损坏	①更换熔断器。如果熔断器再次熔断，检查有无短路问题 ②卡紧或更换插接器 ③更换灯泡 ④按照要求修复 ⑤更换开关
顶灯常亮	①门控开关老化或损坏 ②灯光主开关老化或损坏	①更换开关 ②更换主开关
接通开关时阅读灯不亮	①灯泡烧坏 ②熔断器熔断 ③电路断路 ④灯总成开关损坏或老化	①更换灯泡 ②更换熔断器 ③按照要求修复 ④更换灯总成
阅读灯总亮，前小灯或顶部示廓灯不亮	①灯光总成开关损坏或老化 ②灯泡烧坏 ③短路或搭铁不良	①更换灯总成 ②更换灯泡 ③检查插片有无腐蚀和搭铁损坏，按照要求修复

第五章　汽车电控动力系统

第一节　液压控制动力转向的组成、原理和故障诊断

一、液压控制动力转向的组成和原理

1. 动力转向系统的分类

动力转向系统按传力介质不同可分为液压式和气压式，液压式系统工作压力高、体积小、工作灵敏，所以应用广泛。

液压动力转向按液流方式不同，分为常压式和常流式。轻型汽车使用的是常流式动力转向。其中后轮驱动汽车使用的是循环球式转向器，前轮驱动汽车使用的是齿轮齿条式转向器。最高车速在 200km/h 以下的车型一般使用液压动力转向系统，车速较高的车型一般使用电控液压动力转向系统。

2. 常流式动力转向系统的工作原理

汽车直线行驶时，滑阀靠阀体中的定中弹簧和反向作用柱塞保持在中央位置，两边各有 1mm 的工作行程，所有的油路都保持畅通，转向泵负荷很小，只需克服管路阻力，油压处于低压状态。在动力缸左右腔都充满油液后，油液就不再流向动力缸。转向泵输出来的油液从转向控制阀直接流回储液罐。转向泵实际处于空转状态。

转向时转向器、转向传动机构和车轮相连，转向阻力很大，所以转向器啮合副刚开始工作时，当转向器传出的力低于轮胎与地面的摩擦阻力时，转向器并未实际工作。以循环球转向器为例，此时螺杆开始旋转，但转向螺母保持不动，转向轮尚未开始转向。路面转向阻力矩反馈到控制阀，克服了定中弹簧的预紧力和反作用柱塞的液压作用力，将反作用柱塞压入孔中。向右转向时螺杆顺时针转动，螺杆和滑阀开始向右移动，滑阀移到最右端后，动力缸左腔与控制阀进油道相通，而右腔则与储液罐的回油道相通，左腔为高压油，右腔为低压油，动力缸活塞向右移动，转向摇臂便以壳体作支点，作逆时针运动。同时转向螺母也随着左旋的螺杆旋转而向左移动。这样转向器和动力缸通过转向传动机构带动转向轮向右转向。

电动的动力转向系统在动力缸活塞上装有1～2个二位二通的常闭式电磁阀，在未通电时保持密封。电子控制单元根据车速传感器提供的信号，在车速较高时，给电磁阀供电，使动力缸的左右腔相通，动力转向变成了手动转向，以加强工作的安全性，防止转向过于灵敏，这就是轿车车速越高，转向越重的原因。

3. 常流式动力转向器的组成及功用

(1) 常流式循环球动力转向系统

后轮驱动的汽车使用常流式循环球动力转向器，该转向器主要由储液罐、动力转向泵、溢流阀、安全阀、单向阀、控制阀、动力缸等组成，见图5－1。

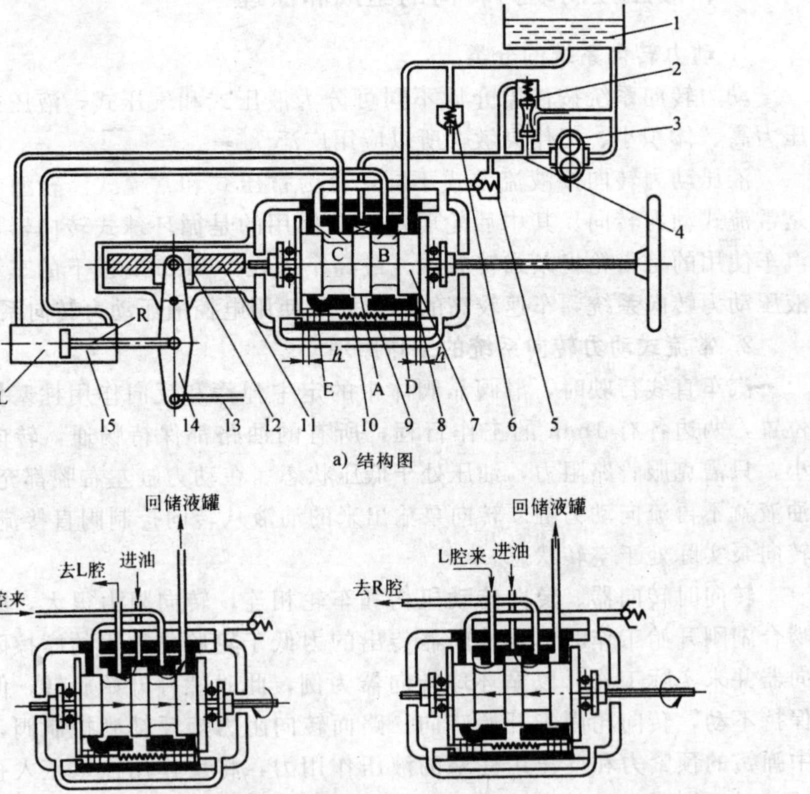

图5－1　常流式动力转向工作原理图

1－储液罐　2－溢流阀　3－齿轮液压泵　4－量孔　5－单向阀　6－安全阀　7－滑阀　8－反作用柱塞　9－阀体　10－定位弹簧　11－转向螺杆　12－转向螺母　13－直拉杆　14－转向摇臂　15－动力缸

1）溢流阀是流量控制阀，一端连着转向泵出油腔，另一端连着转向泵进油腔，在发动机高速运转时，转向泵供油量大，多余的油液顶开溢流阀返回转向泵进油口。

2）安全阀由钢球和回位弹簧组成，限制动力转向最大工作压力，保护转向泵及液压控制系统不因过载而损坏。转向泵输出油压高于规定最高值6.5～7MPa时安全阀开启，高压油液通过安全阀流回储液罐。

3）单向阀由钢球和弹簧组成，转向泵正常工作时，钢球被弹簧压紧，单向阀处于关闭状态。一旦发动机熄火或转向泵失效，滑阀进油处压力就急剧下降，而回油管路则仍保持着高压。在压差作用下，单向球阀被顶开，形成小循环回路，整个动力转向系统处于低压状态，避免了手动转向时的液压阻力。

(2) 常流式齿轮齿条动力转向系统　前轮驱动的汽车使用常流式齿轮齿条动力转向器，该转向器中属于动力转向系统的主要有：储液罐、转向泵、转向控制阀、转向动力缸（与机械转向器制成一体）。驾驶员转向时，转向杆通过转向万向传动装置带动转向控制阀转动，使转向动力缸中活塞一侧的油腔接通储液罐，该侧油液压力降为零，而动力缸活塞的另一侧油腔接通转向泵出油口，使高压油进入该油腔，于是转向动力缸中活塞在转向泵油压的作用下推动活塞杆（齿条）向低压一侧移动，通过转向传动机构带动转向轮实现转向。即使在超低速行驶时驾驶员施加在转向盘上的转矩很小，也可以克服地面的转向阻力矩。

常流式齿轮齿条动力转向器见图5－2。

二、液压控制动力转向的故障诊断和维修

1. 如何补充油液和排气

液压动力转向系统应定期检查动力转向液是否缺少，如缺少应及时补加，同时应定期清洗液压油杯以及滤芯，防止油液过脏或氧化变质，建议每隔30000～40000km换一次动力转向液。

动力转向液添加前先启动发动机，直到动力转向液温度升到77～80℃左右时熄火，支起前桥，将转向器向左转向止端，把动力转向液加到COLD（冷态高度）标记位置，将转向器回正，启动发动机，快怠速运转，复查液面，如液面降低，复加到COLD标记。来回转向，从一个止端打到另一个止端。所有的液压系统排气都使用压力排气，转向器打到止端油液压力会直线上升，打到止端后不能停留，否则会憋灭发动机。放完气后，转向器回正，将油液补加到HOT（热态高度）标记位置，运转2～3min后，就可以路试

了。

2. 怠速时原地转向转向盘抖动或停车的骤间转向盘抖动

这些都是工作油压过低的表现，其可能的原因有：

1）油液液面过低。

2）油液内存有空气。储液罐内有气泡。

3）转向泵传动带过松或沾有油液（快速转向时有较大的传动带尖叫声，转向盘阻力陡增）。在定期维护时应检查转向泵传动带的张紧度，看是否有断口，如有及时更换，传动带的张紧度以手指力能按下10mm为合适。

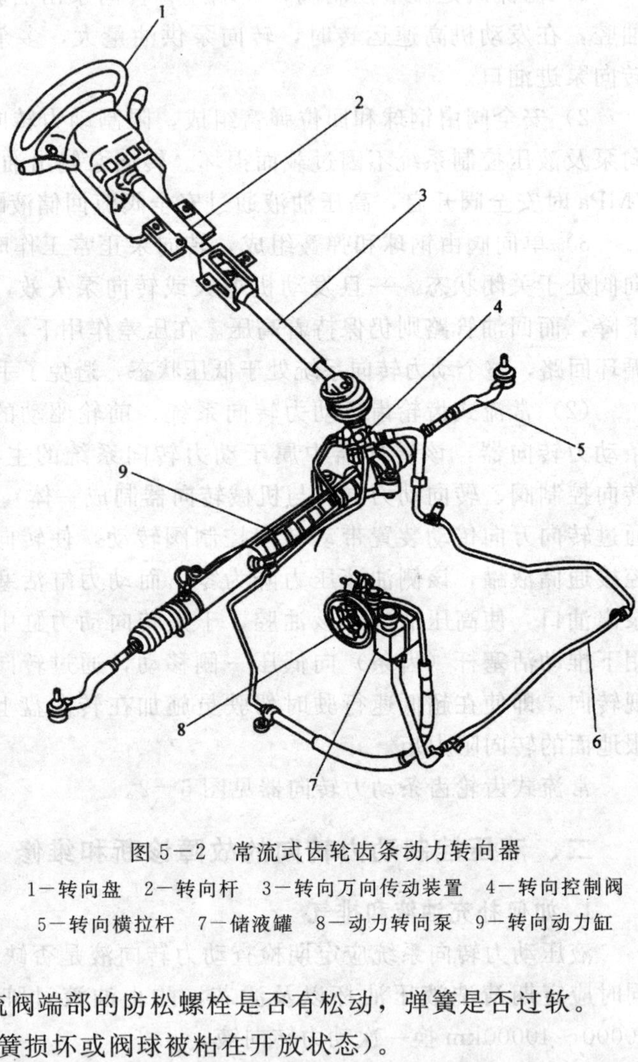

图5—2 常流式齿轮齿条动力转向器

1—转向盘 2—转向杆 3—转向万向传动装置 4—转向控制阀 5—转向横拉杆 7—储液罐 8—动力转向泵 9—转向动力缸

4）溢流阀被卡滞，溢流阀应在泵体内滑动自如，如阀卡滞，应用1200号金相砂纸沿圆周方向打磨。还要注意溢流阀端部的防松螺栓是否有松动，弹簧是否过软。

5）安全阀失效（弹簧损坏或阀球被粘在开放状态）。

6）滑阀磨损，更换控制阀总成。

7）转向泵压力不足，或转向机构外部泄漏。重点检查管接头是否有漏油现象。液压油管在动态下严禁与其他部件发生运动干涉（汽车上所有液压油管都严禁与其他部件发生运动干涉），以防止长期摩擦造成破损进气，同时液压软管应定期更换，防止橡胶管内脱皮堵塞油管。第二次换油时应更换橡胶的液压油管。

检查动力转向外部泄漏点时，擦干净动力转向系统外部的油迹，检查并拧紧所有软管的接头，启动发动机，快怠速运转，支起前桥将转向盘从一个止端打到另一个止端，打到止端时停留时间不要超过5s。随着油压的升高就能较快地查到漏油部位。

3. **转向盘自由行程过大**

可能的原因有：

1）液压系统中有空气（油液中有乳化气泡）。

2）动力转向系统内部泄漏，溢流阀或安全阀失效。

出现此类故障时，汽车无论是低速行驶，还是中高速行驶，工作油压都不足，使转向沉重。

4. **左右转向轻重不同**

可能的原因有：

1）滑阀偏离中间位置，滑阀两端预留缝隙不等（应各预留1mm）或滑阀台肩不等。

2）动力缸活塞一侧有空气。

3）滑阀通往动力缸侧的油管堵塞或高压油管接头有漏损。

5. **行驶中动力转向泵内有异常响声**

转向时有异常响声多是由于传动带松动或沾有油污，固定转向泵的螺钉松动或储液罐内油液液面过低造成的。

1）动力泵内有空气或形成真空。如油液液面过低，油中有气泡，都会造成泵内有空气。油滤器堵塞，中高速时供油不足，在泵内会形成真空。

2）传动带打滑，过松或沾有油污，快速转向时会发出尖叫声。

6. **转向盘回位差**

液压控制阀调整不当，油液严重氧化，滑阀被粘住或发生卡滞。定中弹簧过软或损坏。

7. **动力转向泵前轴承损坏**

动力转向泵前轴承过度磨损损坏后，在怠速时发动机传动带处有明显的“嗡嗡”声，可拆下动力转向泵的传动带重新试车，如“嗡嗡”声消失，说明“嗡嗡”声来自动力转向泵。

更换转向泵前轴承时需要分解叶片泵，装配时叶片泵转子上的凹点记号应朝向传动带轮侧，定子上冲压有“N”、“S”标记的面朝向转向泵后盖。所有叶片平面朝里，圆弧面朝外，最后将将后盖、前侧板和定子三者间的定位孔对齐即可。

8. **分解维修时需要注意的事项**

1）在维修循环球式动力转向器时，转向器螺母在干净、干燥（没有润滑）的前提下，依靠自身质量能从螺杆上侧迅速旋转至螺杆下侧止端。改变螺杆方向后转向器螺母仍然能依靠自身质量能从螺杆上侧迅速旋转至螺杆下侧止端。同时螺母、循环球和螺杆的工作间隙必须小于0.08mm。

2）液压控制系统内部诸如滑阀室和液压油分配阀要彻底清洗干净。

3）更换优质、型号相同的油封，以保证密封性。

9. **动力转向系统转向盘转矩的检查**

转向盘转矩检查的前提条件：储液罐的液面高度正常，无气泡，传动带的张紧度正常，汽车停在平坦干燥的路面上。怠速运转，向左右止端打几次方向，然后回到直线行驶的位置，用弹簧秤沿切线方向拉动转向盘，转向轮刚开始转动时转矩应小于30N·m。否则应检查转向系统是否存在有记忆转向，转向泵的压力是否正常。

10. **转向泵出油口处高压油管连续断裂**

一辆本田轿车连续崩了4根转向泵出油口处的高压油管。经检查动力转向系统工作油压正常，发动机前后支承软垫正常，怠速运转正常，高压油管也没有和其他部件发生运动干涉，但在加速时有共振声，并且运转变得不平稳，转速超过5000r/min后发动机共振声更加明显。最终经检查发现发动机平行轴正时记号没有对正，重新进行调校后加速和高速时的共振噪声消除，此后检查转向泵出油口处的高压油管工作正常，没有再发生断裂。

第二节　电控动力转向系统的构造、原理和故障诊断

电控动力转向系统的形式比较多，分别具有不同的特点，如可获得最优化的转向作用力特性、最优化的转向回正特性、改善行驶稳定性、节能、提高转向能力和转向响应特性、改善高速行驶和转向的稳定性、消除过度转向等。

一、电控动力转向系统的分类和工作特性

现代汽车转向系统的发展可分为6个阶段。

1）机械式转向系统，最初有蜗杆滚轮式、蜗杆曲柄指销式、循环球式和齿轮齿条式4种。目前保留下其中两种，即前轮驱动车使用的齿轮齿条式转向器和后轮驱动车使用的循环球式转向器。

2）液压控制动力转向系统，分为常流式和常压式两种，轿车用常流式动

力转向系统。

3）速敏转向系统（SSS），是在液压控制动力转向系统中增加了电子伺服控制装置。

4）电动式电子控制动力转向（EPS）系统，实际是电动助力转向系统。

5）主动转向系统。

6）线控转向系统（SBW）。

1. 速敏转向系统的工作特性

理想的转向系统在低速和停车时转向越轻便越好；汽车高速行驶和快速转向时转向盘上的转矩略有增加最好（有路感）。如高速行驶和快速转向时转向盘仍保持助力，就会缺少安全感。在高速行驶和快速转向时能使转向盘转矩增加的装置叫速敏转向系统（SSS）。此系统可以在低速转弯和停车时提供较大的辅助动力，提高操纵的轻便性；同时为了保证适当的路感，在高速行驶中将辅助动力限制在正常范围内。速敏转向系统比电动助力转向（EPS）系统的路感好。

2. 电动助力转向系统的工作特性

电动助力转向（EPS）系统独立于发动机，不需要发动机提供动力源，不消耗发动机的功率。取消了液压控制系统，节省了空间，减少了故障发生率。采用双齿轮电动助力转向系统，只需要在转向器上安装一个电动机直接驱动转向齿轮来实现助力转向，直接助力式电动转向系统见图 5－3。

液压动力转向在发动机低速运转需要急转弯时，由于液压泵输出的液压油压力和流量较小而造成驾驶员转向转矩的增加，而采用 EPS 就不存在这方面的问题。EPS 是在传统的机械转向系统的基础上增加了转向盘转向角传感器、转向器转矩传感器、车速传感器、EPS 的控制单元和电动机以及减速器等装置。EPS 控制单元根据转向器转矩传感器和车速传感器提供的信息，通过电动机做助力源，在低速转向时助力作用最强，随车速升高，助力作用同步逐渐减弱，车速达到 42～44km/h 时为了增加路感，EPS 控制单元停止向电动机供电，电磁离合器分离，汽车转向完全靠机械的转向传动比，电控助力暂时退出。电动助力转向系统的安装位置见图 5－4。

本田雅阁轿车前轮载荷大，所需要的转向辅助力矩大，因此辅助力矩不是作用在转向轴上，而是通过循环球式螺杆、螺母减速器直接对齿条进行助力，电动助力循环球式转向器见图 5－5。

电动助力循环球式转向系统有转矩传感器、交流电动机（助力源）、转向盘转向角传感器等组成。电动助力循环球式转向器的组成见图 5－6。

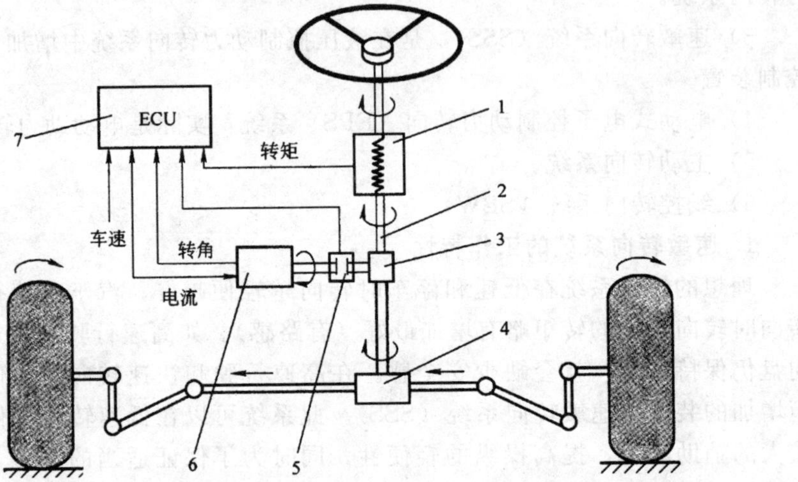

图 5－3　直接助力式电动转向系统

1－转向器转矩传感器　2－转向轴　3－减速机构　4－齿轮齿条式转向器　5－离合器　6－电动机　7－转向控制单元

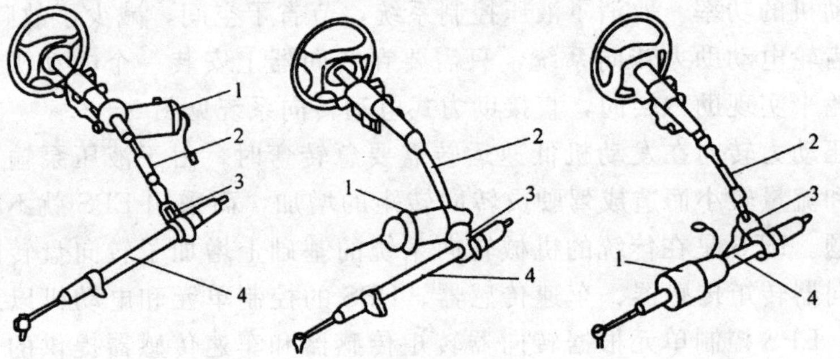

图 5－4　电动助力转向系统的安装位置

a）转向轴助力式　b）齿轮助力式　c）齿条助力式

1－电动机　2－转向杆　3－转向齿轮　4－转向齿条

3. 主动转向系统的工作特性

所谓主动转向系统（VGRS）就是通过一组双行星齿轮机构实现了独立于驾驶员的转向叠加功能，完美地完成低速转向轻便灵活，高速转向保证车辆稳定性，转向时遇有紧急情况可紧急避让的系列功能。在传统的转向系统中由于转向盘角传动比的存在，在低速或停车工况下驾驶员需要大角度地转动

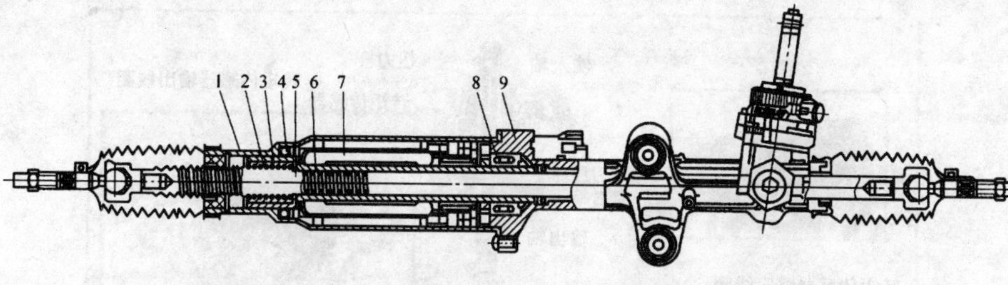

图 5－5　本田雅阁轿车电动助力循环球式转向器结构

1－电动机壳体　2－转向轴　3－滚子　4、8－轴承　5－螺杆（转向齿条）
6－电动机轴　7－电动机线圈　9－转向器壳

转向盘，不能满足低速转向灵敏的要求。而高速时过轻的转向会使车辆的稳定性和安全性下降，因此同时满足转向系统低速转向灵敏和高速的稳定性是车辆转向系统设计的核心问题之一。

主动转向系统既可以低速转向灵敏，又可以在高速时有效改善车辆的稳定性控制，并采用理想的可变传动比，同时可以消除一般转向性能方面的不足，如噪声、转向时来自路面的转向阻力、转向盘回位性能和转向路感等。主动转向系统大都是在传统的液压转向系统的基础上进行改进设计的。

1）在通常驾驶情况下主动转向系统按车速分为低速和中速模式，使操控更加敏捷。

2）在临界驾驶条件下主动转向系统可提供更大的转角，使车辆的稳定性得到保证。

3）在低速行驶中转向传动比会自动缩小，轻轻地小角度转动转向盘，车身就会有大幅度变化，使驾驶员在狭窄的地方也能轻松入位。

4）在湿滑的路面行驶，主动转向系统可增加驾驶的稳定性。

5）在两侧摩擦力矩严重分离的地面上行驶时，主动转向系统会以降低车速换取行驶的稳定性。

6）当转向过度时，主动转向系统会自动修正转向角度，在驾驶员没有觉察的情况下保持稳定。

4．线控转向系统的工作特性

1）线控转向系统（SBW）和主动转向系统的共同点是也能将驾驶员的转向输入角和实际车辆转向角分离开来，在驾驶员转向角输入的基础上叠加一个附加转向角，用于优化车辆对驾驶员输入的响应，或在紧急情况下提高车辆的稳定性。

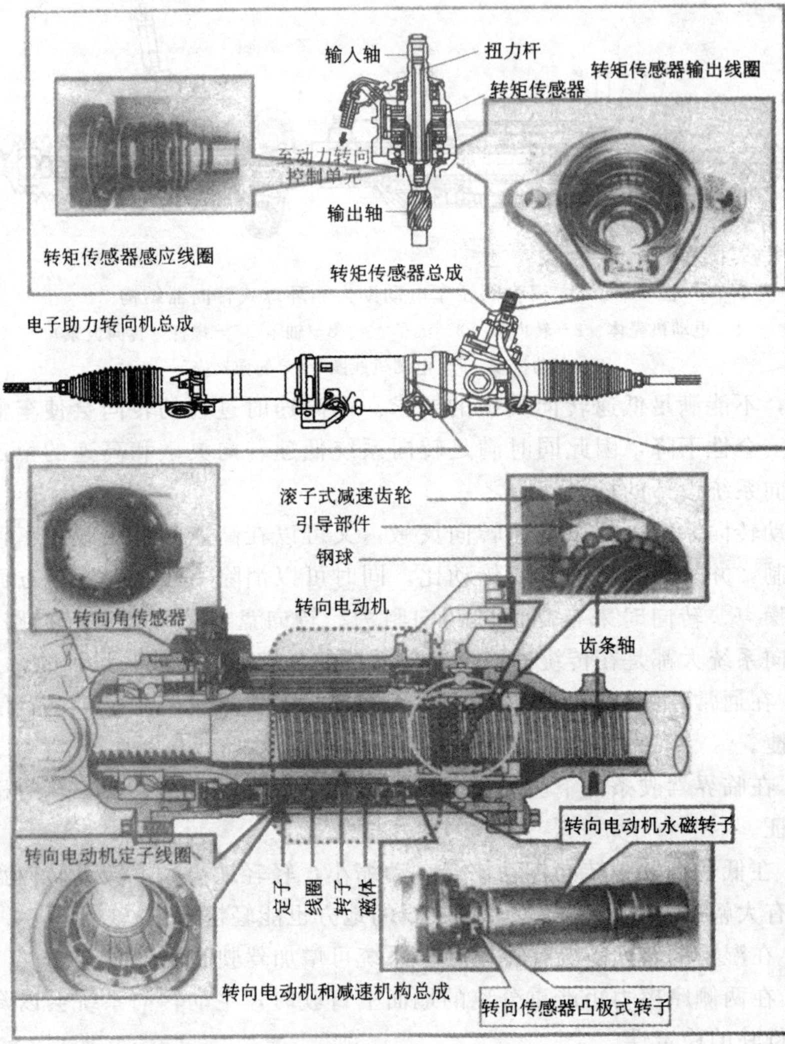

图 5－6　本田雅阁轿车电动助力循环球式转向器的组成

2）线控转向系统和主动转向系统的最大区别是在系统发生故障时，主动转向系统仍能通过机械的转向系统，即转向盘与转向轮之间的机械连接确保实现转向。而线控转向系统必须通过主要零件的冗余设计来保证车辆安全。

主动转向系统保留了完整的转向系统，在转向过程中可获得真实的路感，这也是线控转向系统所不具备的。因此从安全性和路感角度主动转向系统是当前转向系统发展的一个主要趋势。

二、速敏转向系统

1. 速敏转向系统的主要传感器

速敏转向系统（SSS）的控制单元根据转向杆上的转向盘转向角传感器、转向器转矩传感器、车速传感器（后驱车装在变速器输出轴上，前驱车装在差速器壳上）和发动机转速传感器提供的信号加以整理，在高速行驶或快速转向时向动力转向系统动力缸内的电磁阀发出指令，使助力适当减弱或退出，以保证行驶的安全性。

转向盘转向角传感器、转向器转矩传感器和转向器转速传感器装在转向器杆上，负责将转向盘的转向角、转向器的转矩和转向器转速的电压信号输送给 SSS 控制单元，控制单元根据电压信号控制转向器的辅助动力，使转向器转矩控制在最佳状态。

（1）转向盘转向角传感器　由两个发光二极管和两个光敏晶体管及一个遮光板组成。遮光板装在转向器杆上，随转向器杆同步旋转，通过遮光板内缘的孔隙，转向盘转向角传感器将转向盘的转向角以电压信号形式输送给 SSS 控制单元。光电式转向盘转向角传感器见图 5—7。

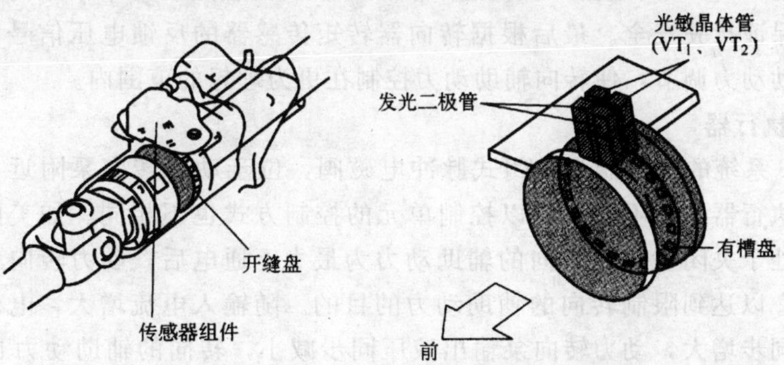

图 5—7　光电式转向盘转向角传感器

（2）转向器转矩传感器　主要用来检测转向盘与转向器之间的相对转矩，该转矩作为控制助力比的主要依据之一。

（3）转向器转速传感器　转向器转速传感器和转向盘转向角传感器合为一个传感器，遮光板随转向器杆同步旋转时，通过遮光板外缘的孔隙，转向盘转向角传感器将转向器的转速以电压信号形式输送给 SSS 控制单元。

（4）车速传感器　后轮驱动汽车车速传感器装在变速器输出轴上，前轮驱动汽车车速传感器装在差速器上。车速传感器将车速以电压信号形式输送给 SSS 控制单元。车速高时控制单元适当减少转向的辅助动力，车速低时控制单元适当增大转向的辅助动力，以适应行驶的需要。

（5）动力转向压力开关　动力转向压力开关安装在动力转向泵和动力转向阀之间，它在转向极限时向发动机控制单元提供信息，以提高发动机怠速，防止过载熄火。

2. SSS 控制单元

SSS 控制单元接收转向盘转向角传感器和转向器转速传感器的电压信号，通过改变执行器，即电磁阀的电流，施加不同的液压辅助动力。电流越大，转向的辅助动力越小。以适应不同车速和转向盘不同转速时施加不同的转向辅助动力的需要。

汽车车速在 16km/h 以下，转向盘转速在 15r/min 以上，控制单元将控制单元将向电磁阀输送较小的电流（30mA 左右），使转向的辅助动力调到最大，以使转向轻便。汽车车速在 40km/h 以上，转向盘转速在 15r/min 以下，控制单元将向电磁阀输送较大的电流（300mA 左右），使转向的辅助动力适当调小，使驾驶员有明显的路感。当汽车车速超过 132km/h 时，控制单元将向电磁阀输送 590mA 的电流，以便进一步减少转向的辅助动力，增加驾驶员的路感，以保证行驶安全。最后根据转向器转矩传感器的反馈电压信号，进行转向的辅助动力调节，使转向辅助动力控制在更为理想的范围内。

3. 执行器

SSS 系统的执行器为常闭式脉冲电磁阀，位于动力转向泵附近。由于不同车型执行器结构不同，所以控制单元的控制方式也不相同。如美国车型不通电时处于关闭状态，转向的辅助动力为最大；通电后，动力转向泵输出液压减小，以达到限制转向的辅助动力的目的。随输入电流增大，电磁阀泄油时间也同步增大，动力转向泵输出液压同步减小，转向的辅助动力也随之逐步减小。而日韩汽车当点火开关置于 ON 位置时，控制单元给电磁阀电流最大，如韩国现代公司车型为 0.9～1.0A（车速 0km/h），电磁阀工作，向上推动柱塞，柱塞推动活塞，其力大于解除弹簧的力，车速越低控制单元给电磁阀的电流就越大，活塞往上移得就越多，直至回油孔关闭，压力油全部进入转向器旋转阀中，于是转向就越轻便。当车速上升时，通过电磁阀的电流减少，活塞在弹簧力作用下向下移动，打开回油孔，部分压力油通过旋转阀旁通孔流回液压箱，使转向的辅助动力明显减小。速敏转向系统见图 5－8。

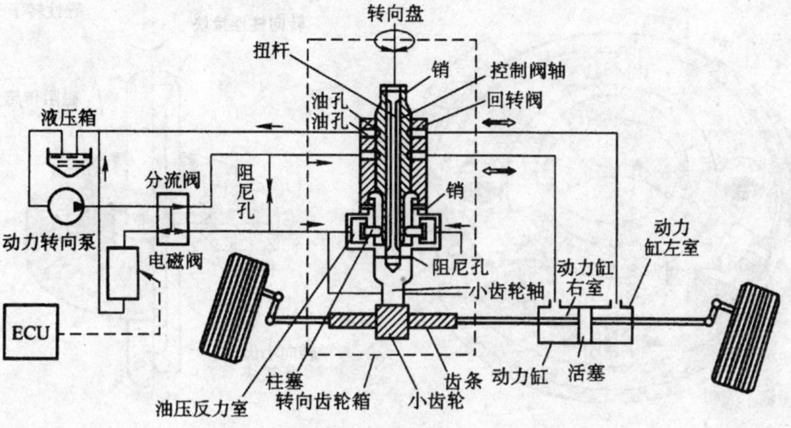

图 5－8　速敏转向系统

三、电动助力转向系统

1. 电动助力转向系统的主要传感器

（1）转向盘转向角传感器　转向盘转向角传感器为光电式传感器，安装在转向柱上，由两个发光二极管和两个光敏晶体管及一个遮光板组成。遮光板装在转向器杆上，随转向器杆同步旋转，通过遮光板内缘的孔隙，转向盘转向角传感器将转向盘的转向角以电压信号形式输送给电动助力转向系统（EPS）控制单元。

（2）转向器转矩传感器　转向器转矩传感器为磁阻式传感器，主要用来检测转向盘与转向器之间的相对转矩，该转矩作为控制助力比的主要依据之一。其磁性转子和转向柱安装在一起，磁阻传感元件和转向小齿轮连接在一起，当转动转向盘时，转向柱连接块和转向小齿轮连接块反向运动，即磁性转子和磁阻传感元件反向运动。因此转向转矩的大小可以被测量出来并传递给 EPS 控制单元。转向器转矩传感器的结构和原理见图 5－9。

如图 5－9 所示，传感器用磁性材料制成定子和转子，定子和转子形成闭合磁路线圈分别绕在极柱上，构成桥式回路。转向盘转角与转矩构成一定比例，所以只需测定转向盘转角就可推算出转向盘转矩的大小。

（3）车速传感器　起步和车速低时控制单元适当增大转向的辅助动力，当车速达到 42～44km/h 时控制单元停止向电动机供电，电磁离合器分离，汽车转向完全靠机械的转向传动比。

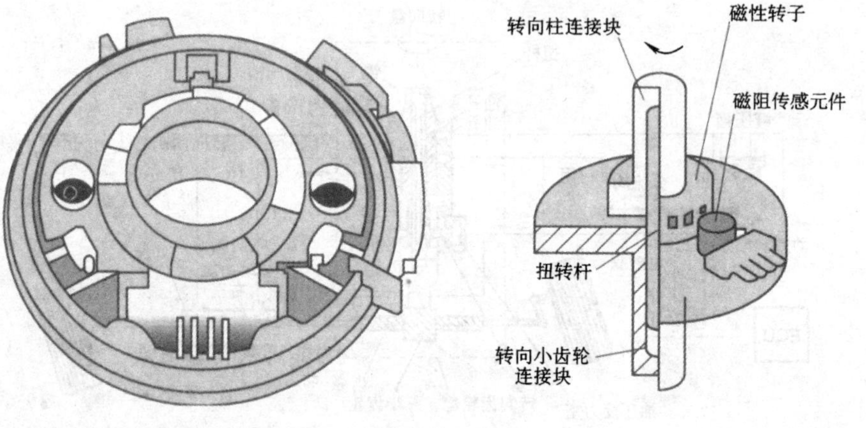

图 5—9　转向器转矩传感器的结构和原理

2. **电动助力转向系统的转向器**

以往后轮驱动汽车都使循环球式转向器，前轮驱动汽车都使齿轮齿条式转向器。而德国助力转向器中却独树一帜，在齿轮齿条式转向器的齿条轴上放置循环球减速器，变滑动摩擦为滚动摩擦，使转向更为轻便。

电动助力转向系统的转向器有两种，一种是传统的齿轮齿条式转向器。另一种是传统的齿轮齿条式转向器加循环球滚子式减速机构。为降低转向电动机的转速，以获得更大的转矩，采取了与电动机内壳配套的循环球滚子式减速机构。在 4 个加工精度很高的槽内放满了同一尺寸的小钢球，变滑动摩擦为滚动摩擦，变循环球滚子式减速机构的旋转运动为齿条的直线运动。推动转向轮实现转向。电动助力转向系统的示意图见图 5—10。

3. **电动助力转向系统的工作原理**

电动助力转向系统的助力源来自电动机，电动机的能源来自蓄电池，电流的大小与方向受控于转向器转矩传感器和车速传感器的信号，按照一定的控制策略和转向轮的工作状态发出控制指令。在汽车起步和低速转向时把电流传给电动机，实施助力控制，与此同时电动机转角传感器向控制单元反馈电动机旋转的角度和方向。当转向盘处于中间位置时将电动机阻尼，阻尼控制下的电动机处于待机状态，具有节能、环保、故障率低（液压控制系统故障率较高）、质量低、成本低、效率高、不需要特殊维护等优点。

电动助力转向系统的电动辅助装置可以装在转向杆上，见图 5—11。也可以装在齿条上或小齿轮上。

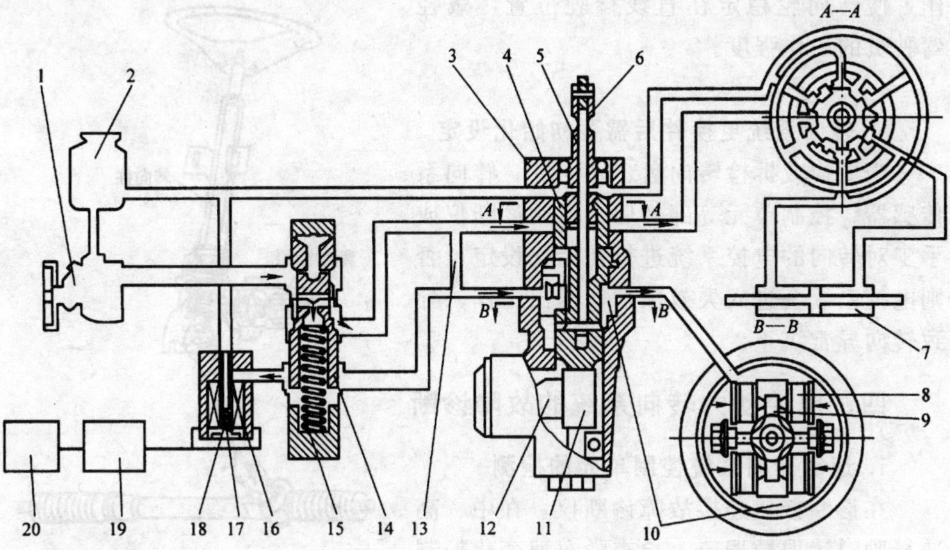

图 5－10 电动助力转向系统的示意图

1－动力转向泵 2－储液罐 3－转向器壳体 4－转阀阀体 5－转向阀阀芯 6－扭杆 7－叶片式转向动力缸 8－液压反力活塞 9－控制杆 10－液压反力腔 11－转向器齿轮 12－转向器齿条 13－节流孔 14－液流分配阀柱塞 15－液流分配阀弹簧 16－电磁阀线圈 17－电磁阀滑阀 18－电磁阀弹簧 19－动力转向 20－车速传感器

4. 电动助力转向系统的主要功能

1）主动回位功能：在汽车转向时控制单元根据转向转矩、转向角度、转向速度、车速、发动机转速和存储在控制单元内的特性曲线图，计算出电动机转向回正所需的转矩，并控制电动机工作使转向轮回到直线行驶位置。

2）直线行驶功能：该功能是主动回位功能的扩展。当没有转矩作用在转向盘上时，系统将产生助力使转向轮回到直线行驶位置。直线行驶功能又分为短时间法则和长时间法则两种。

①如汽车行驶中受到侧向风时发生短时间转向轮偏离直线行驶位置时，系统将帮助转向轮回到直线行驶位置。

②车辆受到持续侧向力时（如悬架变形造成的记忆转向），驾驶员将给转向盘一个相反的转矩以保证转向轮稳定在直线行驶位置。控制单元根据驾驶员的转向转矩、转向角度、车速发动机转速和存储在控制单元的特性曲线图，计算出要保持转向轮稳定在直线行驶位置需要的转矩，并依此控制电动机工

作，使转向轮稳定在直线行驶位置，减轻驾驶员的工作强度。

5. 转向系统更换件后需要初始化设定

当更换或拆检转向盘、转向柱、转向系传感器、控制单元等部件后，应用诊断仪或手工对转向的电控系统进行初始化设定，否则电控系统会进入失效保护，退出工作，导致转向异常沉重。

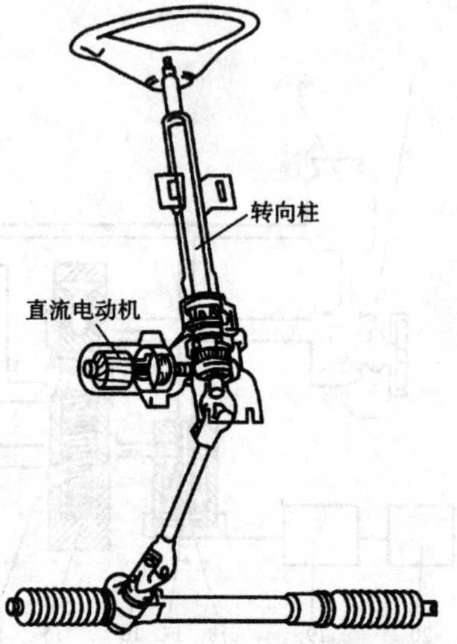

图 5—11　装在转向杆上的电动助力转向系统的电动辅助装置

四、电控动力转向系统的故障诊断

1. 速敏转向系统控制单元的检测

在诊断接口连接故障诊断仪，在中、高速行驶时读取数据流，检查随车速变化控制单元给电磁阀的电流是否会同步变化。

正常时日本和韩国汽车随车速升高，给电磁阀电流应逐步减少，反之应逐步增大。检查 0km/h 电磁阀电流是否在标准范围之内。给电磁阀电流越大，转向辅助动力越大。

美国汽车随车速升高，给电磁阀电流则逐步增大，反之应逐步减少。给电磁阀电流越大，转向辅助动力越小。

如和厂家标准不符，应更换控制单元。

2. 速敏转向系统执行器的检测

SSS 系统的脉冲作用是根据控制单元的指令控制动力转向液的流量，进而进行转向的辅助动力比的控制。电磁阀由解除弹簧、活塞、滤网和柱塞组成。电磁阀的检测，包括密封性检测、油路是否畅通检测、电阻值检测等，如检测不合格，必须更换。

1）密封性检测：电磁阀密封不良会造成转向的辅助动力明显降低，使转向器变重。在不通电的情况下，用 400kPa 的压缩空气替代液压油，对电磁阀进行密封性检测，如油道在 400kPa 的压缩空气压力下能保持密封，说明电磁阀密封良好，可以使用。否则说明电磁阀柱塞磨损，密封不良，必须更换。

2）泄油滤网是否堵塞的检查：电磁阀泄油滤网堵塞后汽车车速在 40km/h 以上，转向盘转速在 15r/min 以下行驶时，无法进行降低转向辅助动力的调节，在高速行驶时转向过度，路感不明显。应更换电磁阀，或分解清洗电磁阀泄油滤网。

3）电阻值的检查：用绝缘电阻表检查电磁阀的电阻值，电阻值过低，说明电磁阀内部有短路处；电阻值过高，说明电磁阀内部有断路处。两种情况都必须更换电磁阀。

3. 电控动力转向系统的执行器的检测

电控动力转向系统（EPS）的执行器由直流电动机和电磁离合器组成。

（1）直流电动机的检测　从转向器断开电动机的导线插接器，在两端子间加上蓄电池电压时，电动机应有均匀的运转声，否则应更换。一些价位较低的轿车使用的直流电动机工作噪声较大，只要不影响使用，可以不换。

（2）电磁离合器的检测　断开转向器上电磁离合器导线插接器，将蓄电池正极与电磁离合器1号端子相连，负极与6号端子相连，在接通和断开的瞬间都应有吸动声，否则必须更换。

4. 汽车行驶过程中转向突然变得特别沉重

无论是上述的哪种电控动力转向系统，在行驶过程中转向突然变得特别沉重，故障都集中在电控部分。转向器的机械部分质量相当稳定，通常在出厂后头两个月没有出现质量问题，使用中一般就不会出现问题。行驶过程中转向突然变得特别沉重，最常见的是电控动力转向系统的某个传感器进水导致短路故障，造成电控动力转向系统进入失效保护状态，停止工作。检测时使用诊断仪读取故障码，然后用万用表直接检测传感器的输入电压和输出电压或电阻值进一步确认。

1）一辆大众POLO轿车行驶过程中转向突然变得特别沉，读取故障码为动力转向传感器G250断路或短路，从外观检查传感器附近有水，用万用表表检测传感器的电压，发现输入电压和输出电压一致，说明传感器G250内部短路，更换传感器G250，清除故障码后试车，转向沉重故障排除。

2）一辆丰田锐志轿车行驶过程中转向突然变得特别沉，读取故障码为电动机转角传感器初始化未完成，用诊断仪对电动机传感器进行初始化结果没有成功。进一步检查发现传感器连接器有进水的痕迹，打开连接器发现端子已经有一层铜锈。清除端子上的铜锈和水分后重新对传感器进行初始化，故障排除。

3）一辆大众POLO轿车行驶到30000km时转向突然变得特别沉，仪表板上动力转向灯被点亮，故障码显示辅助转向控制单元有故障。但清除故障码后仪表板上却出现全部故障警告灯闪烁报警的现象。POLO电控系统实行车载网络控制，采用广播式传递方式，某个控制单元发出信息后，由接受控制单元自由选择是否接收信息。POLO 轿车的组合仪表、ABS、ASR 和 EPS 同属于驱动系统，都在同一条数据线上，由于动力转向控制单元有故障时，同一条数据线上其他控制单元均无法通信，于是出现同仪表板上全部故障警告灯闪烁报警的现象。更换辅助转向控制单元，重新编码后，故障排除。

电动助力转向传感器端子连接器防水是减少故障的关键。由于电动助力转向系统的传感器大都装在转向器上，而转向器又位于发动机下侧，在汽车涉水或洗车时传感器端子极易进水，所以在涉水时不仅需要考虑排气管进水会熄火，还要考虑电子器件端子进水的问题。如进水后要尽快用吹风机的热风吹干，这样也不会造成故障。但大部分驾驶员不注意这些问题，就导致上述故障的出现。

4）一辆大众 POLO 轿车行驶过程中突然出现转向异常沉重。读故障码为转向辅助参考电压对地短路。在电动/液力式转向助力系统的传感器中动力转向传感器（G250）属于有源式传感器，即其正常工作需要参考电压。POLO 动力转向传感器的 3 根导线中棕色为接地线，黑色和绿色线分别为输入和输出电压线。断开传感器的接地线，打开点火开关，分别将输入和输出电压线与车身接地，都是 11.5V，由此可断定动力转向传感器内部短路，更换转向传感器，清除故障码，转向恢复正常。

5. 上海大众电动助力转向系统的设定方法

上海大众电动助力转向系统在断电或拆卸、重新安装转向系统的电气部件后，需要对电动助力转向系统重新设定。先将转向盘旋转到左侧极限位置保持 3s，再将转向盘旋转到右侧极限位置保持 3s，然后将转向盘回正到汽车直线行驶的位置。进行路试，待车速超过 20km/h 时电动助力转向系统的故障警告灯自动熄灭即可。

五、主动转向系统的结构和工作原理

主动动力转向系统又分为主动前轮动力转向系统（AFS）和主动后轮动力转向系统（ARS）两部分。主动转向系统除传统转向机构外主要包括两个部分：

1）1 套双行星齿轮机构，通过叠加转向来实现变化传动比的功能。

2）电子伺服转向系统，用于实现转向助力功能。

1. 前轮主动转向系统的工作原理

（1）低速转向时转向轻便灵活　如果横摆角速度期望值过小，说明汽车响应相对于转向盘输入过于迟缓；如果横摆角速度期望值过大，则导致汽车响应过快。德国宝马公司和 ZF 公司联合开发的主动前轮转向系统很好地解决了上述问题。在宝马 3 系列和 5 系列轿车，以及丰田公司的轿车上使用的主动前轮转向系统，实现独立于驾驶员的转向干预，从而达到主动改变转向轮转角的目的。该系统采用可变传动比设计，在低速状态下通过双行星齿轮机构伺服电动机的调整角和转向盘转角同向输入，从而获得较大的横摆角速度期望增益并使得转向轻便。实现在低速状态下传动比较小，使驾驶员不需要大角度地转动转向盘，提高低速状态下车辆的灵活性和可操作性。主动转向系统在低速时可以实现转向速比从 8∶1 到 25∶1 的平滑过渡，低速时驾驶员只需要将转向盘旋转 2/3 圈即可完成最大转向角的转向。为在公路上掉头，狭窄地方入库变得非常容易了。

（2）高速转向时保证车辆的稳定性　它能灵活变换转向盘操作量和转向轮转角的关系，并重新整合主动转向功能，将转向轮转角控制在最佳范围内。在危险工况下该系统通过独立于驾驶员的转向干预来稳定车辆，通过主动改变驾驶员给定的转向盘转角使得车辆响应保持与理想的车辆响应相一致。在高速转向时传动比较大，提高了车辆的稳定性和安全性。计算机根据驾驶员实施的转向角及车速，采用模型跟踪策略，计算得到横摆角速度、期望横摆角速度，同时还感受路面附着系数和车速的限制。

主动转向系统还提供了横摆力矩补偿功能，以提高在分离系数较高的路面上车辆制动的稳定性。在分离系数较高的路面上制动时，左、右车轮的不等制动力矩产生绕车辆质心的横摆力矩，使得汽车出现制动跑偏。使用 ESP 系统的汽车在转向过程中制动出现横向滑移时，电子稳定程序通过调节 4 个车轮的制动力矩来使左、右车轮的制动力矩尽量相等，来避免侧滑。但 ESP 系统的这种调节是以减少制动减速度，增大制动距离为代价的。而主动转向系统根据制动压力等信号计算出所需要补偿的横摆力矩，并通过调整相应的前轮转向角来实现转向调节。而在整个过程中驾驶员无需对转向盘进行修正，减轻了驾驶员的负担。

（3）能满足紧急避让的特殊需要　主动转向系统的转向干预不易被驾驶员发现，同时没有了制动减速度和制动器噪声，更符合高挡轿车追求最佳乘坐舒适性的要求。转向干预是通过电动机实现的，其速度比 ESP 系统的制动液压要来得快，所以更能满足紧急避让的需要。

（4）可变速比可主动将前轮偏转角控制在最佳范围内　主动转向系统通过把握驾驶员的操作和汽车转向轮的动态，在汽车动态达到临界状态前就开始通过可变速比系统进行控制，以便保持汽车转向的稳定性。它能灵活转换转向盘操作量和转向盘偏转角的关系，并重新整合主动转向功能，将前轮偏转角控制在最佳范围内。

2. **主动后轮动力转向系统工作原理**

主动后轮动力转向系统为转向安全提供了比电控制动系统更有效的稳定控制。主动后轮动力转向系统因成本较高，目前装在一些专用汽车上。该系统通过动态控制算法，使驾驶员可根据需要输入想要的驾驶特性，如想要乘坐的舒适性，就可以输入舒适性驾驶特性，主动后轮动力转向系统就可以将后悬架变成较柔和的悬架。主动后轮动力转向系统在车辆上的安装位置见图 5—12。

图 5—12　主动后轮动力转向系统在车辆上的安装位置

主动转向系统的局限性表现在转向干预只适应转向过度时，而对不足转向无法实施转向干预。主动后轮动力转向系统见图 5—13。

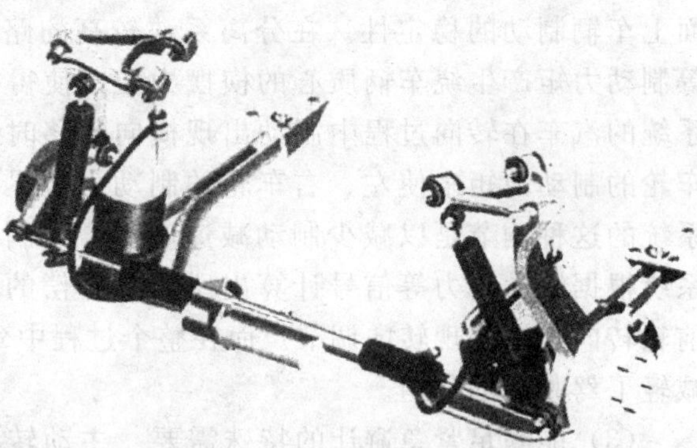

图 5—13　主动后轮动力转向系统

主动转向系统的主动转向功能主要依赖制动稳定系统（ESP）的横向加速度传感器提供的信息，该传感器装在变速杆的后侧，见图 5—14。

这种开关性传感器用来感测汽车转向时的横向加速度，开关中串联有两对开启，方向相反的开关触点，当汽车横向加速度低于规定值时，两对触点处于关闭状态，端子 A 与 B 之间构成通路。关闭点火开关，在传感器端子 A 与 B 之间连接欧姆表，电阻值应为零，否则应更换横向加速度传感器。横向加速度传感器的电阻值检测见图 5—15。

当汽车横向加速度高于规定值时，传感器中的一对触点在自身惯性力作用下处于开启状态，端子 A 与 B 之间在开关内部形成断路。

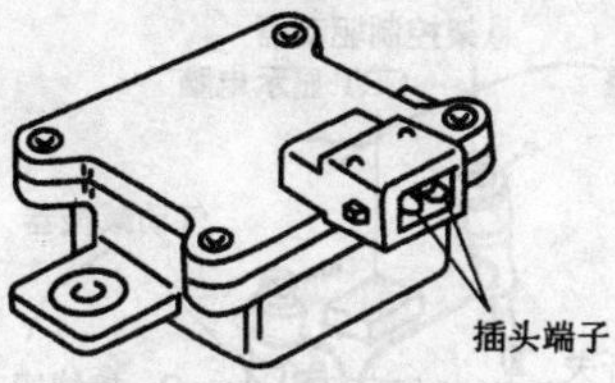

图 5－14 横向加速度传感器

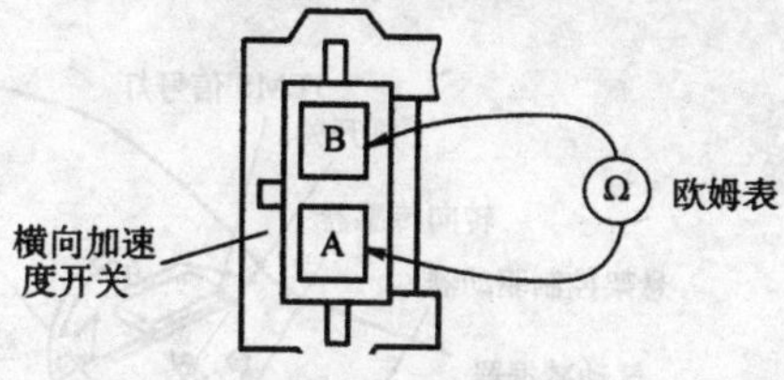

图 5－15 横向加速度传感器的电阻值检测

第三节 电控悬架的组成、原理和故障诊断

电子控制悬架（ESC）系统能根据不同路面状况和驾驶情况，控制车辆离地高度、调节悬架的阻尼特性及弹性刚度，改善车辆行驶的稳定性、通过性、操纵性和乘坐舒适性。

一、电控悬架的组成和作用

1. 电子控制悬架系统的组成

现代轿车上使用的电子控制悬架系统主要有自适应阻尼控制悬架系统、路敏悬架系统、自动空气悬架系统和后悬架高度自动控制系统组成。这些系统主要的传感器有：

1）汽车前、后悬架上各有一个车身高度传感器。

2）车身下方四个角上各有 1 个垂直方向加速度传感器。

3）装在变速器输出轴上的车速传感器。

4）装在液压制动系统组合阀上，或装在制动主缸下方的制动压力传感器（负责检查制动管路回路的制动压力）。

5）装在转向柱上的转向角度传感器。

上述传感器向电控悬架控制单元输送 0～5V 的信号电压，负责传递：

1）车轮与车身的相对位置和变化速度的信号。

2）车速信号。

3）汽车转向角度信号。

4）汽车俯/仰角度信号。通过这些信号电控悬架控制单元来控制每一个减振器的软硬程度，以达到最佳悬架刚度效果。电控悬架控制单元还控制制动时汽车后部的高度，急转向时汽车外侧的高度。

这些系统在传感器上互相借用。电子控制悬架系统的组成见图 5－16。

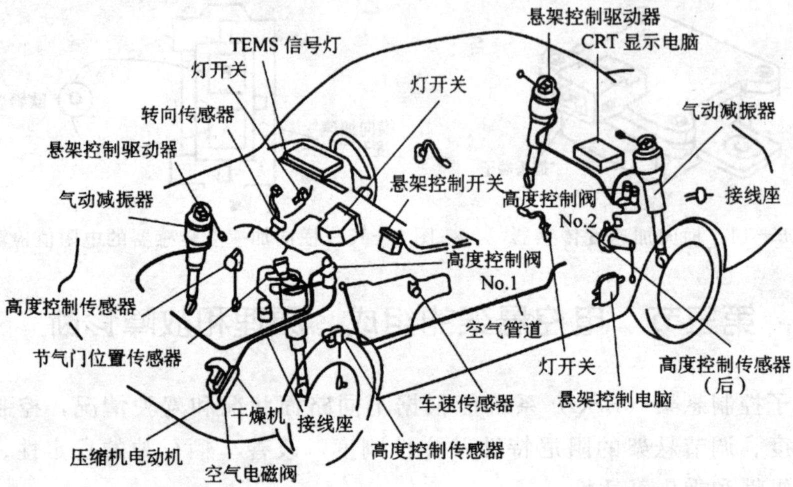

图 5－16　电子控制悬架系统的组成

2. 自适应阻尼控制悬架系统

由自适应阻尼控制单元计算 4 个垂直方向加速度传感器、车速传感器和转向角度传感器等的输出入信号，然后和控制单元存储的数值比较，向执行器发出控制指令，使四个减振器阻尼随路面、车速、制动和转向，可以在一个广泛的范围内变化，以控制悬架的软硬程度。减振器是电控悬架的执行器。4 个减振器内各有一个执行器，分别受电控悬架控制单元控制，可在四个不同数值的阻尼间变换，即硬、正常、软和舒适。减振器阻尼系数随行驶需要在 15～20ms 内就可变成最理想的阻尼系数。

控制单元根据节气门位置传感器、变速器挡位、车速和制动开关的信号，计算出汽车的仰角；根据车速信号的变化率计算出汽车的俯角。控制单元在掌握了汽车的俯/仰角度信号后，会依此为依据控制减振器的硬度。

在坏路上行驶时可自动增加悬架刚度和车身离地面高度，以增加汽车的通过性和道路适应性。

在好路上行驶时可自动降低车身高度，并可使悬架变柔和，以增加乘坐的舒适性。

在上陡坡时可自动提高轿车后部的高度；使汽车在复杂道路上行驶时驾驶员始终保持良好的视野。

在调整过程中车身四个角上的垂直方向加速度传感器用来测量车身垂直加速度的变化，以确定汽车行驶路面的状况，控制单元根据垂直方向加速度传感器提供的信息，计算出汽车在该路面行驶所需的最佳阻尼力。

电控悬架的减振器有单筒式、双筒式和3筒式3种。单筒式减振器不再需要储液缸，在液压柱和高压气体之间有薄形分离活塞，高压气体为惰性空气氮气，其压力通常为2412kPa。汽车在搓板路行驶时，减振器工作缸腔内的高压气体会进一步压缩，该压力最终被施加在回弹中的液压柱上。高压和密封性良好的薄形分离活塞的设计，消除了泡沫和功率损失的发生。而传统的减振器在搓板路行驶时，减振器内会产生泡沫，导致减振性能明显下降。单筒式减振器即使在复杂的路面上也可以获得基本一致的阻尼，所以较多的使用在运动型的越野车上。

新型的惯性式主动悬架系统的双筒式减振器，在外面管筒内装有额外的工作油液，用于降低减振器的工作温度。可以快速地在硬性与软性间切换，减振器的惯性阀在受到猛烈冲击时会作出反应，12ms即可打开，完成伸张行程，冲击过后15ms即可关闭，完成压缩行程，使汽车操纵稳定性和行驶平顺性得到改善。

在电控悬架最新配置中又出现了3筒式减振器。传统电控悬架的减振器只有4种阻尼比（硬、正常、软和舒适），而3筒式减振器在压缩和伸张行程中可设定9种阻尼比，可根据具体使用情况选择其中的一个。

自适应阻尼悬架系统的控制方式有减振器控制和油气弹簧控制两种。其中减振器控制又分为压缩空气调控、磁性液流控制和设置中心减振器三种。其中后两种效果更好些。

（1）通过压缩空气的调控获的最佳阻尼效果　由控制单元控制的电动空气泵将压缩空气先输入湿储气筒，排除空气中的水分后，再进入干储气筒，控制单元通过向两位两通电磁阀发出指令，适量地控制空气弹簧的进气量，改变空气弹簧的阻尼力，以达到所需车身正常高度和最佳阻尼的效果。

（2）通过磁性液流的控制获的最佳阻尼效果　磁性液流（MR）油液是流体力学中的名称。磁性液流油液就是在碳氢化合物合成油液中悬浮有微小粒子的液体。当施加磁场后，可以在1ms内从矿物质油液黏稠度改变为果冻状的黏稠度，提供反应迅速、减振性能强大的阻尼控制。在没有磁场的情况下该油液不会得到磁化，微小的颗粒的排列没有规则。在施加磁场后微小的颗粒就会排列成纤维状的结构，微小的颗粒排列的变化改变了油液的流变特性和流动特性。这种瞬间的油液薄厚变化改变了减振器和支柱的减振特性。

具体的控制方式是每个减振器活塞中都装有电磁线圈，当减振器进行活塞运动时，在通路中间的油液会流动。电控悬架控制单元根据传感器的信号整理后，在每秒之内向电磁线圈发出1000次电子指令，以改变油液的流动特性。控制单元通过对磁场的细微调节，可以在减振器内获得“关闭”状态的低阻尼力，以及接通状态的高阻尼力之间的任何状态。以实现持续的、可随需要变化的减振效果。磁性液流的控制比压缩空气的控制更平滑。可有效减少弹抖、颤动和噪声。无论是在沙砾路面还是在光滑路面，磁性液流控制方式都可获得最大限度的稳定性，即使在制动或高速转向时，也能实现车辆的稳定和平衡。全面地软件调节减振特性提供了出色的低频率车体控制，可有效避免高速时产生过度生硬动作。在急转弯和躲避行驶时具有出色的防翻控制。在安全性、舒适性和可靠性方面都好于压缩空气控制方式。

磁性液流减振器，又叫磁流变减振器，其系统主要由4个悬架位移传感器、一个车侧加、速度传感器和一个转向盘转角传感器组成。并根据这些传感器提供的信息，不断地调节阻尼力的强度。通过控制车身运动，提高驾驶平顺性，使得操纵更精确，反应更迅速，在高速行驶中紧急制动时，或急加速时有效地减少乘员“前冲”和“后仰”，改善负荷转移特性。在车辆高速行驶中突然转向时迅速加硬外侧悬架，避免了侧倾和侧向振动，有效地减小了路面反冲力，使驾驶更为安静、安全。

(3) 设置中心减振器　丰田公司的凌志轿车前、后悬架减振器采用交叉连接在对角控制减振器上。连接管路中间设置中央控制减振器，当汽车发生倾斜时，处于压缩行程的减振器把高压液体的减振器油传送到中央控制减振器，并通过中央控制减振器衰减振动，延伸减振器的功能，增加减振器的阻尼力，有效减少振动频率。中央控制减振器的工作原理见图5－17。

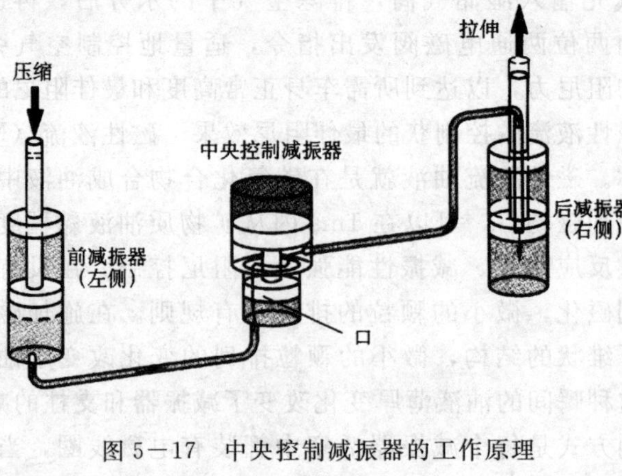

图5－17　中央控制减振器的工作原理

自适应阻尼系统发生故障时，故障灯被点亮，控制单元进入失效保护（退出控制），四个减振器阻尼力都调整到最大。

汽车行驶中突然加速、高速行驶、负荷加大和紧急制动时自适应阻尼悬架也会调到最佳适应值，以保证行驶平稳，如汽车突然加速或高速行驶时，会自动降低车身高度，增加悬架刚度，使汽车有“抓地”的感觉，增加行车的安全性。在紧急制动时，则单独增加后悬架的刚度，使其硬度达到规定的极限，以最大限度地减少紧急制动时汽车质量的前移，增大制动的安全性。

（4）电控悬架的油气弹簧　电控悬架系统分为两类：一类是油液负责摩擦减振，通过压缩空气的变化，调节车身高度和弹性元件的刚度。另一类是油液作为传力介质，气体作为弹性介质，二者共同负责变更弹性元件的刚度和车身高度。后者普遍使用油气弹簧。所谓油气弹簧是以气体（通常为氮气）作为弹性介质，用油液作为传力介质。油气弹簧由气体弹簧和相当于液力减振器的液压缸组成。通过油液压缩气室中的空气，实现变刚度特性，通过控制单元控制的电磁阀控制油液管路中的小孔节流实现变阻尼特性。车身高度低了，电磁阀向液压缸充油，车身过高了则放油。

二、电控悬架系统的主要传感器

1. 车身高度传感器

汽车前、后悬架上的车身高度传感器，有一个靠连杆带动旋转的轴（轴上端与车身底部相抵），在轴上装有光电式传感器的遮光板，信号发生器由发光二极管和光敏晶体管组成。遮光板位于发光二极管和光敏晶体管之间，汽车行驶中，随着车身高度的不断变化，连杆带动旋转的轴和遮光板转动，发光二极管发出的光不断被遮光板挡住，信号发生器光敏晶体管的输出端出现电平信号的变化，由此可测出遮光板旋转的角度，从而使控制单元测出车身的高度。车高传感器的构造及装配位置见图 5—18。

2. 垂直方向加速度传感器

装在汽车四个角上轮胎的挡泥板上的垂直方向加速度传感器是光电式传感器，用来测量车身高度的垂直加速度的变化，以确定汽车行驶路面的状况，和由此带来的汽车载荷的变化。

传感器的信号发生器轴的外端装有信号导杆，导杆的另一端通过零件与悬架的下摆臂相连。当车身高度发生变化时，由于下摆臂与车身间为弹性联系，所以导杆随下摆臂上下摆动，导杆带动旋转的轴和遮光板转动，发光二极管发出的光不断被遮光板挡住，信号发生器光敏管的输出端出现电平信号

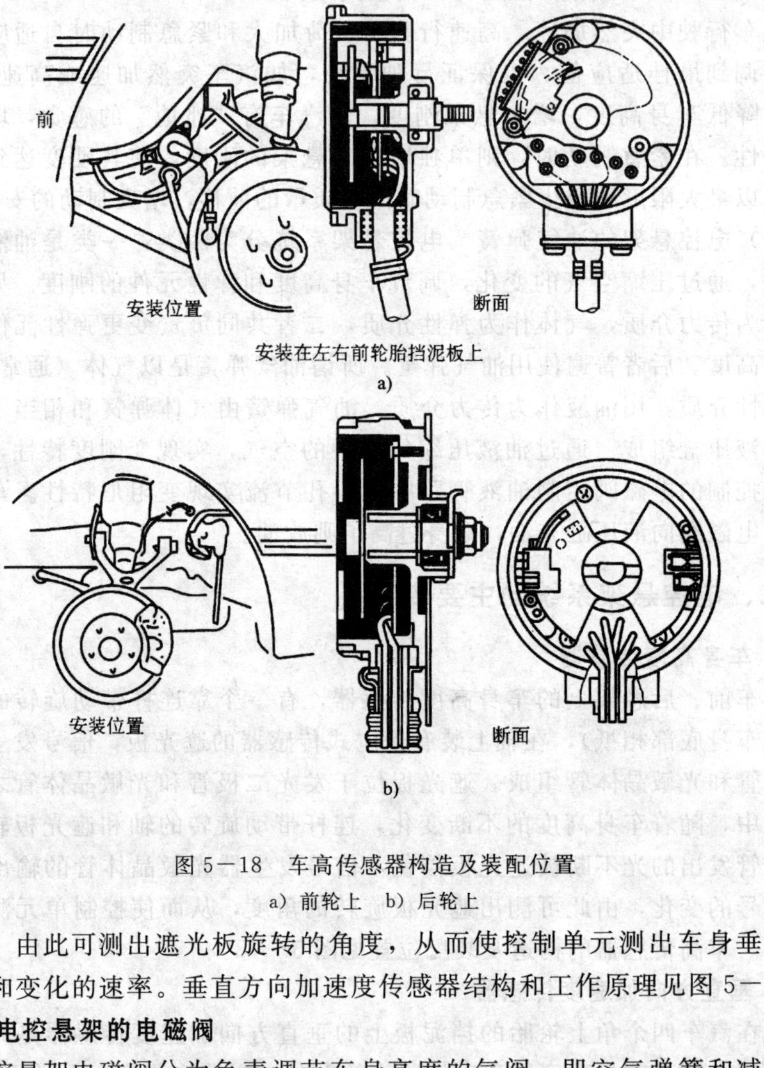

图 5－18　车高传感器构造及装配位置

a）前轮上　b）后轮上

的变化，由此可测出遮光板旋转的角度，从而使控制单元测出车身垂直高度的变化和变化的速率。垂直方向加速度传感器结构和工作原理见图 5－19。

3. **电控悬架的电磁阀**

电控悬架电磁阀分为负责调节车身高度的气阀，即空气弹簧和减振器总成，或可调整车身高度和硬度的减振器，见图 5－20。其中车高调节空气阀为常闭式电磁阀，即不给电时处于关闭状态。如控制单元进入失效保护时车身保持在最高位置。硬/软空气阀为常开式电磁阀，即不给电时阀处于开启状态。如控制单元进入失效保护时，执行器（减振器和空气弹簧）处于硬的状态。

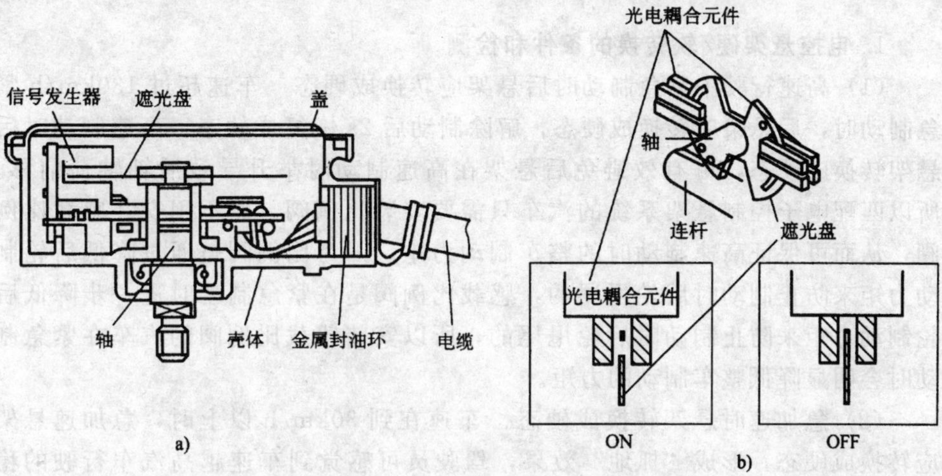

图 5－19　垂直方向加速度传感器构造和工作原理

a）垂直方向加速度传感器结构　b）垂直方向加速度传感器工作原理

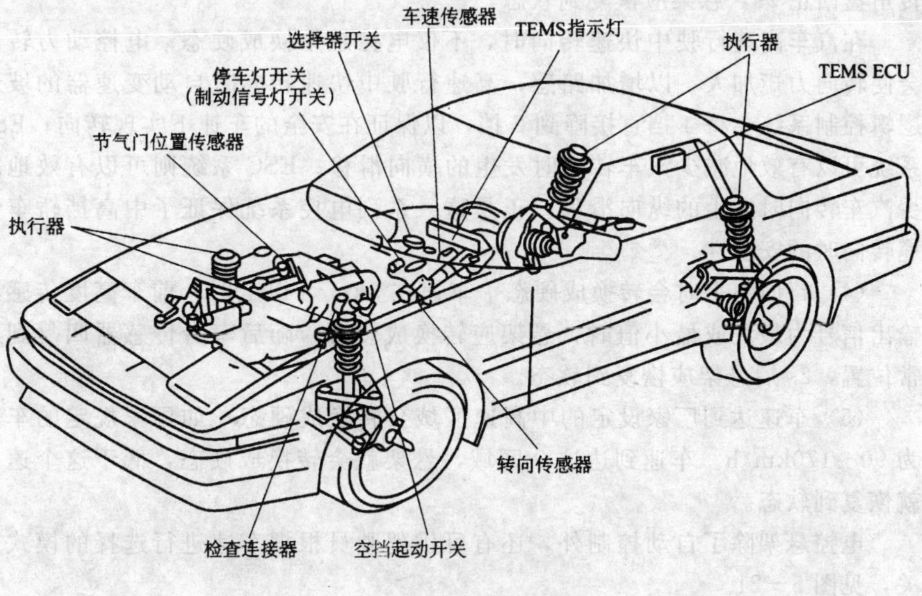

图 5－20　电控悬架总成

三、电控悬架系统的功能和使用中需注意的事项

1. 电控悬架硬/软转换的条件和检测

(1) 高速行驶中紧急制动时后悬架应转换成硬态　车速超过 130km/h 紧急制动时，后悬架应转换成硬态，解除制动后 2s 恢复成软态。高速制动时后悬架转换成硬态，可有效避免后悬架在高速制动时举升导致后轴轴荷前移。所以匹配电子控制悬架系统的汽车只需要安装比例阀，而不用安装感载比例阀，从而可保证高速制动时的整车制动力矩。因为比例阀是通过降低后轮制动力矩来防止制动时后轮甩尾的，感载比例阀是在紧急制动时进一步降低后轮制动力矩来防止制动时后轮甩尾的，所以安装感载比例阀的汽车在紧急制动时会明显降低整车制动的力矩。

(2) 急加速时悬架转换成硬态　车速在到 30km/h 以上时，急加速悬架应转换成硬态，形成“抓地”效果，驾驶员可感觉到车速越高汽车行驶的稳定性越好。快速放松节气门 2s 后应恢复软态。

(3) 快速转向时悬架转化成硬态　车速达到 30km/h 以上时，快速转向且转向角超过 45°时，外侧悬架应转换成硬态（以减少侧倾和侧向角振动）；转角盘回正 2s，悬架应恢复到软态。

在汽车高速行驶中快速转向时，不仅电控悬架换成硬态；电控动力转向会使转向力矩加大，以增加路感；高速行驶中快速转向时自动变速器的坡道逻辑控制系统会将 4 挡直接降到 2 挡，以保证在安全的车速下实现转向；ESP 系统可以有效地减少汽车转向时发生的横向滑移；ESC 系统则可以有效地减少汽车转向时发生的纵向滑移。正是这一系列电控系统保证了中高挡轿车快速转向时的安全性。

(4) 路面不平时会转换成硬态　车速在 3km/h 以上时，前车高度传感器输出信号为最大或最小值时，悬架应转换成硬态；随后车身传感器回复到正常位置，2s 后悬架应恢复到软态。

(5) 车速达到厂家设定的中高速区域会转换成硬态　如厂家规定的车速为 90～170km/h。车速到达这个区域，悬架就会转换成硬态，低于这个速度就恢复到软态。

电控悬架除了自动控制外，还有可供驾驶员根据车速进行选择的模式开关，见图 5－21。

(6) 自诊断查出 ESC 方面故障进入失效保护　打开点火开关，电控悬架故障（ADS）灯亮，自适应阻尼系统进行自检，启动后，如没有故障，ADS

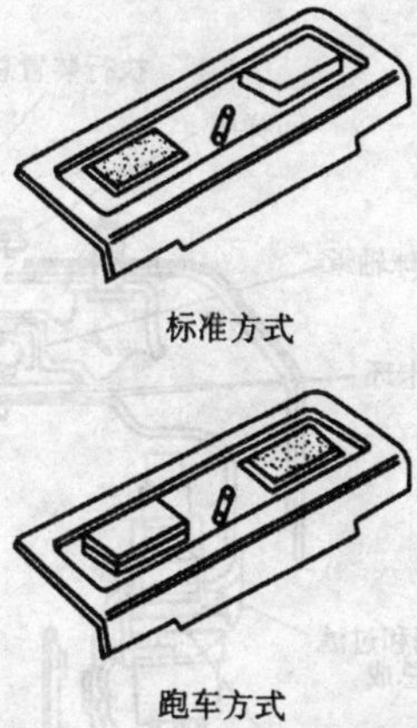

图 5－21　电控悬架的模式开关

灯自行熄灭，如查出 ESC 方面故障，启动后 ADS 灯仍然亮着，ESC 退出控制，同时将四个减振器阻尼力设置为最大。

自动空气悬架系统在车速达到 90km/h 左右时，控制单元会自动将车身离地高度降 20mm，以提高行驶的稳定性、操纵性和燃油经济性，如车速降到 70km/h 以下时，控制单元又会恢复正常的离地高度。油气弹簧的车身高度控制见图 5－22。空气弹簧和减振器总成见图 5－23。

2. 电控悬架系统维修时的注意事项

1）自适应阻尼控制系统的高压油为动力转向液，和动力转向系统一样每隔 30000km 换一次油。第二次换油时最好同时更换液压橡胶管，以防止橡胶管内脱皮堵塞油道。

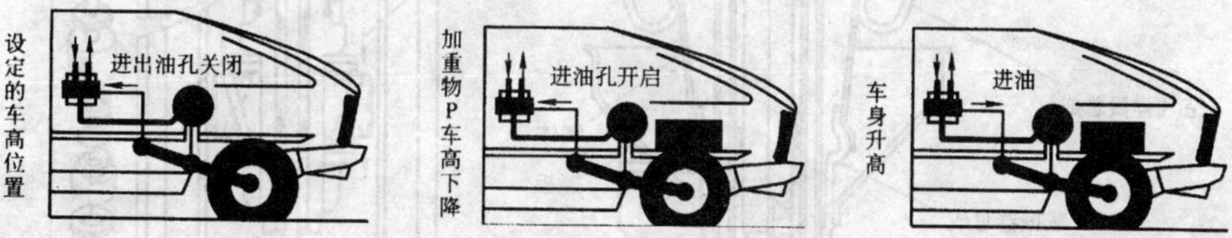

图 5－22　油气弹簧的车身高度控制

2）液压泵传动带的松紧度，以手指用力按下 1cm 为宜。

3）打开点火开关应能听到电动空气泵工作几次，然后停止工作。否则应检查电动空气泵的电路和控制单元。

4）储气筒的进气口装有单向阀，单向阀密封不良，不会造成不调节，但会影响调节速度（使调节速度明显变慢）。检查时拆下储气筒一端的进气管，如储气筒进气口泄气则需要更换单向阀。

5）用万用表和无损探针分别检测前后悬架上车身高度传感器输出电压信号线的输出电压。打开点火开关，双手用力向下按保险杠，然后释放车身高度传感器，输出电压信号变化范围如在 2～4V 之间说明传感器工作正常。行驶中如汽车不能进行高度自动调节，故障则可能在控制车高调节的控制单元。

3. 电控悬架的高度调节

汽车应保持标准的离地高度，以后悬架为例，车身后部离地高度如明显低于厂家规定的标准值，装有感载比例阀的汽车会使两后轮制动力矩明显降

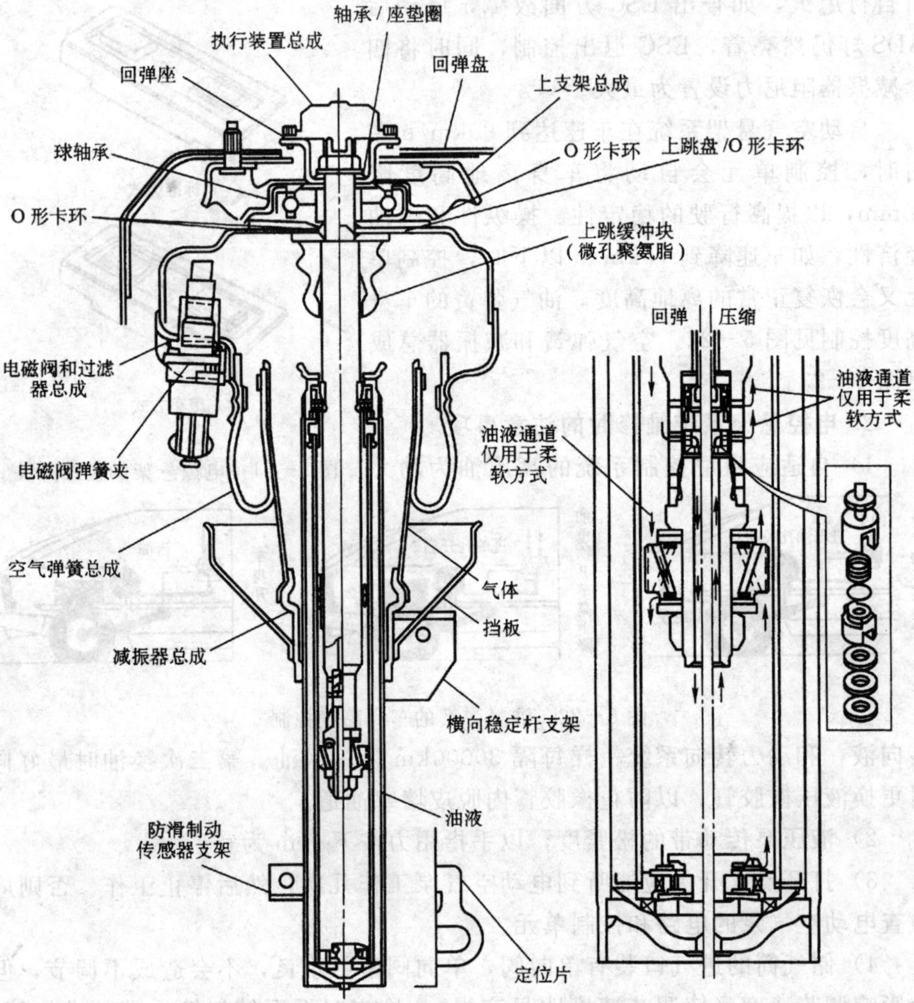

图 5－23　空气弹簧和减振器总成

低。车身后部高度还直接影响到前悬架的主销后倾角。如汽车前部高度正常，而后部却明显低于厂家规定的标准值，主销后倾角就会变小，反之主销后倾角就会变大。

电控悬架在前后悬架上均有高度调节装置。后悬架高度的调节装置，可以人工进行悬架高度调节。

调整时将汽车停在平地上，发动机运转 3min 后熄火，然后将汽车前后部高度调到厂家规定的高度。以福特公司为例，可通过松开后悬高度传感器支架顶部的连接螺栓来调节，支架向上或向下移动 1 刻度，车身后部高度将升高或降低 6.35mm。

汽车前部标准高度则也是通过松动高度传感器的连接螺栓来调节的，三个可调位置在前悬架下方高度传感器的支架上，将高度传感器连接螺栓和其中一个位置向上或向下移动，前悬架高度会降低或升高 12.7mm。

注：前后标准汽车高度是指车架或承载式车身和地面之间，在汽车生产厂家指定位置处的距离。如韩国现代公司规定前部车高在前轮中心向后移 430mm 处测，后部车高在后轮中心向前移 405mm 处测。调整一侧车高，另一侧车高也可能发生变化，所以调整后对前后车高都要检查。

在行驶中控制单元控制的车高调整方式通常有 4 种可供驾驶员选择，如“自动”、“高”、“特高”和“低”。其中“低”的选择只有在车速 90km/h 以上时才能采取的方式。

将诊断仪和电控悬架的诊断接口相连，查看有无故障码。通过读数据流看前、后车高传感器输出电压是否正常，还可以将检测盒和控制单元相连，查看各传感器及电磁阀线束电阻值是否在 1.5Ω 以内。

做电磁阀检测时，点火开关必须在 ON 位置，发动机在怠速状态，ESC 警告灯没有被点亮，发电机输出电压正常。

四、电控悬架系统的检测

1. 利用电控悬架故障灯查找故障

打开点火开关后电控悬架故障（ADS）灯应被点亮，启动后 1～6s 应熄灭（各厂商点亮时间略有不同）。如不亮应检查灯泡和相关电路；如长亮不熄说明电控悬架系统存在电路故障。

ADS 灯在出现异常情况被点亮后，恢复正常 4min 后应熄灭。

1）发动机在熄火状态下过载的，启动后如 ADS 灯长亮不熄。在熄火后卸下超载的货物，再次启动 4min 内 ADS 灯应熄灭。如不熄灭应用诊断仪读取故障码，修理故障部位。

2）汽车在陡坡怠速停车 3min 以上后 ADS 灯被点亮，到了平坦路面停车以后，再次启动 4min 内 ADS 灯应熄灭。

3）在盘山路上以“自动”或“运动”模式连续行驶 18min 以上时，ADS 灯被点亮。发动机停车后重新启动，4min 内 ADS 灯应熄灭。

4）在环境温度很高的条件下频繁地进行车高调整，ADS 灯如被点亮，停车后打开发动机罩，待电动悬架的电动空气泵冷却后，重新启动，4min 内

ADS灯应熄灭。

出现了上述情况，如4min后ADS灯仍不熄灭，应用诊断仪调取故障码，进行进一步检修。

2. 电控悬架电磁阀的检查

电控悬架电磁阀的检查只要有空气压缩机和蓄电池即可。在拆卸与电磁阀连接的空气软管前，对所有的电磁阀和空气软管都必须在连接部位作好记号再分解，测后组装时再根据记号组装。

(1) 电压检测　电压检测主要是检查电磁阀是否断路或卡滞。

将蓄电池正极与电磁阀端子中电压输入端相连，负极则连续4～5次地与电磁阀端子中接地端相连，如每次连接接地端时都能听到"咔"声，说明电磁阀既无断路又无卡滞。

(2) 密封性检查

1) 将空气压缩机输出的气压控制在0.5MPa。

2) 车高调节空气阀在没通电前进气口应保证完全密封。在通电后压缩空气应顺利通过进气口，并从排气口排出。

3) 硬/软空气阀在没通电时进气口应保持畅通，通电后进气口应完全保持密封。

如不能满足上述要求，必须更换。

3. 电动空气泵检查

1) 打开点火开关后电动空气泵继电器接通，电动空气泵就开始向储气筒供给压缩空气。

2) 储气筒压力低于760kPa时电动空气泵开始向储气筒供给压缩空气。

3) 储气筒压力高于950kPa后2s电动空气泵停止供气。

第四节　轮胎智能监视系统

一、轮胎智能监视系统的作用和组成

1. 轮胎智能监视系统的作用

轮胎的气压过高会破坏行驶的平顺性，降低轮胎的使用寿命，轮胎的气压过低，对燃油经济性、轮胎的使用寿命、制动性能和车辆控制性能都有明显的影响。前轮前束和前轮外倾不匹配、前轮前束值超差、推力线明显偏离几何中心线等故障都会造成轮胎气压失常，跑长途时爆胎。特别是斜交胎，气压高，再加上内外胎之间的摩擦更易发生爆胎。

爆胎就是汽车长距离行驶中由于侧滑量过大，侧滑摩擦造成胎内温度不断升高，胎内空气不断膨胀，其膨胀系数大于轮胎刚度时就会发生爆胎。爆胎造成的危险很大，会突然间丧失转向、制动方面的控制能力，车身迅速向爆胎一侧倾斜。

车辆的智能监视系统通过轮胎智能监控系统持续显示轮胎压力，对于缓慢的压力损失能够及时通知驾驶员，如停车状态下轮胎压力损失明显，打开点火开关后就会点亮“LOW TIRE”灯，以便引起驾驶员的注意，防止意外的发生。

汽车上许多涉及安全、环保的新装置都是由美国政府首先作出规定时限的。到 2007 年 10 月美国规定车辆必须安装轮胎智能监视系统。

2. 轮胎智能监视系统的组成

目前轮胎的智能监视系统有两种方式，一种是借助 ABS 系统的轮速传感器，当轮胎气压过高或过低时，相应的轮胎直径就会变大或变小，车轮转速将产生变化。监视系统将车轮转速变化情况同预先存储的信息进行比较，就能识别轮胎气压是否正常，发现轮胎气压异常，就会点亮轮胎胎压过低报警灯（LOW TIRE 灯）。

换胎后没有重新设置轮胎压力监视系统、系统元件损坏或线路连接不良，高速转向时“LOW TIRE”灯也会被点亮。

（1）通过轮速传感器信号间接诊断轮胎胎压是否过低　使用轮速传感器信号的轮胎智能监视系统压力监控由 ABS 控制单元实现。其组成主要由电子制动控制模块/电子制动牵引力控制模块（EBCM/EBTCM）、轮速传感器、车身控制模块（BCM）、轮胎胎压过低报警灯、数据诊断接头（DLC）复位开关和线束等组成。

（2）通过气门嘴上轮胎的压力传感器直接诊断轮胎胎压是否过低　配有轮胎压力传感器的轮胎智能监视系统主要由每个轮胎的压力传感器和高频天线等组成。

二、轮胎智能监视系统的功能和故障检测

1. 轮胎智能监视系统的功能

（1）轮速传感器轮胎的智能监视系统的功能　使用轮速传感器的轮胎智能监视系统是通过 4 个车轮的转速差来间接判断轮胎胎压是否过低的。如果轮胎胎压过低报警（LOW TIRE）灯亮，表明四个轮胎的胎压压差大，必须采取措施防止轮胎在亏气状态下行驶，影响行车安全。系统通过检查每一个轮胎与其他 3 个轮胎气压的不同（或高、或低），来确定胎压是否正常。当

“LOW TIRE”灯点亮时，应检查4个轮胎的胎压是否一致，调整一致后。按下“RESET”键，使轮胎监视系统重新进入学习状态，在完成轮胎监视系统重新设定后，轮胎监视系统才能重新恢复对轮胎的监测。

打开点火开关3s后轮胎的智能监视系统自检结束，“LOW TIRE”灯应熄灭，如不熄灭，进行下列操作。

1）将点火开关置于运行（RUN）位置，按下熔丝盒内复位开关（RESET），“LOW TIRE”灯应熄灭，再读取故障码看是否有轮胎胎压过低的故障码。

2）行驶中“LOW TIRE”灯被点亮，应检查4个轮胎的胎压和规格是否符合厂家的规定。上述检查完成后，按下复位开关，“LOW TIRE”灯应熄灭。车身控制模块收到复位开关的瞬时接地信号，产生并发送一个信号给电子制动控制模块/电子制动牵引力控制模块，此模块又发送给仪表板，仪表板收到信号后熄灭“LOW TIRE”灯。轮胎的智能监视系统进入自动读出模式，在汽车直线行驶30min以后，重新读出轮胎尺寸，监视系统自动读出模式完成。

轮速传感器轮胎的智能监视系统又被称为间接式轮胎压力监视系统。轮胎气压不同，滚动的直径就不相同，充气不足的轮胎旋转的速度就低于正常充气的轮胎，车轮转速的差异由ABS轮速传感器感知，如单个或部分轮胎缺气使胎压相差30%时，就会通过报警灯通知驾驶员，但如4个轮胎的缺气相等，则车轮转速相等，此时ABS就不会触发压力报警灯，这是间接式轮胎压力监视系统的不足之处。

（2）轮胎压力传感器轮胎的智能监视系统的功能　此类轮胎智能监视系统利用固定在每个车轮轮辋（靠近轮胎处）上的传感器精确地测量轮胎的气压和温度，轮胎的压力传感器拧在每个轮胎的气门嘴内部，每个轮辋罩内都装有高频天线，在正常模式下每隔54s接受一次数据。当轮胎中压力损失速度超过20kPa/min时，快速发送模式启动。安装在轮胎内部的车轮电子检测装置定期测量轮胎的压力和温度，这些数据被送到控制单元进行分析，通过无线系统传输到仪表台上的接收显示器，驾驶员可以通过显示器监视每个车轮的气压和温度。显示器包括低压报警、高压报警和高温报警等多项功能。当某个轮胎气压或温度出现异常时，声光报警装置就会及时提醒驾驶员，驾驶员可以据此采取必要的措施，该装置不仅提高了轮胎使用的安全性，而且还延长了轮胎的使用寿命，降低了油耗。

（3）配轮胎压力传感器的轮胎智能监视系统使用时需要注意的事项

1）为了防止轮胎压力传感器被污染，车轮的内轮辋槽里应保持清洁。

2）拆卸或安装配置轮胎压力监视传感器的轮胎要特别小心，在扒胎前先放气，然后拆卸轮胎压力传感器的固定螺母，勿使传感器落入轮胎内。

3）轮胎压力监视系统报警灯一直亮，说明有轮胎处于低压状态，报警灯一直闪，说明监视系统自身有故障。

4）轮胎换位、轮胎充气、更换或修复轮胎或轮辋、更换轮胎压力监视系统的传感器或更换接收天线后，需要重新设定轮胎监视系统。传感器的识别码打印在传感器上，前后轮胎换位时传感器需要重新编程，编程或重新编程需要这些识别码。

5）配轮胎压力传感器的轮胎智能监视系统的灵敏度明显高于轮速传感器轮胎智能监视系统，某些精度高的传感器，胎压比正常压力下限低 14kPa 系统就会报警。

6）更换气门芯和气门盖必须使用原厂最初配置的型号。

7）在检测过胎压后，及时清除相关故障码。如果在检查轮胎时发现有损坏，应建议顾客更换备胎。还有一种情况是胎压正常，但报警灯却亮了，这有可能是车辆盘旋行驶导致的。此时应向顾客解释此类系统并不是真正地测量轮胎胎压，而是通过轮速传感器测量车轮的转速误差来工作的。

8）行驶中轮胎爆胎，“LOW TIRE”灯一般不会点亮，因为轮胎监测系统只有经过一段时间的监测才能报警。而爆胎后汽车无法行驶，轮胎的智能监视系统也就无法进行监测。

9）部分使用空气悬架的汽车还具有单独的轮胎充气口，但只能给折叠式轮胎和充有密封胶的轮胎充气。

2. 轮胎压力传感器测试仪

由于轮胎压力传感器拧在每个轮胎的气门嘴内部，因此要修理这类轮胎必须有专用的测试仪。轮胎压力传感器的测试仪是一种微处理器控制的通用测试仪，更换轮胎或更换失效的轮胎压力传感器时经常需要将轮胎压力直接感知系统重新初始化。在换胎前可用测试仪检测轮胎压力传感器是否损坏。在执行压力传感器初始化的过程中，测试仪发出声响，同时发光二极管闪烁，便可确认压力传感器已经被触发，见图 5－24。

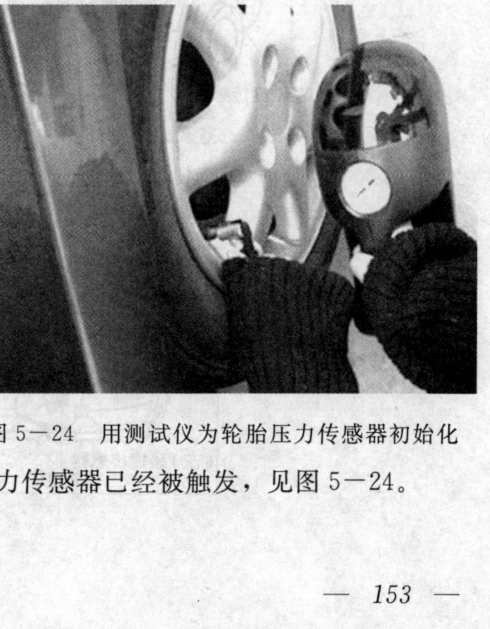

图 5－24　用测试仪为轮胎压力传感器初始化

第六章　汽车安全气囊系统

第一节　安全气囊的组成和工作原理

一、安全气囊的组成、分类和功用

1. 安全气囊系统的组成

安全气囊（SRS）系统由碰撞传感器、控制单元、气囊、爆燃式安全带张紧器、螺旋电缆单元等组成。其中控制单元为控制中枢，包括：电子加速度传感器，CPU 中央处理器、诊断数据存储器、蓄能器和碰撞数据记录器，具有自检、监控、故障存储、引爆指令及撞车记录等功能。SRS 系统的组成见图 6—1。

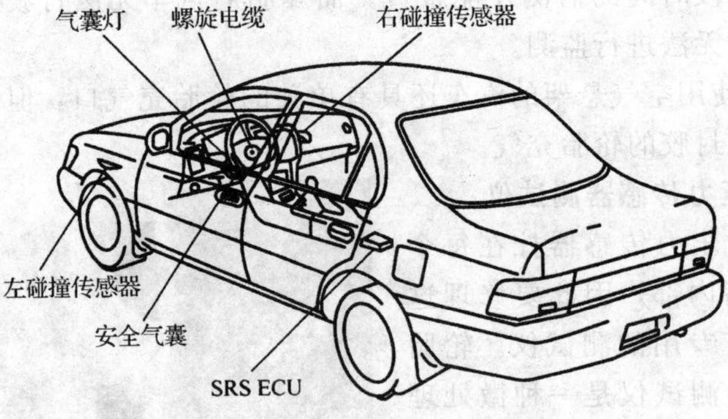

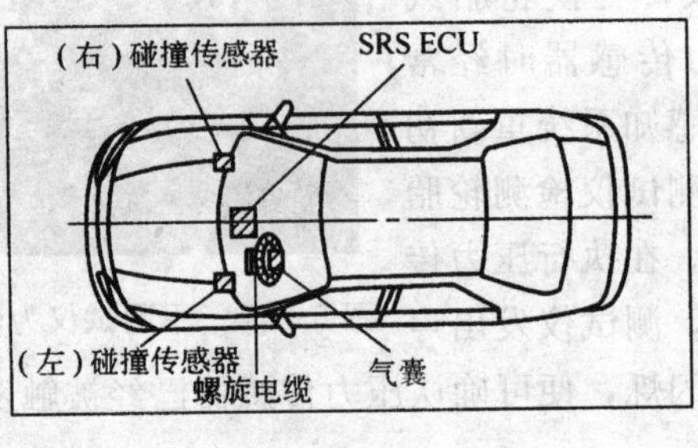

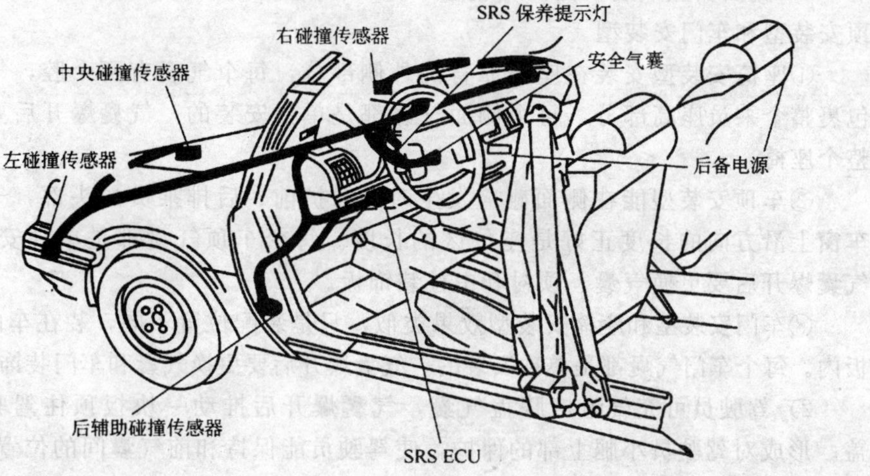

图 6－1　SRS 系统的组成

2. 安全气囊的分类

(1) 按照安全气囊的数量分类　轿车按照安全气囊的数量可分为：

1) 单气囊只在转向盘上装一个气囊。

2) 双气囊，驾驶员和副驾驶员侧各装一个气囊。

3) 前后排气囊，除了驾驶员和副驾驶员侧各装一个气囊外，后排也装有两个气囊。

4) 多气囊，通常为 6 个气囊。在正面上部和正面下部各装一个防护安全气囊，侧面和头顶部也各装一个防护安全气囊。

(2) 按照安全气囊保护的部位分类　新款的侧安全气囊系统包括为了在最恰当时机展开所设计的位于车辆两侧的侧碰撞检测传感器，以及安装在前排座椅的乘员位置检测系统（OPDS），该传感器可感知乘员的体形和位置，控制侧安全气囊的展开。侧安全气囊充气时座椅骨架会变形。因此气囊展开后应更换座椅骨架。

传统的安全气囊只是防护正面撞击的正面防护安全气囊，现在一些配置比较完善的轿车增加了侧面防护安全气囊和顶部防护安全气囊。正面上部防护安全气囊主要保护人员的面部与胸部，正面下部防护安全气囊主要保护人员的膝盖；侧面防护安全气囊主要保护人员的胸部和腰部，头顶部防护安全气囊主要保护人员的头顶部。

下面除正面气囊外，介绍几种现代流行的气囊：

1）侧面安全气囊，侧面气囊通常有三种类型可供选择，座椅安装型、车顶安装型和车门安装型。

①座椅安装型安装在座椅靠背的外侧部分，每个气囊有两个腔，气囊能包裹整个乘员座高部分，每个侧面气囊都是单独安装的，气囊爆开后要更换整个座椅。

②车顶安装型能在侧面碰撞发生时，保护前、后排乘员的头部，气囊沿车窗上沿方向的长度正好是座位区的长度。每个车顶气囊都是单独安装的，气囊爆开后要更换气囊、顶衬和中柱装饰板。

⑧车门安装型和座椅安装型效果类似，只是装配位置不同，装在车门装饰板内。每个车门气囊都是单独安装的，气囊爆开后要更换气囊和车门装饰板。

2）驾驶员可充气阻挡膝盖气囊，气囊爆开后推动一块板顶住驾驶员膝盖。形成对驾驶员小腿上部的保护，使驾驶员能保持和前气囊间的位置关系。在固定住驾驶员膝盖后迅速泄气。

3）安全带预紧装置，常见的有收缩型和带扣型两种，在发生碰撞时将安全带收紧一些，并且锁紧安全带，使驾驶员能保持和前气囊间的位置关系。如果正面气囊已经打开，那么座椅安全带涨紧器也就打开，不能使用了，必须更换。如果安全带没系好，安全带警告灯会一直亮着。2004 年后陆续有一些新出厂的汽车，安全带没系好不仅安全带警告灯一直亮着，而且蜂鸣器会定期鸣响。

3. 安全气囊的功用

安全气囊是座椅安全带的辅助装置，只有在正确使用安全带的基础上，该系统才能充分发挥保护驾驶员和乘员的作用。

当汽车遭受前方一定角度碰撞时，安装在汽车前部角上的碰撞传感器，根据撞车性质和强度，将检测到的汽车突然减速的情况变成电压信号，输送给安全气囊系统（SRS）的控制单元，以便判断是否发生碰撞。当 SRS 的控制单元判断碰撞达到设定值时，控制单元发出控制指令，打开门锁，行李箱锁，锁止车内开关，接通车内照明灯。气囊为终端引爆元件，控制单元接通气囊组件中的点火器（电雷管）电路，电雷管引爆使点火剂（炸药）受热爆炸（电热丝通电发热引爆炸药）。点火剂引爆时，迅速产生大量的热量，使充气剂（叠氮化钠固体药片）受热分解，释放出大量的氮气，使气囊完全打开，将人体和前方与车内部件之间的硬性碰撞变成弹性碰撞，通过气囊的产生变形和排气节流来吸收人体碰撞产生的能量，从而达到保护人体的作用。

安全气囊系统布置见图 6—2。

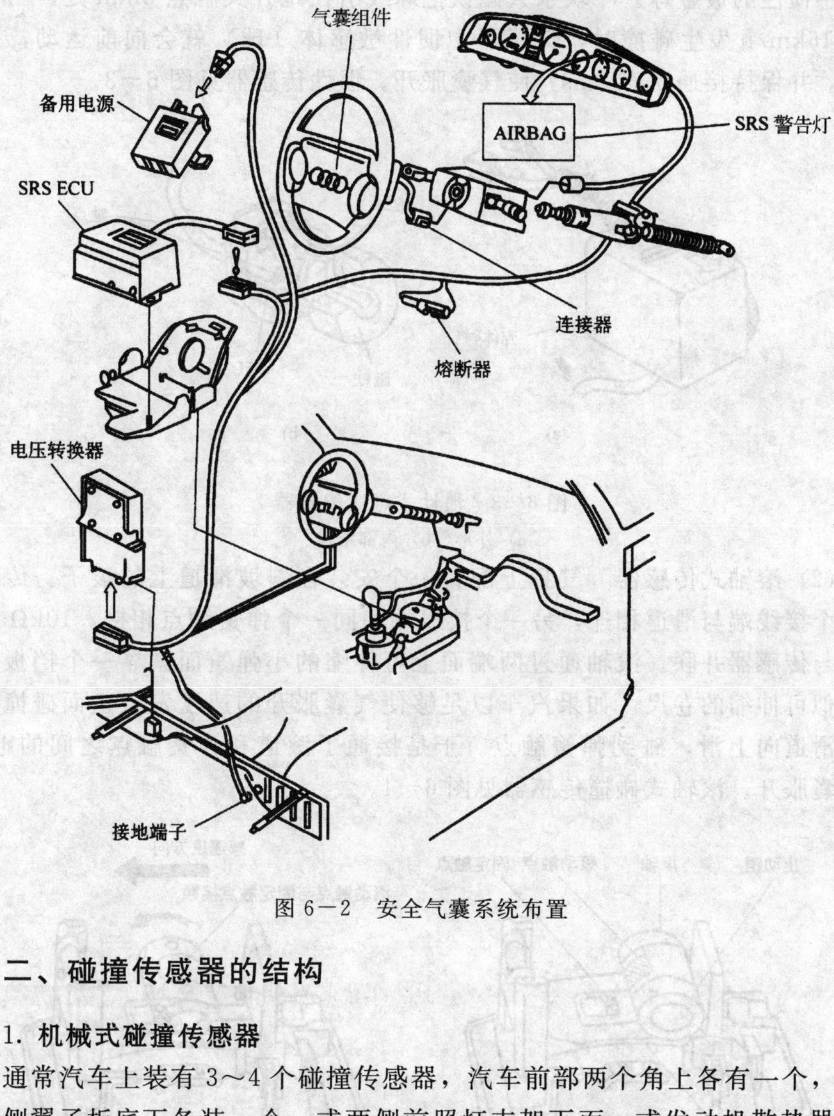

图 6－2　安全气囊系统布置

二、碰撞传感器的结构

1. 机械式碰撞传感器

通常汽车上装有 3～4 个碰撞传感器，汽车前部两个角上各有一个，如汽车两侧翼子板底下各装一个，或两侧前照灯支架下面，或发动机散热器支架的左右两侧及左右仪表板下面和 SRS 的控制单元的内部。

碰撞传感器是安全气囊（SRS）系统中主要的控制信号输入装置，相当于一个控制开关，其工作状况取决于汽车碰撞时减速度的大小。SRS 控制单元根据碰撞传感器的信号来判断是否引爆充气元件为气囊充气。

（1）惯性传感器　每个惯性传感器有一组常开的镀金开关触点和一个作

为敏感惯性的镀金球。一块永久磁铁把球吸引在距开关触点 3mm 处。当车速超过 16km/h 发生碰撞时，传感器中惯性敏感体（球）就会向前运动，接通触点，并保持接通状态 3ms，使气囊胀开。惯性传感器见图 6－3。

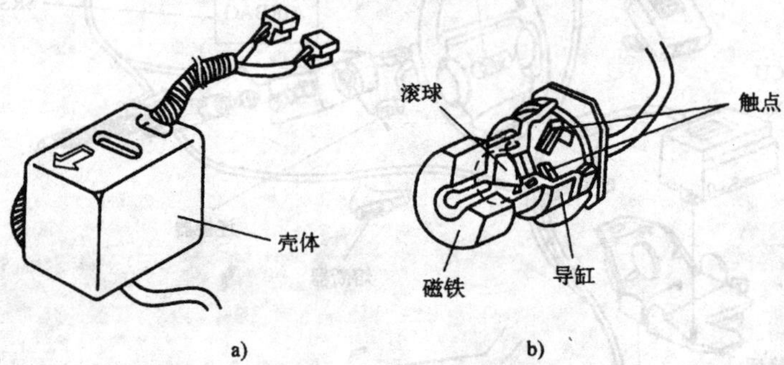

图 6－3 惯性式碰撞传感器

a）外形 b）内部结构

（2）滚轴式传感器 气囊上配置一个安装在斜坡滑道上的滚子。传感器的一个接线端与滑道相连，另一个接线端和同一个弹簧触点相接，10kΩ 的电阻器与传感器并联。滚轴通过两端面上可伸缩的小弹簧而紧靠一个挡板。弹簧类似可伸缩的卷尺。如果汽车以足够使气囊胀开的速度发生正面碰撞，滚子沿滑道向上滑，碰到弹簧触点。于是接通了滚道和弹簧触点之间的电路，使气囊胀开。滚轴式碰撞传感器见图 6－4。

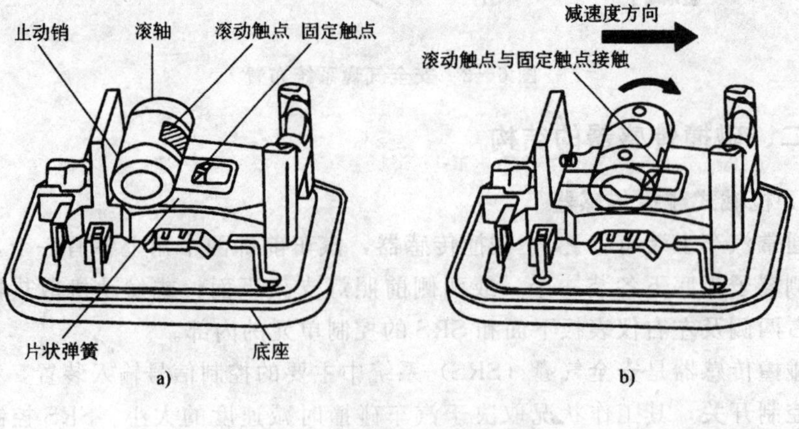

图 6－4 滚轴式碰撞传感器

a）静止状态 b）工作状态

2. **电子式碰撞传感器**

（1）电阻式碰撞传感器　电阻式碰撞传感器由德国博世公司生产，主要由电子电路、电阻变位计、振动块、缓冲介质和壳体组成。当汽车发生撞击，碰撞传感器内的硅膜发生变形时，电阻变位计的电阻就会发生变化。经过信号放大器放大后，传感器的输出电路的信号电压就会发生变化。SRS 控制单元根据电压信号的强弱便可判断碰撞的强度，如信号电压超过设定值，SRS 控制单元就会立即向点火器发出点火指令引爆点火剂，使充气剂受热分解产生气体，打开安全气囊。

（2）压电感应式碰撞传感器　压电感应式碰撞传感器利用压电效应，即压电晶体在压力作用下，晶体外形发生变化使传感器输出电压发生变化的效应。压电晶体通常用石英或陶瓷制成，在压力作用下，压电晶体的输出电压就会发生变化。汽车发生碰撞时传感器内的压电晶体在碰撞产生压力作用下，输出电压就会发生变化。如信号电压超过设定值，SRS 控制单元就会立即向点火器发出点火指令引爆点火剂，使充气剂受热分解产生气体，打开安全气囊。

3. **水银开关式碰撞传感器**

水银开关式碰撞传感器利用利用水银具用良好导电性的特点，用于防护传感器上，其工作原理见图 6－5。汽车发生碰撞时传感器处于静止状态，水银利用自身重力处于传感器下端位置。当汽车发生碰撞减速度达到设定值时，

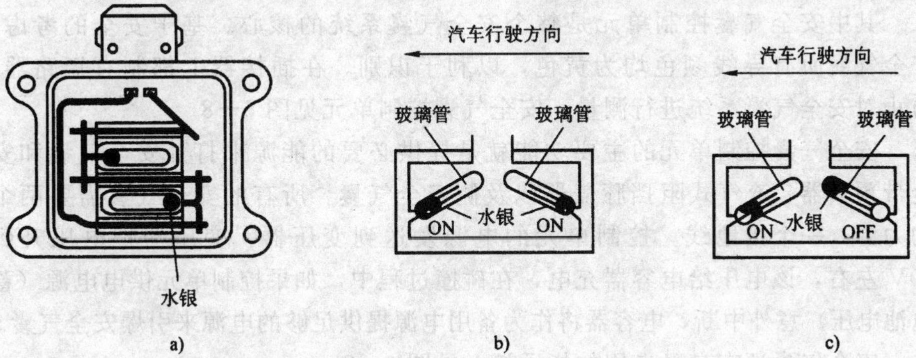

图 6－5　水银开关式碰撞传感器工作原理

a）整体结构　b）减速度小时　c）减速度大时

惯性力将水银抛向传感器电极，使电源的电极和点火器的电极导通，传感器将碰撞信号输送给 SRS 控制单元，控制单元就会立即向点火器发出点火指令引爆点火剂，使充气剂受热分解产生气体，打开安全气囊。

4. **中央加速度传感器**

中央加速度传感器又称为防护传感器或中央气囊传感器，安装在气囊控制单元内部。传感器的N型半导体基板上扩散P型硅层，形成测试电阻的半导体电阻器件。受到冲击时产生电阻变化，平衡电桥电路也同步发生变化。中央加速度传感器的安装位置和构造见图6－6。

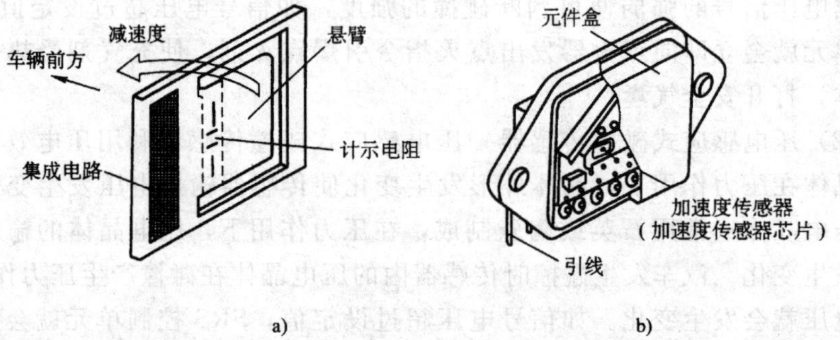

图6－6　中央加速度传感器的安装位置和构造

a）芯片　b）传感器总成

5. **安全气囊传感器、执行器和控制单元**（微处理器）**在车上的位置**

汽车安全气囊系统由安全气囊控制器、气囊模块、碰撞传感器、气囊线束、螺旋电缆、安全带预紧装置、气囊警告灯等组成，见图6－7。

其中安全气囊控制单元是整个安全气囊系统的核心。基于安全的考虑，安全气囊所有导线颜色均为黄色，以利于识别。在插接器上都制有短路器，防止对安全气囊系统进行测量。安全气囊控制单元见图6－8。

安全气囊控制单元的主要功能就是提供必要的能源来打开安全气囊和安全带预紧器、充气式阻挡膝盖器以及侧安全气囊。所有的安全气囊需要两个动力源，一个接地线。控制单元的电源发送到变压器，变压器把电压升到20V左右，该电压给电容器充电，在碰撞过程中，如果控制单元供电电源（蓄电池电压）意外中断，电容器将作为备用电源提供足够的电源来引爆安全气囊。

安全气囊还有自己专用的指示灯，见图6－8。

三、碰撞传感器的分类

1. **前端碰撞传感器**

前端碰撞传感器可帮助判断正面碰撞的严重程度，目前常用的是电子式正面碰撞传感器，它是一种加速度计，利用测得的加速度值进行计算，并将

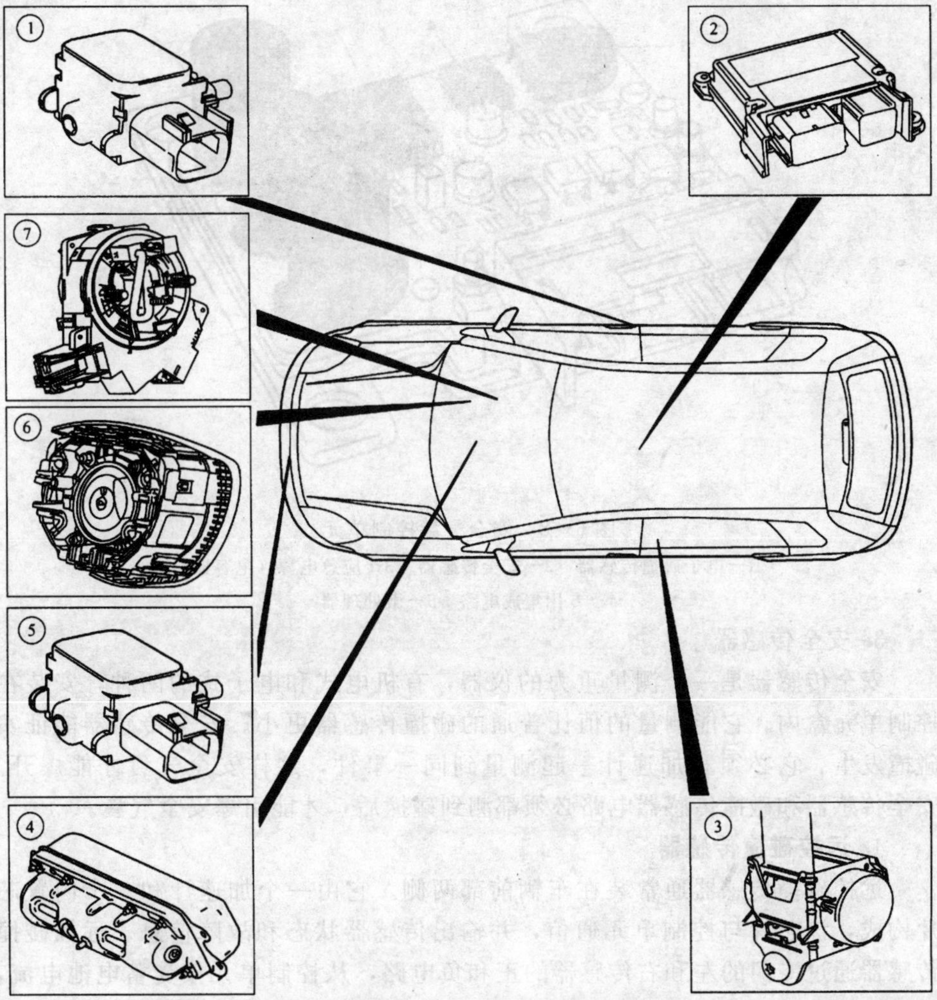

图 6－7　安全气囊系统的组成

1－侧面撞击传感器　2－辅助安全控制模块　3－安全带预紧器　4－乘客侧气囊模块
5－前方撞击传感器　6－驾驶员侧气囊模块　7－螺旋电缆

这些计算值与存储器内存储的值相比较，当生成的计算值超过存储值时，传感和诊断模块就使电流流过点火回路，使正面气囊及时展开。

2. **侧面碰撞传感器**

侧面碰撞传感器包括一个可监控车辆加速度和速度变化的传感装置，用以检测和预测侧面碰撞的严重程度，以保证侧面安全气囊及时展开。

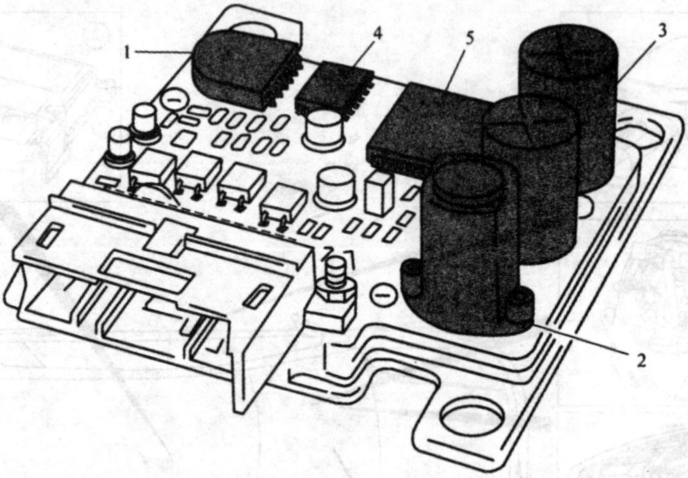

图 6－8 安全气囊控制单元

1－电子碰撞传感器 2－安全传感器 3－应急电源（电容器）

4－专用集成电路 5－微处理器

3. 安全传感器

安全传感器是一个测量重力的仪器，有机电式和电子式的两种，安装在控制单元盒内。它能测量的值比普通的碰撞传感器更小。安全传感器能证实碰撞发生。它必须和加速计一起测量到同一事件，这样安全气囊才能爆开。安全传感器和碰撞传感器电路必须都测到碰撞后，才能引爆安全气囊。

4. 远控碰撞传感器

远控碰撞传感器通常装在车辆前部两侧。它由一个加速计和一个内置芯片构成，该芯片与控制单元通信，并输出传感器状态和故障信息。远控碰撞传感器通过专门的左和右传感器的正和负电路，从控制单元接受蓄电池电流，并通过控制单元接地。控制单元通过向远控碰撞传感器正极电路充电来实现通信。电流信号式远控碰撞传感器在受到碰撞后，输出一个与撞击力成正比的连续的信号。

四、SRS 系统的特性与发展

1. SRS 控制单元的位置

它通常装在变速杆的前边或后边的装饰板内、后排座椅的中部或行李箱内。

2. SRS 系统工作过程

当碰撞发生时由点火器、气袋、惰性气体发生器适时引爆不同位置的气囊。

(1) 开始打开安全气囊　碰撞发生后约10ms控制单元向点火器发出点火指令引爆点火剂，使充气剂受热分解产生气体。驾驶员还没有在惯性作用下向前移动。

(2) 拉紧安全带　当碰撞发生时能依据撞击加速度的力度和方向，控制单元在20ms内向张紧器点火器发出指令，在12ms内驱动安全带预紧装置，使安全带在乘客能承受的最大拉力程度迅速回卷，有效改变大腿和胸部载荷。

(3) 气囊完全打开　当碰撞发生40ms后安全气囊完全打开，气囊达到最大体积，驾驶员在惯性作用下向前移动，部分冲击能量被安全气囊吸收。

(4) 驾驶员压向气囊　当碰撞发生60ms后，驾驶员头部及身体上部压向气囊，气囊的排气孔在气体和人体压力的作用下泄出气囊内气体。气囊内气体经过排气节流吸收人员、气囊之间弹性碰撞产生的能量。SRS系统正是利用安全带的最大拉力程度和气囊排气节流的阻尼作用吸收人体惯性力产生的冲击能量，从而减轻人体遭受伤害的程度。

(5) 碰撞基本结束　碰撞发生110ms后，大部分气体从气囊中逸处，驾驶员又可以恢复原有坐姿。

3. **使用中需注意的事项**

1) 螺旋电缆单元是转向盘、安全气囊与转向柱之间的线束连接器，可以保证行车转向时气囊连接的自由行程。在检测时要注意安全气囊的电气元件不许使用带电仪器检测，以免误启动安全气囊。用解码器读取数据流可以显示每个安全气囊、安全带张紧器、线束的连接状况。

2) 安全气囊爆开后必须更换控制单元，控制单元内引爆程序只能启动一次，引爆后的气囊必须更换。

3) 安全带张紧器内点火器引爆后，点火器内自检电阻熔断，安全带即处于不可逆的张紧状态，引爆后也必须更换。

4) 如果气囊控制模块在维修中受到振动，没有装配好，或某个电源线要跨过安全气囊的发火管，安全气囊就可能爆开。所以在维修控制模块前必须断开蓄电池负极，并等待2min，让电容器充分放电。

4. **安全气囊的发展现状**

(1) 可根据人体骨骼密度自动调整安全带的张力和气囊的软硬程度　英国发明的一种新型主动安全防护系统可通过计算人体生理指数，并以此为依据来调节安全带的张力和气囊软硬程度，能够有效地降低伤亡的比例。此系统是一台可安装在仪表板、车门等车内任何部位的手指扫描仪，驾驶员或乘客上车后将手指放在这个超声波扫描仪上，扫描仪便顺着手指发送一种无害的超声波，计算扫描者的骨骼密度，估算他所能承受的力量，以及因车祸昏厥到苏醒所需要的时间，随后扫描仪将这些数据传送给车载计算机中，计算机就会根据得到的资料，调整安全带的张力和气囊的软硬程度。

(2) 中部设有凹陷的气囊　丰田研发的新型“SRS 双气囊”采用了全支持概念。这种装在副驾驶员座上的两个气囊袋，中部设有凹陷之处，当气囊展开后凹陷处能缓冲乘员头部、肩部等多处的冲击，分散冲击对乘员产生的负荷。减轻人体局部所受到的冲击。

(3) 多级展开式安全气囊　多级展开式安全气囊有两个引爆器，这两个引爆器能够在三个不同的阶段定时引爆。引爆时序由碰撞程度和作用决定。每个引爆器的点火时序由控制单元根据加速度计的输入值决定。受到较轻碰撞时可以将安全气囊以几毫秒的间隔分级爆开。受到较重碰撞时可以将安全气囊两个引爆器同时点燃。采用多级展开式安全气囊的控制单元就是根据传感器信号，确定碰撞的程度，不仅可以确定安全气囊是分级爆开，还是同时爆开；还可以确定爆开的级别，可分为低程度爆开、中等程度爆开和完全爆开等几级。多级展开式安全气囊通过控制气囊的展开，更好的保护了乘员。

(4) 多点式安全气囊　多点式系统采用外部远程碰撞传感器测定，多点式系统的传感器少则两个多则八个。碰撞时，安全气囊控制单元接受到这些传感器输出的信号。电子远程碰撞传感器输出一个与碰撞程度成正比的电压信号，安全气囊控制单元内微处理器测量该电压信号，如果该电压信号等于或高于设定的极限值，安全气囊控制单元就引爆安全气囊。

(5) 主动式头枕式安全气囊　在前排座椅上部设置主动式头枕。当受到来自后方的撞击时，该机构有助于降低颈部受伤的风险。遇到后部冲击时乘客身体的冲力推动座椅靠背内的板件。通过连杆机构，板件会马上向后移动，使头枕向前翘起，以固定保护乘客头部，减少乘客颈部受伤的风险。

5. 和 SRS 相关的安全装置

(1) 可溃缩式转向柱　在发生撞击时能够有效地保护驾驶员胸腔部位的安全。

(2) 可溃缩式制动踏板　在发生撞击时能够有效地保护驾驶员脚踝。

6. 乘员分类系统

乘员分类系统模块为了降低安全气囊对儿童和妇女的伤害，利用成员分类系统中前排乘客座位上的传感器，探测到乘员分类信息，向气囊控制单元发出前排乘客分类信息。控制单元以此为依据抑制或修正气囊的爆开程度，降低安全气囊对儿童和妇女的伤害，特别是座椅上有婴儿乘坐时，要抑制副驾驶座的安全气囊。

1）乘员分类模块座椅下方有一个压力传感器，根据传感器输出电压信号的变化可计算出乘客的质量。当探测到乘客相当于一个 6 岁儿童时，乘客安全气囊警告灯亮，同时安全气囊处于抑制状态，如有必要，会在低危害程度下爆开。

2）当探测到座椅上没有人时乘客安全气囊警告灯关闭，同时安全气囊处于抑制状态，乘员分类模块让传感器输出电压回零，遇到碰撞不爆开。

3）当探测到座椅上为一个体态较轻的妇女时，乘客安全气囊警告灯关闭，同时安全气囊处于就绪状态，如有必要，会根据碰撞程度爆开。

4）安全带张力传感器，是乘员分类系统的补充部分，传感器装在安全带扣上，是一个应力测试仪。能检测与儿童座椅有关的高负荷。乘员分类模块根据安全带张力传感器提供的数据能正确补偿因捆紧儿童座椅而多施加在座椅上的力。随传感器电压的变化，乘员分类模块可估计出由于系紧安全带引起的感应负荷值。如果安全带负载超过设定的极限值，就会按面朝后的婴儿处理。

5）座椅滑道位置传感器，是一个霍尔传感器，负责向乘员分类模块提供座椅位置信息。座椅位置不同，旁边的钢板不是遮盖就是露出传感器的磁性区域，改变传感器的电流，乘员分类模块根据电流变化的信息正确判断座椅的位置。

如果乘员分类模块检测到某个传感器电压值剧烈变化，乘员分类模块则判定该传感器或电路出现故障，同时设立一个故障码。

第二节　安全气囊常见故障的诊断

1. SRS 指示灯不灭

打开点火开关后所有的指示灯都应该亮起，自检后应关闭，SRS 指示灯见图 6—9，如常亮不熄或连续闪烁多次后常亮不熄，说明 SRS 的控制单元已经检查到故障，可能有以下三种情况：

1）曾拆过 SRS 的电路系统。

2）曾发生过碰撞事故。在发生过碰撞事故后，SRS 的控制单元自诊断系统记有故障码，修车后未能消除故障码。

3）SRS 的电路系统确实存在故障。汽车的 SRS 中确实可能存在电路系统故障，如传感器故障或 SRS 的控制单元有故障，相关线路端子接触不良、断路（安全气囊的连接端子脱落）、接地或安全气囊诊断模块（SDM）内部进

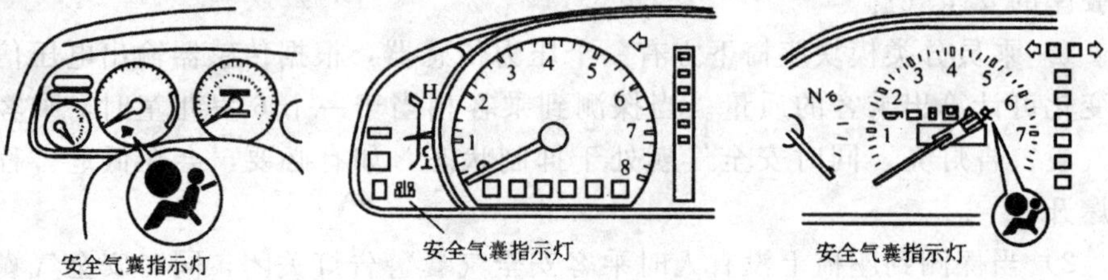

图 6－9　SRS 指示灯显示

水等故障。

一般情况下 SRS 的控制单元极少损坏，SRS 较多出现的故障是螺旋电缆断开、电源、接地线或端子接触不良。

2. SRS 的故障诊断过程中需要注意的事项

在维修 SRS 系统过程中必须严格遵守检修的程序，否则会造成安全气囊意外爆开，引发人为的破坏，直接导致维修人员受伤。也有可能出现气囊不起作用的情况。

1）SRS 系统故障的诊断主要靠调取 SRS 的故障码。在拆开蓄电池负极和正极接线之前，应先读取安全气囊系统故障码。由于安全气囊系统的故障征兆无法判定，读取故障码是故障排除的主要依据。

2）由于 SRS 系统有备用电源，所以检修工作必须在将点火开关旋转至 LOCK 位置，断开蓄电池负极 90s，以使安全气囊系统备用电源完全自动释放后进行，否则可能会使 SRS 引爆。

3）在进行 SRS 检修或其他方面检修过程中，如有可能对 SRS 传感器造成冲击，应先拔下安全气囊模组端子（见图 6－10），拆下 SRS 传感器。即使只发生轻微碰撞而安全气囊未打开，也应对前碰撞传感器和转向盘安全气囊进行检查。

4）需要更换 SRS 配件时必须更换原厂的新配件。安全气囊系统的传感器、电控单元、安全气囊组件、螺旋电缆等零部件不可解体和维修，发生碰撞且安全气囊已经引爆后，SRS 电控单元不可重复使用。也严禁使用其他厂家的部件或旧件。

5）对损坏的水银开关式碰撞传感器之类可能造成环境污染的，部件应进行有害废弃物专业处理。报废安全气囊组件或车辆时，应使安全气囊引爆张开。

6）在进行电路检查时必须使用高阻抗欧姆表。

7）展开安全气囊时必须戴眼镜和手套，气囊内表面可能残存有氢氧化钠。

8）SRS 系统警告灯电路有故障，大多数是警告灯接地短路。由于警告灯受气囊控制单元的控制，因此这种短路会影响到控制单元，在汽车发生碰撞时不可能使引爆电流流向引爆管，气囊不一定会适时张开，因此需要及时修理。

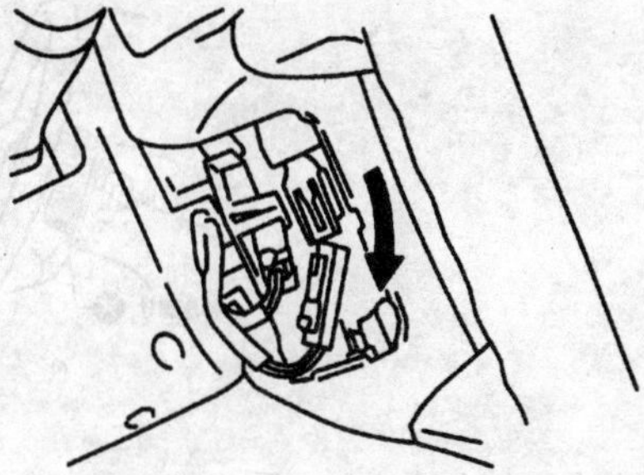

图 6－10　断开安全气囊模组端子

9）SRS 系统曾经发生故障或拆修换件后未清除故障码，可按维修手册规定清除历史故障码。清除后如故障码仍显示驾驶员安全气囊点火器电路断路或点火器电路电阻增大，应检查主线束端子的插接器，若插接器良好，换一个好的 SRS 控制单元重新检查，如故障依然存在，更换 SRS 主线束。

10）碰撞传感器、电控单元等部件应严格按规定方向安装，否则系统无法正常工作。应仔细阅读零部件标牌上的有关注意事项。在维修过程中，不要测量气囊组件引爆管的电阻。应避免对碰撞传感器、安全气囊组件等产生冲击。不得将安全气囊组件置于高温、火焰和潮湿环境中。

11）检修完毕后，应先进行系统检验，确认无误时，最后连接安全气囊组件电路。检查方法如下：

①用一只 12V 的小灯泡代替气囊接入电路。

②接通点火开关，启动发动机，汽车行驶至车速超过 80km/h 时，紧急制动；然后再在崎岖颠簸路面上行驶。

③上述情况下小灯泡均不闪亮，表明系统电路正常。

④也可将螺旋电缆连接器和前乘员气囊连接器短接销短接（或用跨接线短接）后，使系统保持自诊断功能，进行道路实验。在实验过程中，SRS 指示灯不亮，表明系统电路正常。实验结束后，将点火开关关断（OFF），等待 2min 后，拆下各连接器跨接线，连接好安全气囊电路。

12）拆卸转向盘前，先将车轮回正，拆开喇叭接头，用转向盘拉器拆下转向盘，严禁用锤子敲击，拉器也不可拧得过紧。不可分解螺旋电线。转向盘上安全气囊的拆卸见图 6－11。

13）安装螺旋电线（SRS 电线设计成螺旋形就是避免影响转向过程损坏电缆），要先把前轮旋转到垂直向前的位置，并确定螺旋电线处于正中位置，将“▲”与“▼”对正，再连接螺旋电线接头，并锁紧接头装上转向盘，与螺旋电线对齐，将螺旋电线拉倒底部，接在转向盘副线束上将气囊模块接头

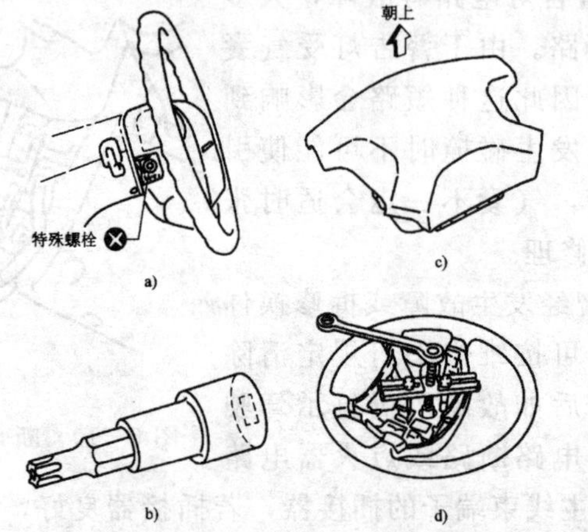

图 6－11　转向盘上安全气囊拆卸时注意事项

a）转向盘两侧气囊使用的是专用螺栓　b）拆卸专用螺栓的专用工具

c）安全气囊拆卸后的放置方法　d）用专用拉器拆卸转向盘

移到转向盘下盖开口处，将转向盘向左、向右打倒止端，以确定螺旋电线处于中间位置。拆卸和安装螺旋电线见图 6－12。

14）调整好气囊的装配位置，紧固新换的专用螺栓，连接好气囊接头，安装上盖子，接上蓄电池负极接地线，进行自诊断，确定 SRS 正常。

15）SRS 检修工作结束后要进行 SRS 系统警告灯的检查。确定故障已经排除，故障码已经消除后方可使用。原来的故障码如忘了清除，SRS 系统警告灯还会常亮或闪烁不停。不同的轿车清除故障码的方法不一样，丰田轿车将点火开关转到断开位置，故障码即被清除。

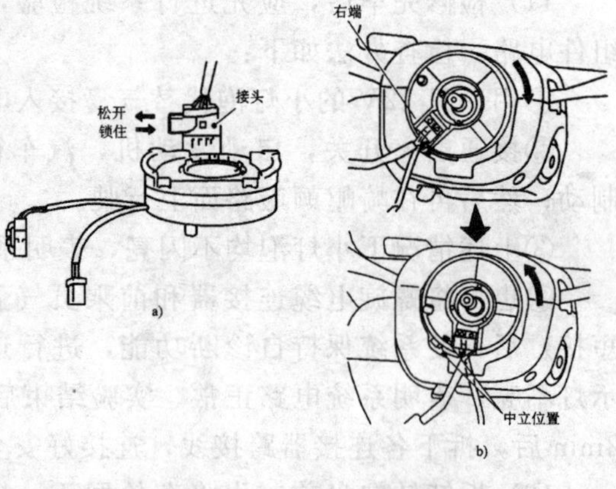

图 6－12　拆卸和安装螺旋电线

a）拆卸螺旋电线　b）安装螺旋电线

16）当使用电弧焊进行车身维修作业时，应依次拆开蓄电池负极（－）和正极（＋）接线、电控单元连接器，再拆开各安全气囊组件黄色连接器后，方可进行作业。汽车其他电子控制系统的电控单元也应同时按规定拆下连接器。

第七章 汽车CAN总线系统

一、CAN总线系统的故障诊断

1. CAN总线系统的常见故障

在CAN总线控制单元中可能有两个总线故障记录：

· CAN通信故障；

· CAN线路故障。

（1）CAN通信故障。通信故障有两种情况：

· 控制单元断路（见图7－1）；

· 控制单元损坏（见图7－2）。

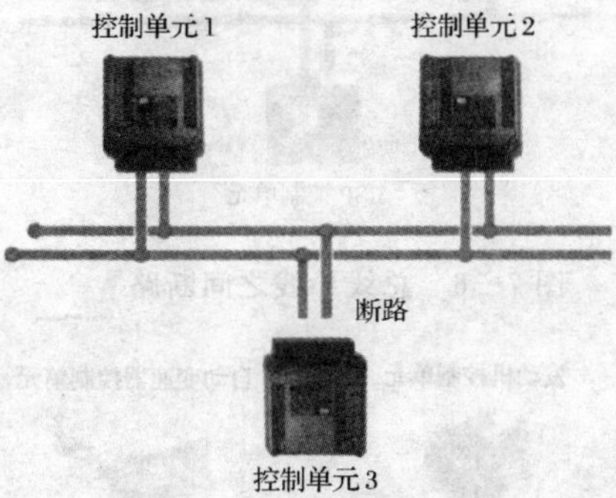

图7－1 控制单元断路

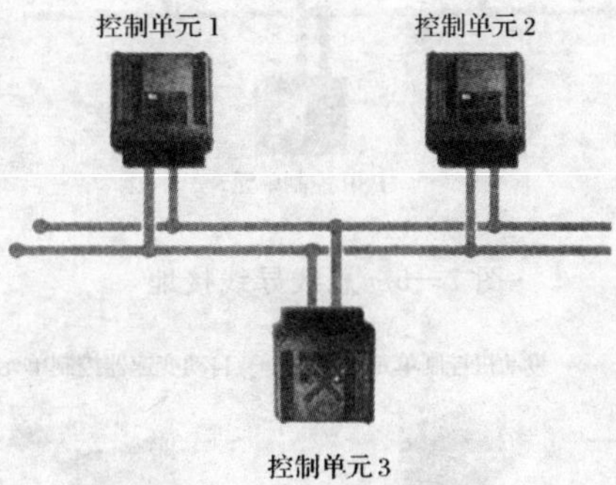

图7－2 控制单元损坏

（2）CAN总线线路故障。有以下几种情况：

· CAN总线导线短路（见图7－3）；

· CAN总线一根导线断路（见图7－4）；

· CAN总线导线接地（见图7－5）；

· CAN总线导线之间断路（见图7－6）；

· CAN－Low线与CAN—High线之间交叉连接（见图7－7）；

· CAN－Low线与蓄电池正极短接（见图7－8）；

· CAN－High线与蓄电池正极短接（见图7－9）；

· CAN－Low线与蓄电池负极短接（见图7－10）；

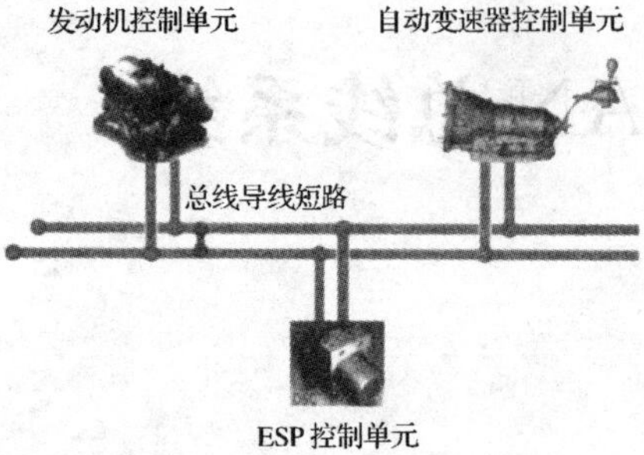

图 7－3　总线导线短路

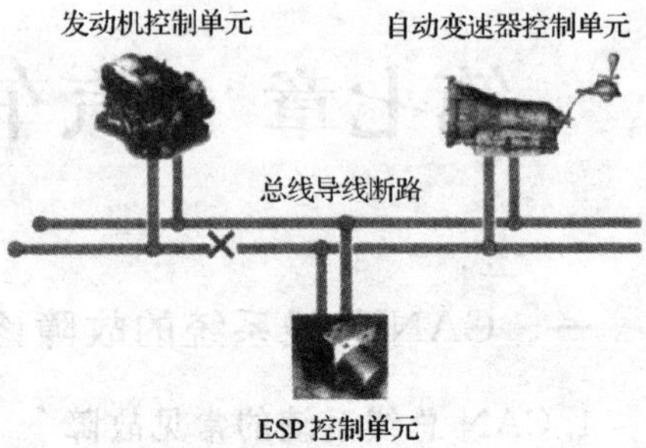

图 7－4　总线一根导线断路

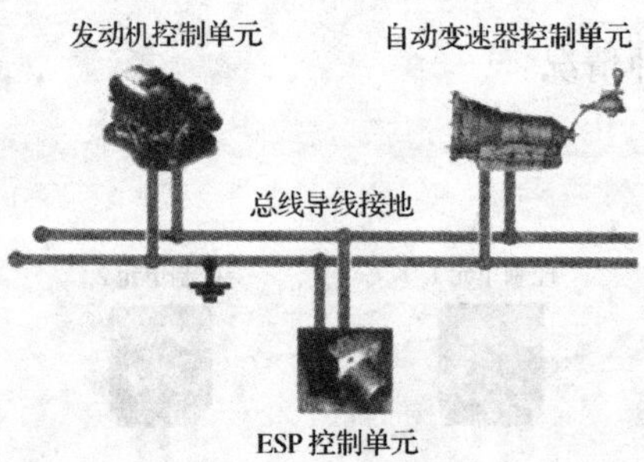

图 7－5　总线导线接地

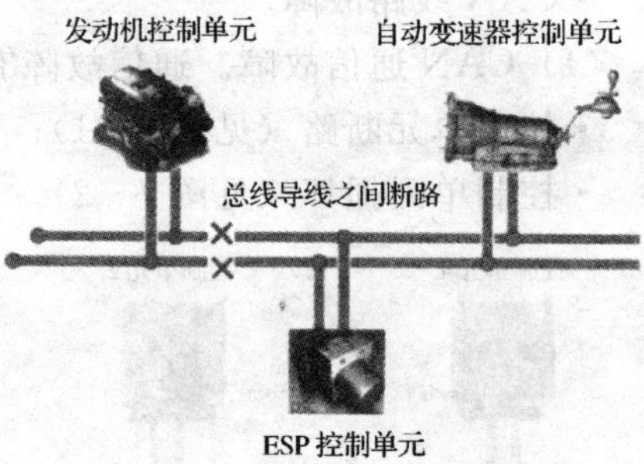

图 7－6　总线导线之间断路

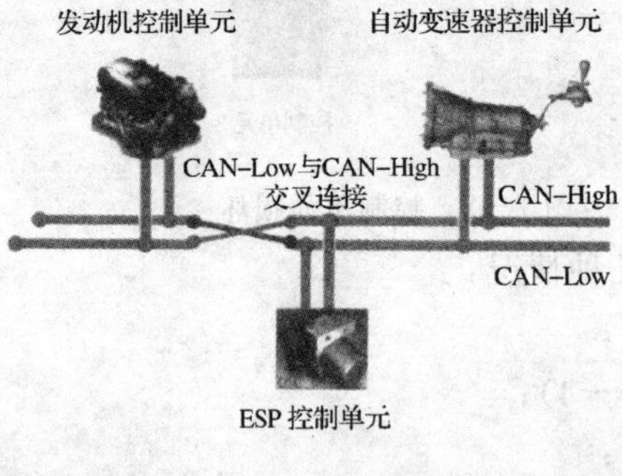

图 7－7　CAN－Low 线与 CAN－High 线交叉连接

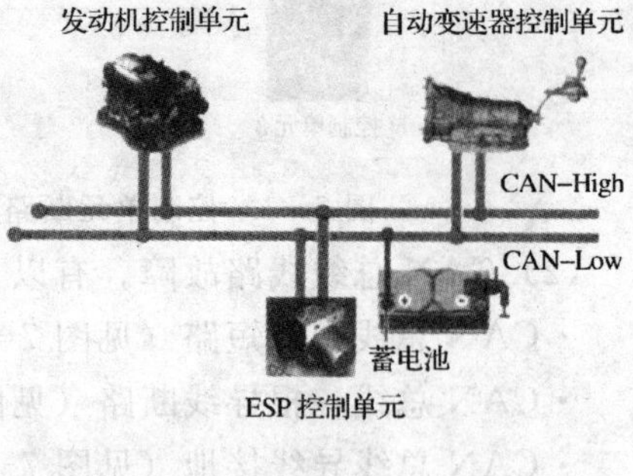

图 7－8　CAN－Low 线与蓄电池短接

· CAN－High 线与蓄电池负极短接（见图 7－11）。

2. CAN **总线故障的存储**

网关的作用是将不同传输速度的总线系统连接，并在此进行数据交换（见图7－12）。总线系统中出现的故障信息被存储在网关中。

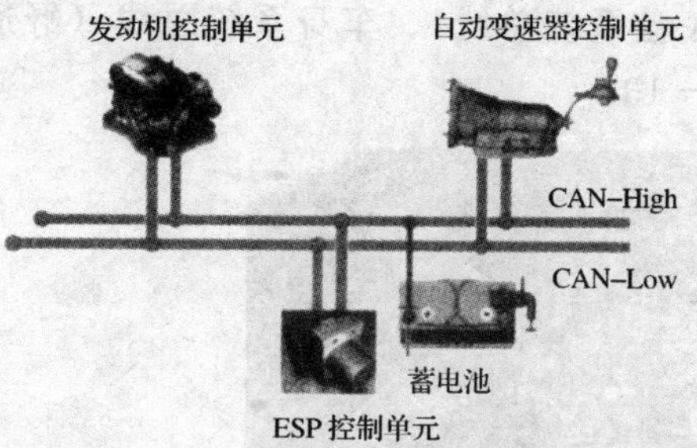

图 7－9 CAN－High 线与蓄电池短接

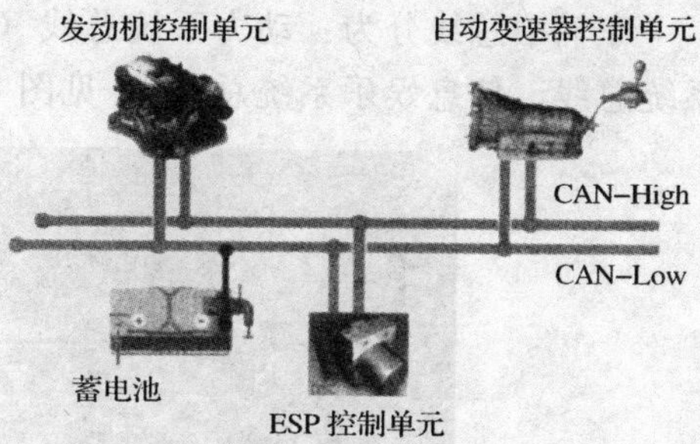

图 7－10 CAN－Low 线与蓄电池负极短接

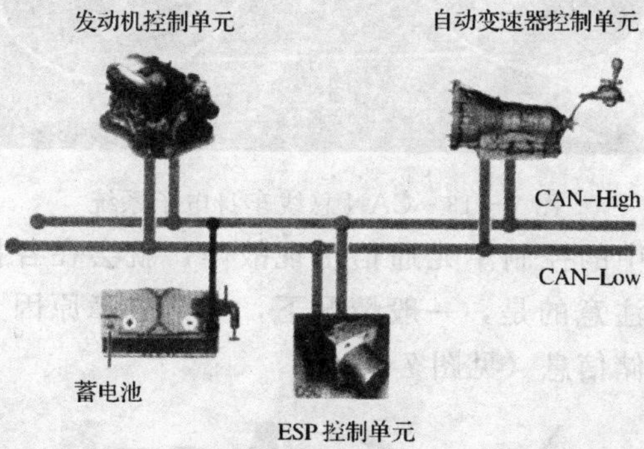

图 7－11 CAN－High 线与蓄电池负极短接

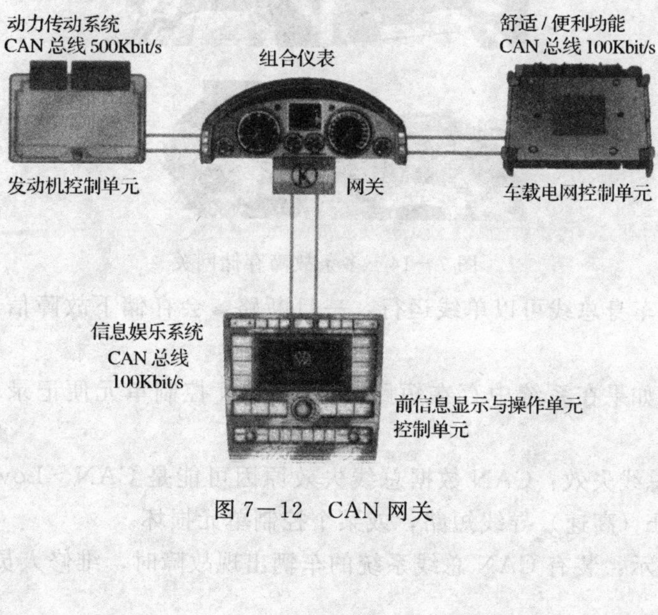

图 7－12 CAN 网关

车辆中总线分为：动力系统总线（底盘系统总线）、车身系统总线（舒适系统总线、信息娱乐系统总线），见图 7—13。

图 7—13　CAN 总线车身电子系统

一旦总线系统中的控制单元通信出现故障，就会在各控制单元中生成故障存储信息。值得注意的是，一般情况下，一个故障原因会在不同控制单元中造成多条故障存储信息（见图 7—14）。

图 7—14　多条故障存储网关

断路：车身总线可以单线运行，一旦断路，会存储下故障信息“CAN 线路故障”。

短路：如果在系统中存在短路故障，CAN 控制单元便记录“CAN 线路故障”。

CAN 总线失效：CAN 数据总线失效原因可能是 CAN—Low（低速）或 CAN—High（高速）导线短路，或某个控制单元损坏。

特别提示：装有 CAN 总线系统的车辆出现故障时，维修人员应首先检测

CAN总线系统是否正常。因为如果CAN总线系统有故障，则整个汽车CAN总线系统中的有些信息将无法传输，接收这些信息的控制系统无法正常工作，从而为故障诊断带来困难。对于汽车CAN总线系统故障的维修，应根据CAN总线系统的具体结构和控制线路进行具体分析。

使用检测仪（见图7—15）对控制单元和CAN总线出现的故障信息进行分析，找出故障原因。

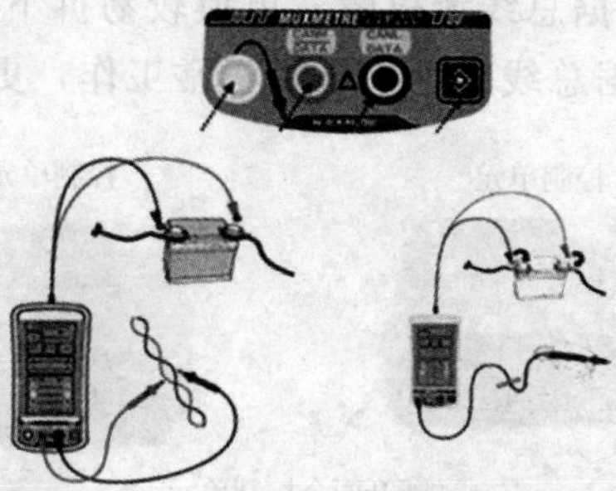

图7—15　CAN总线检测仪

3. **故障检查过程**

（1）用故障查询指南读取所有故障存储。

（2）得到故障查询的结果（如果存在）。

（3）用读取测量数据块确定故障存储记录（如果存在）。

（4）用执行元件自诊断确定故障存储记录（如果存在）。

（5）用检测仪确定故障存储记录。

（6）用万用表进行电气检测，例如线路通断。

4. **故障诊断步骤**

对于多路信息传输系统的故障诊断，一般采用以下步骤进行。

第1步：了解该车型CAN总线系统的特点，包括：

1）传输介质：如双绞线、同轴电缆、光纤。

2）区域网形式：如CAN网、LAN网。

3）网络通信协议的类型：如CAN协议、ABUS协议、VAN协议、PALMENT协议、CCD协议、HBCC、DLCS协议等。

第2步：了解汽车CAN总线系统的各种功能。如有无唤醒功能、休眠功能等。

第3步：检测汽车电源系统是否存在故障。如交流发电机的输出波形是否正常（若不正常将导致信号干扰等故障）等。

第 4 步：检查汽车 CAN 总线系统的链路是否存在故障，采用替换法或采用跨线法进行检测。

第 5 步：检查节点。如果是节点故障，只能采用替换法进行检测。

5. 检测 CAN 总线的故障

(1) 两个控制单元组成的双线式数据总线系统的检测。检测时，关闭点火开关，断开两个控制单元（见图 7－16），检查数据总线是否断路、短路或对正极/地短路。如果数据总线无故障，更换较易拆下（或较便宜）的一个控制单元试一下。如果数据总线系统仍不能正常工作，更换另一个控制单元。

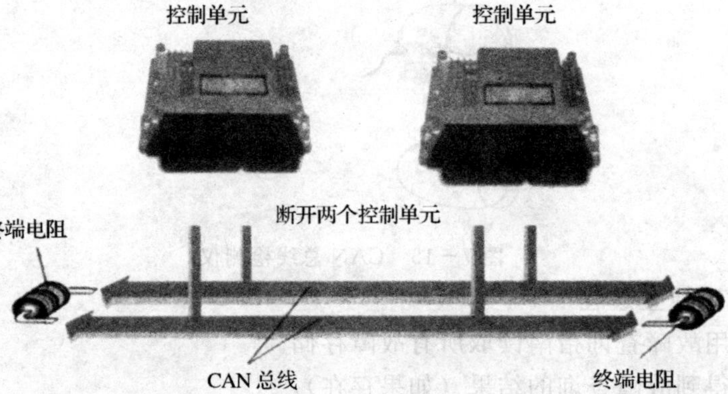

图 7－16　两个控制单元总线的检测

(2) 三个或更多控制单元组成的双线式数据总线系统的检测。检测时，先读出控制单元内的故障码，如果控制单元 1 与控制单元 2 和控制单元 3 之间无通信，关闭点火开关，断开与总线相连的控制单元，检查数据总线是否断路（见图 7－17）。如果总线无故障，更换控制单元 1。如果所有控制单元均不能发送和接收信号（存储器“硬件故障”），则关闭点火开关，断开与数据总线相连的控制单元，检测数据总线是否短路，是否对正极/地短路。

如果数据总线上查不出引起硬件损坏的原因，检查是否某一控制单元引起该故障。检查方法是：

1）断开所有通过 CAN 数据总线传递数据的控制单元，关闭点火开关。

2）接上其中一个控制单元，连接检测仪，打开点火开关，清除刚接上的控制单元的故障码。

3）打开点火开关 10s 后，用故障诊断仪阅读刚接上的控制单元故障存储器内的内容。如显示“硬件损坏”，则更换刚接上的控制单元；如未显示“硬

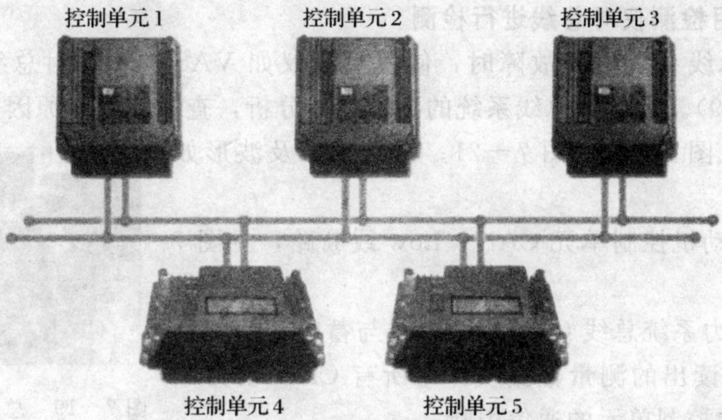

图 7－17　多控制单元总线的检测

件损坏”，接上下一个控制单元，重复上述过程（见图 7－18）。

连接蓄电池接线柱后，输入收音机防盗密码，进行玻璃升降器基本设定及时钟调整。对于汽油发动机的汽车，还应进行节气门控制器的自适应（自学习）操作。

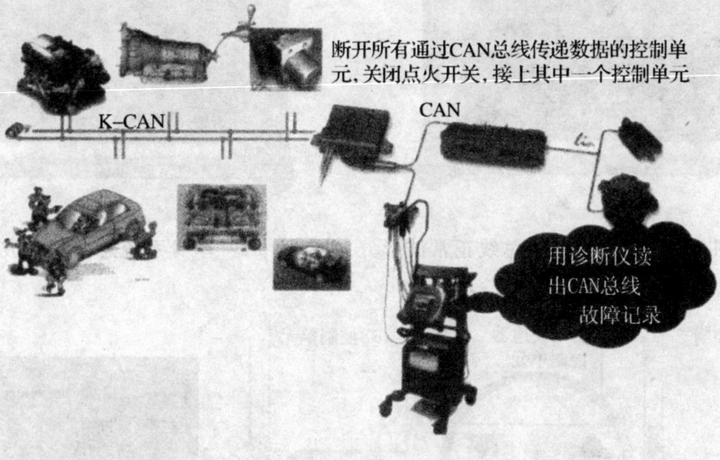

图 7－18　接上其中一个控制单元使用检测仪检测

（3）检测控制单元的功能故障。在检查数据总线系统前，须保证所有与数据总线相连的控制单元无功能故障。功能故障不会直接影响数据总线系统，但会影响某一系统的功能流程。例如：传感器损坏，其结果就是传感器信号不能被传递到数据总线上。这种功能故障对数据总线系统有间接影响，会影响需要该传感器信号的控制单元的通信。如存在功能故障，先排除该故障，记下该故障并消除所有控制单元的故障码。

6. **使用检测仪对总线进行检测**

(1) 总线系统出现故障时，使用检测仪如 VAS5051 等对总线进行检测(见图 7－19)。通过对总线系统的波形进行分析，查找故障的原因。总线系统正常波形见图 7－20、图 7－21。常见故障及波形如下。

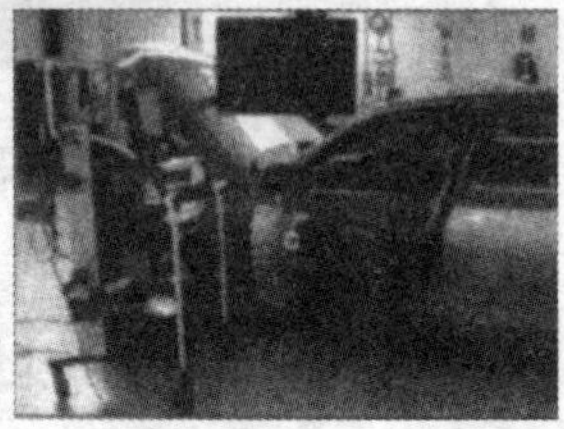

图 7－19 总线系统检测

1) 发动机控制单元 CAN－Low 线断路，见图 7－22。

2) 动力系统总线 CAN－Low 线与蓄电池短路见图 7－23，读出的测量数据块：与所有 CAN 动力系统总线上的控制单元的通信中断。

3) 动力系统总线 CAN－High 线和 CAN－Low 线接反了，见图 7－24。

4) 车身总线 CAN－Low 线断路，见图 7－25。

图 7－20 动力系统总线正常波形

图 7－21 车身系统总线正常波形

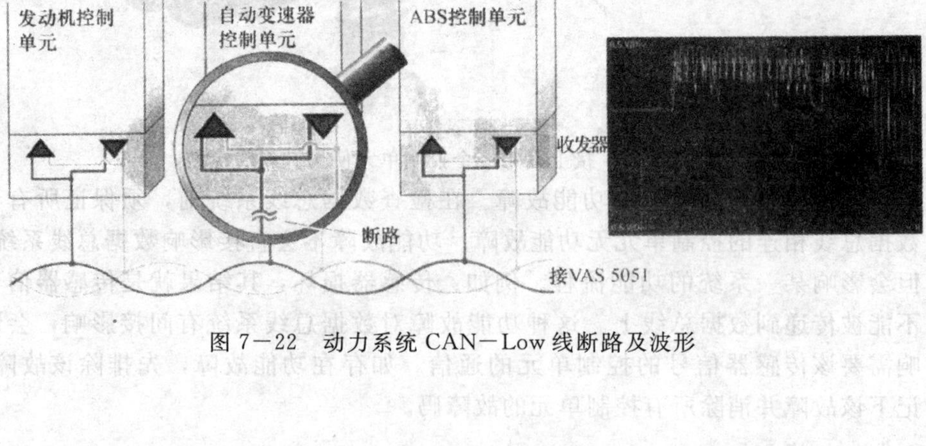

图 7－22 动力系统 CAN－Low 线断路及波形

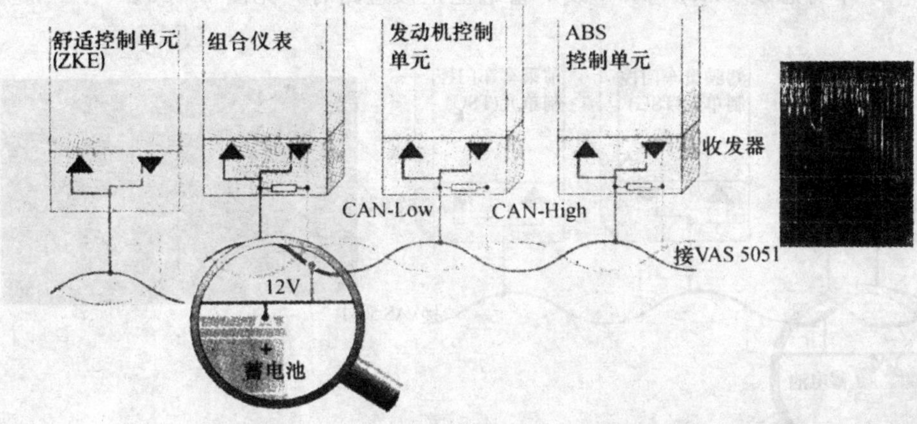

图 7－23　动力总线 CAN－Low 线与蓄电池短路及波形

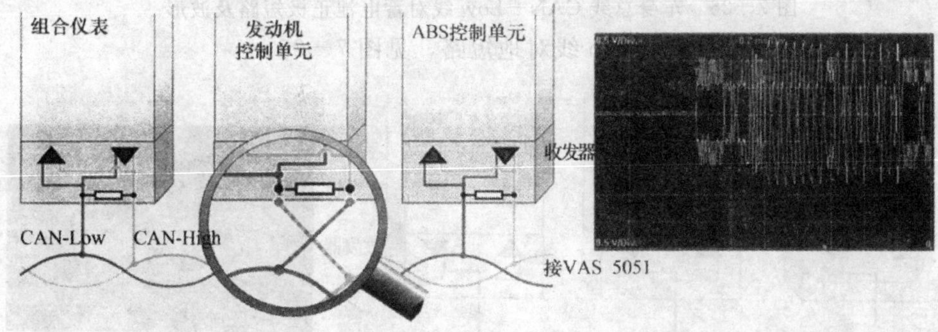

图 7－24　动力系统总线 CAN－High 线和 CAN－Low 线接反及波形

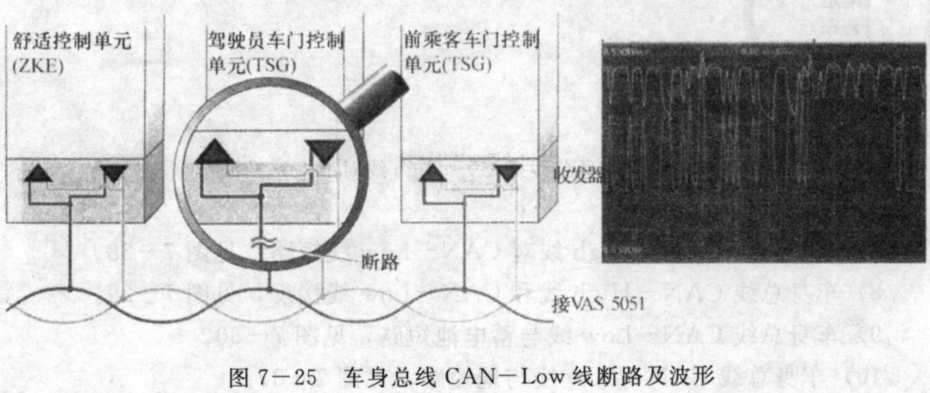

图 7－25　车身总线 CAN－Low 线断路及波形

5）车身总线 CAN－Low 线对蓄电池正极短路时，见图 7－26。

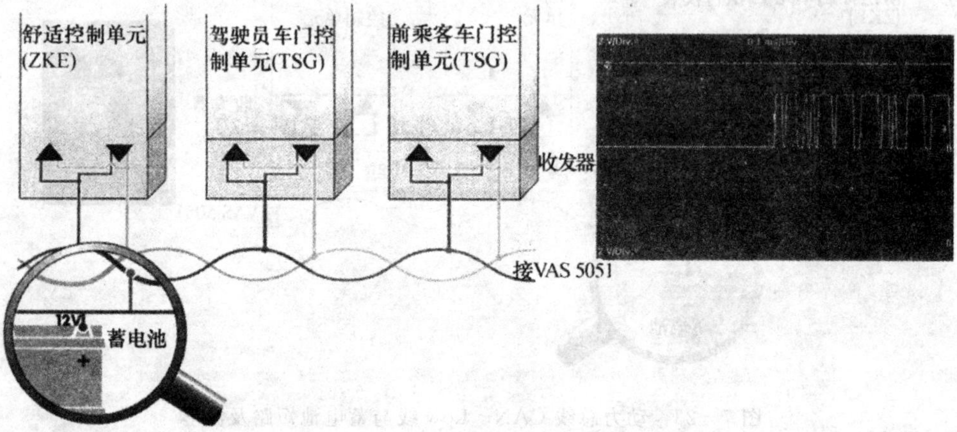

图 7－26　车身总线 CAN－Low 线对蓄电池正极短路及波形

6）车身总线 CAN－High 线对地短路，见图 7－27。

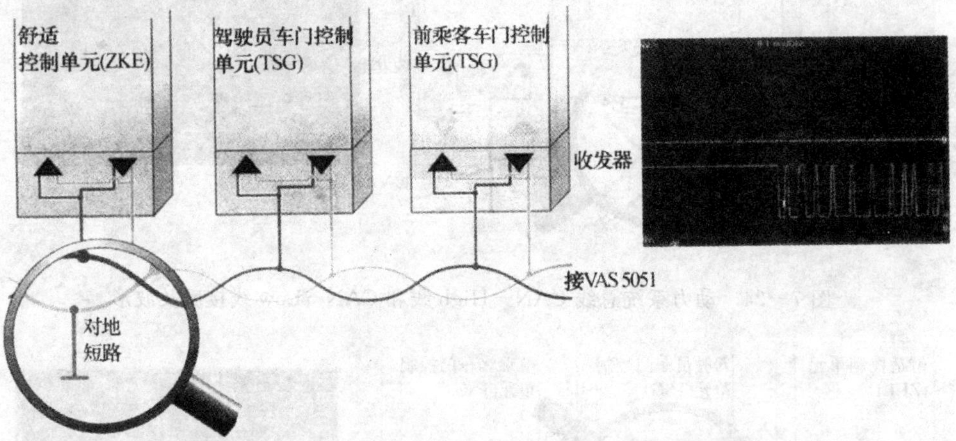

图 7－27　车身总线 CAN－High 线对地短路及波形

7）车身总线 CAN－High 线对 CAN－Low 线短路，见图 7－28。

8）车身总线 CAN－High 线和 CAN－Low 线接反，见图 7－29。

9）车身总线 CAN－Low 线与蓄电池短路，见图 7－30。

10）车身总线 CAN－Low 线与地短路，见图 7－31。

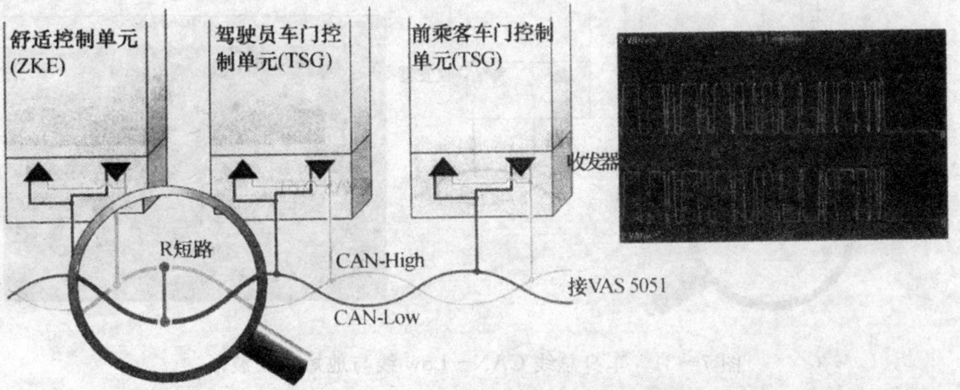

图 7－28　车身总线 CAN－High 线对 CAN－Low 线短路及波形

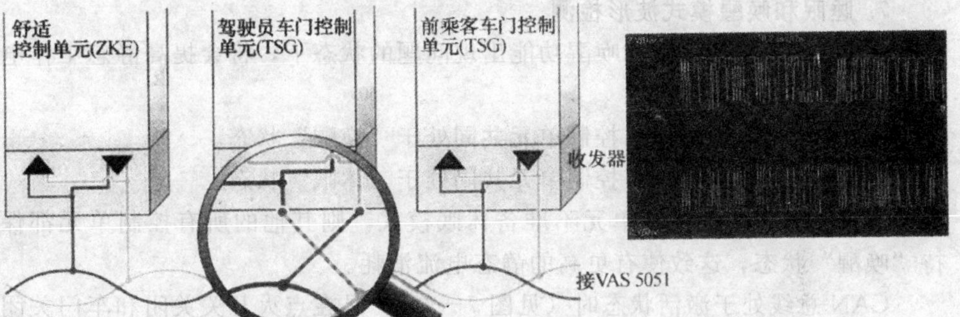

图 7－29　车身总线 CAN－High 线和 CAN－Low 线接反及波形

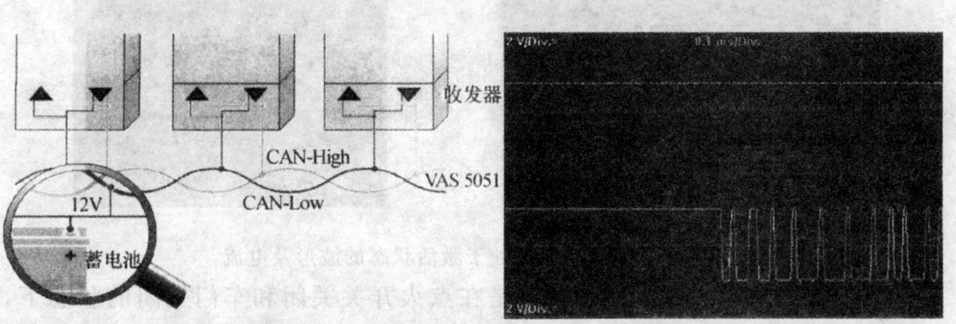

图 7－30　车身总线 CAN－Low 线与蓄电池短路及波形

特别提示：当在车辆中出现电源电压过低情况时，同样也可能（错误地）记录为总线故障。因此在分析总线故障之前应检查电源电压过低故障是否存

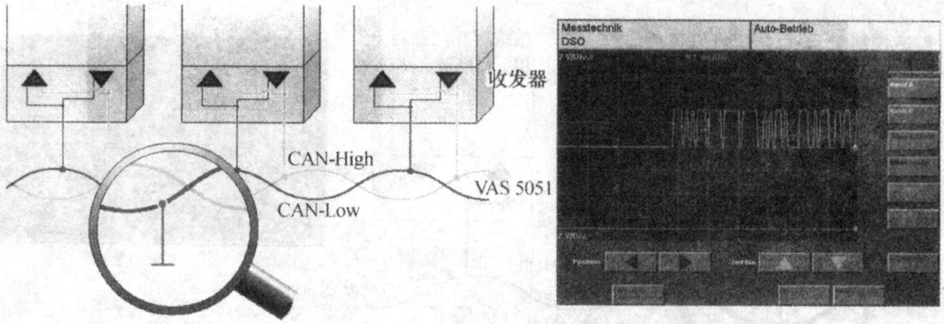

图 7－31　车身总线 CAN－Low 线与地短路及波形

储在超过两个控制单元中。如果回答是肯定的，就不用再进行其他的总线故障分析了，而只在供电范围内查询故障原因就可以了。

7. 睡眠和唤醒模式波形检测

在 CAN 总线的睡眠和唤醒功能出现问题的状态下，将会提高静态工作电流。睡眠和唤醒模式：

·在 CAN 总线上所有控制单元共同处于“唤醒”状态。

·在 CAN 总线上所有控制单元共同处于“休眠”状态。

这意味着，一个控制单元不准备休眠模式，则其他的所有控制单元都保持“唤醒”状态，这致使有更高的静态电流消耗。

CAN 总线处于激活状态时（见图 7－32），是在点火开关关闭和车门关闭的状态下，激活的总线静态电流很高。

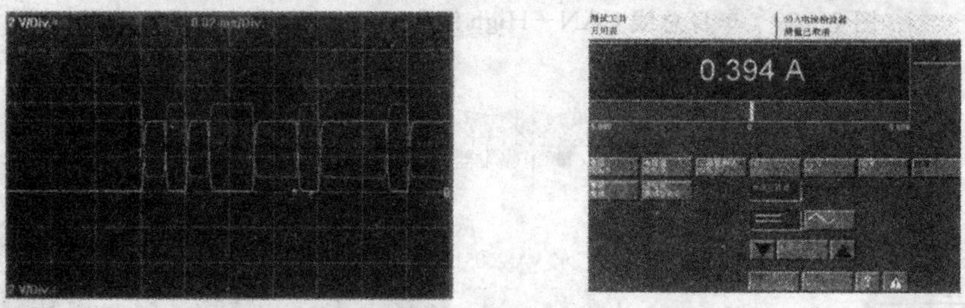

图 7－32　CAN 总线处于激活状态的波形及电流

CAN 总线处于未激活状态时，是在点火开关关闭和车门关闭的状态下，未激活的总线静态电流较低（该值不是额定值）。

8. CAN 总线的故障原因

CAN 总线出现通信故障可能是下列原因：

·CAN－Low 线或 CAN－High 线通信线断路或者短路。

·插头连接损坏，如触头损坏、污垢、锈蚀。

·车用电源系统中的电压故障，例如由损坏的点火线圈或接地连接引起。

·某个控制单元中的通信部件故障。

·某个控制单元的供电故障。当蓄电池电量快耗尽时，蓄电池电压缓慢下降可能导致故障记录存储，因为不是所有的控制单元由于电压下降而同时关闭。

CAN总线对正极短路和对地短路、导线相互短路不会损坏控制单元，但在最严重的情况下会造成总线系统失灵。车辆中的总线系统不仅会出现断路和短路故障，当水汽侵入总线系统中的插头时，就可能在接地、正极和CAN总线导线之间出现接触电阻，使总线系统工作不正常。

9. **检测仪的使用**

CAN总线的所有故障通常存储在故障码存储器中。故障记录仅在个别情况下可以简单的诊断，绝大多数时候必须进行详细的检查。短路和因水汽引起的接触电阻所产生的故障通常只能用示波器进行可靠诊断。对于用示波器进行的诊断，推荐使用存储器示波器。为了能够同时显示CAN－High线和CAN－Low线上的信号，此示波器应具有两个通道（见图7－34）。

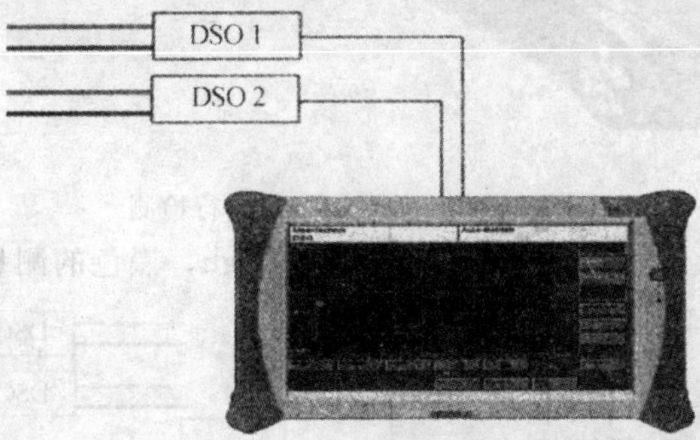

图7－34　两通道示波器

在分析电平时要注意，在用示波器进行测量时必须考虑一个最大为10％的测量误差。

在无故障的情况下，在示波图中可看到，CAN—High和CAN－Low的脉冲始终是沿相反的方向移动。在分析时首先查找隐性电位。CAN—High是脉冲由隐性电位沿正向成像的通道。CAN—Low导线上的脉冲由隐性电位沿负向成像。

使用电脑检测仪进行波形分析见图7－35。

就车检测时使用适配器，两通道工作情况下的连线见图7－36。

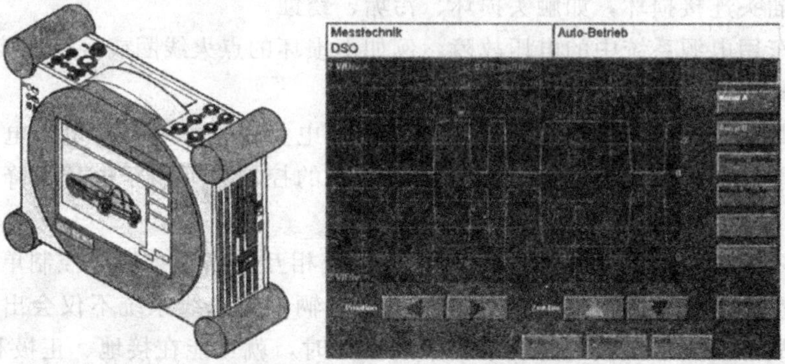

图 7－35　进行波形检测的电脑检测仪

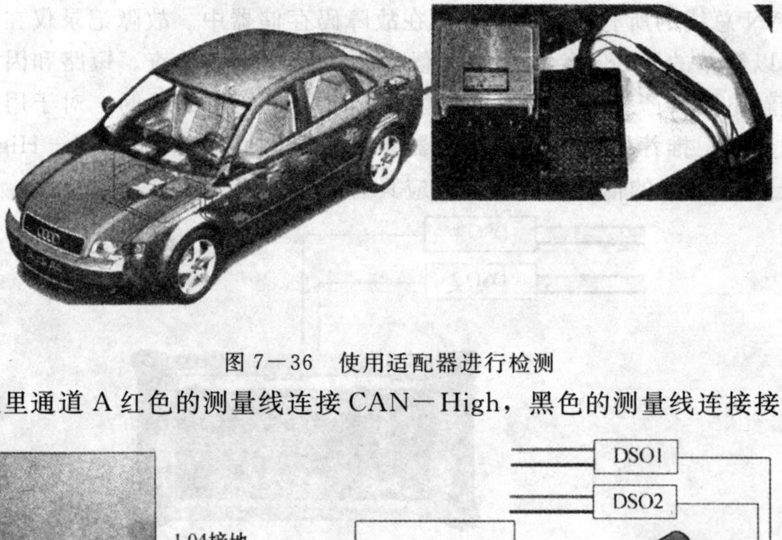

图 7－36　使用适配器进行检测

这里通道 A 红色的测量线连接 CAN－High，黑色的测量线连接接地；通

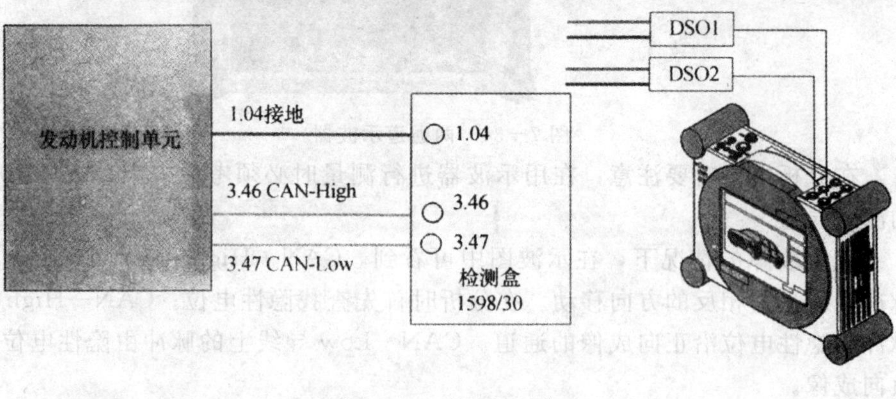

图 7－37　连接测量线

道 B 红色的测量线连接 CAN－Low，黑色的测量线连接接地（见图 7－37）。

对 CAN 进行测量时，例如：利用测试盒连接中央舒适电气控制单元，使用双通道工作模式下进行检测（见图 7—38）。

两条 CAN 总线每一条线都通过一个通道进行测量，通过波形的分析可以很容易地发现故障。由于需要单一的电压测量值，CAN 的测量采用双通道测量是必要的。CAN 测量采用这样形式的连接可以简单地判定“单线工作”故障（见图 7—39）。

图 7—38　双通道模式下检测 CAN

图 7—39　CAN 的测量判定“单线工作”故障

就车检测时，有条件的可以使用适配器，没有适配器时可以使用教学包进行检测（见图 7—40）。

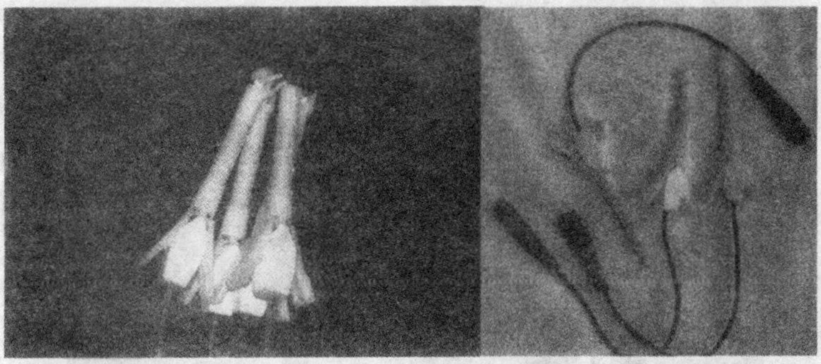

图 7—40　使用教学包进行总线系统的检测

二、CAN 总线的维修

1. 线束的维修

控制单元通过插头连接在 CAN 总线上，在插头的压接点中始终只能连接一根导线。这就导致第二根导线必须在一个规定点上连接到 CAN 线束上。在通常情况下这同样通过压接点进行。

特别注意：为了避免在维修 CAN 导线时把新的、可能影响安全的故障无意间引入车辆系统中，CAN 的压接点绝对不能打开和通过维修更新。

·如果要脱开 CAN 导线，则只允许在与下个压接节点相距≥100mm 处进行。·CAN 导线的绞合对于 CAN 的干扰影响具有决定意义。只有绞合不受损坏，才能保证 CAN 抗干扰地工作。由于这原因在维修 CAN 导线时只允许尽量少地干涉该绞合（见图 7—41）。

·在总线维修时，在接点断开总线时一定要留出 100mm（见图 3—42），不要在接点处打接头。

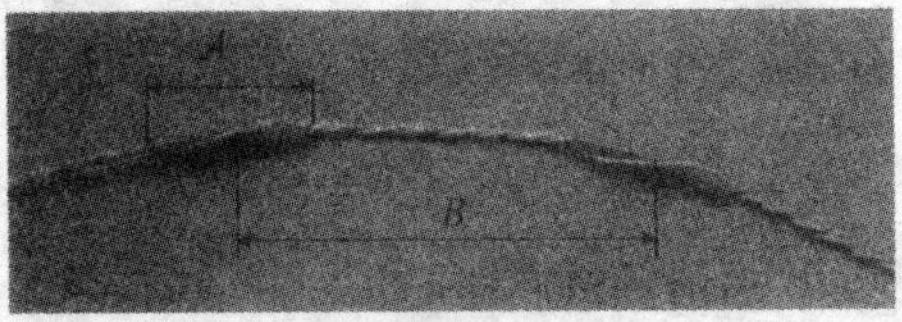

图 7—41　维修 CAN 导线

A—绞合只可解开最长 50mm　*B*—CAN 导线

断开处要与下一个压接节点相距至少 100mm

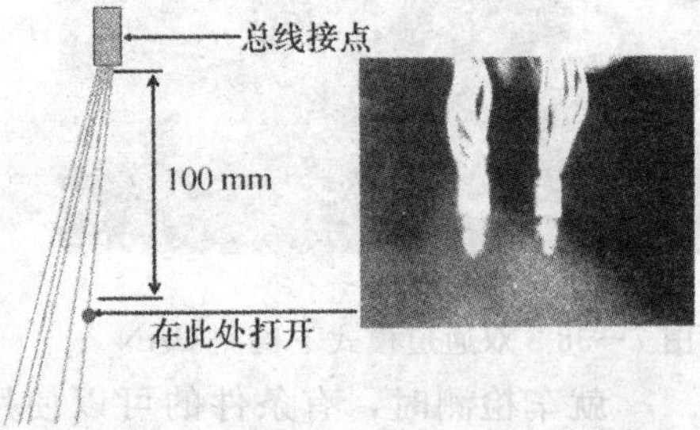

图 7—42　维修总线时留出 100mm

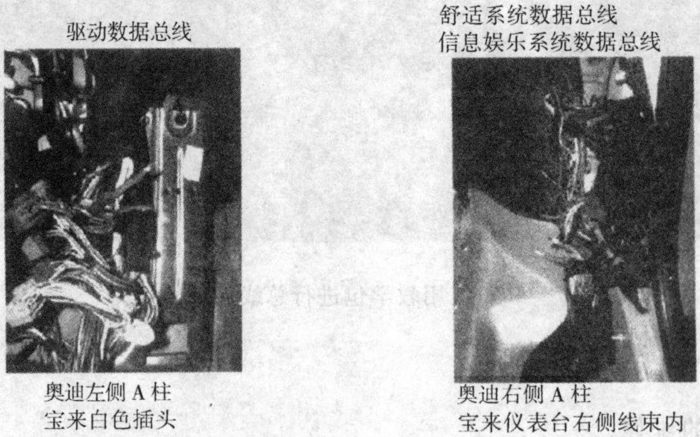

图 7—43　奥迪、宝来轿车总线接点位置

奥迪、宝来轿车总线接点位置见图 7—43。

2. **终端电阻的检测**

在通常情况下使用检测仪的万用表功能进行检测，不允许使用其他测量仪（并联测量仪）。测量在 CAN－Low（低速）和 CAN－High（高速）导线间进行；实际值允许与标准值有几欧姆的偏差。

(1) 检测仪连接方法：测量两个终端电阻（总的阻值）时，使用检测仪的万用表电子测量功能进行检测。将检测仪的红表笔连接 CAN－High，黑表笔连接 CAN－Low 进行检测（见图 7－44）。

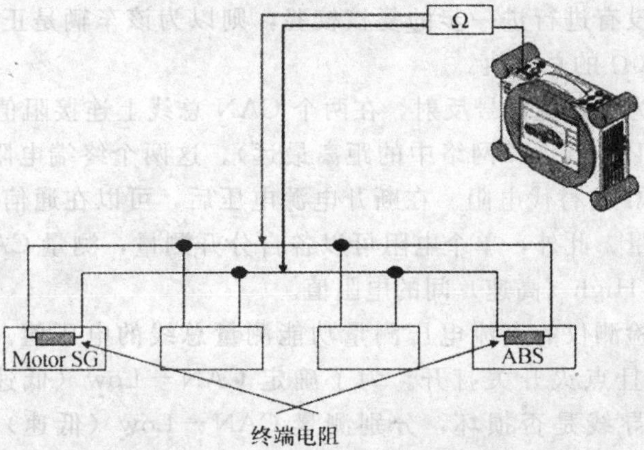

图 7－44　使用检测仪检测 CAN 总线的终端电阻

(2) 终端电阻的测量步骤

1）将蓄电池的负极导线拔除。

2）等待大约 5min，直到所有的电容器都充分放电。

3）连接测量仪器并测量总阻值。

4）将一个带有终端电阻控制单元的插头拔下来。

5）检测总的阻值是否发生变化。

6）将第一个控制单元（带有终端电阻）的插头连接好，再将第二个控制单元的插头拔下来。

7）检测总的阻值是否发生变化。

8）分析测量结果。

在控制单元内设置的不是一个固定阻值的终端电阻。它是由很多个被测量的电阻组合在一起的。在带有泵喷嘴单元的 1.9TDI 车型上，发动机控制单元装置为 66Ω 终端电阻。终端电阻是根据车型设计的，总的电阻值依赖于车辆的总线结构。

对总的阻值测量后，还需要将一个带有终端电阻控制单元的插头拔下，进行两次的单个电阻的测量。当在控制单元被拔取后测量的阻值发生了变化，则说明两个阻值都正常。

检测操作程序也是很重要的。例如奥迪 A6－1.9TDI 车型在 ESP 控制单元出现了故障，阻值显示的为 66Ω。这说明，仅测量到了带有 66Ω 的发动机控制单元的阻值。以前该车型装置有 2 个 120Ω 的终端电阻，在电阻完好的情况下总的阻值大约 60Ω。但是将该发动机控制单元拔下后，阻值变为∞。在该情况下如果没有进行进一步的复核校验，则以为该车辆是正常的。误认为 66Ω 为两个 120Ω 的总阻值。

宝马车系为了避免信号反射，在两个 CAN 总线上连接阻值各为 120Ω 的终端电阻（在 PT－CAN 网络中的距离最远）。这两个终端电阻为相互并联，并构成一个 60Ω 的替代电阻。在断开电源电压后，可以在通信线之间对该替代电阻进行测量。此外，单个电阻可以各自分开测量，测量 CAN－Low（低速）和 CAN－High（高速）间的电阻值。

（3）使用检测仪的直流电压测量功能测量总线的电压值。检测的前提：蓄电池已连接且点火开关打开。为了确定 CAN－Low（低速）或 CAN－High（高速）导线是否损坏，分别测量 CAN－Low（低速）或者 CAN－High（高速）的对地电压。CAN－Low（低速）对地：PT－CAN、F－CAN 电压约 2.4V；CAN－High（高速）对地电压约 2.6V。K－CAN CAN－Low（低速）对地：电压约 4.8V，CAN－High（高速）对地电压约 0.2V，总线负载可以有约几百毫伏的偏差。